LE
HOMESTEAD

AUX ÉTATS-UNIS

PAR

L. VACHER

Président sortant de la Société de Statistique de Paris

Ancien Député

—

Ouvrage récompensé par l'Académie des Sciences morales
et politiques (Concours Rossi)

PARIS

GUILLAUMIN & Ce   LAROSE & FORCEL
Éditeurs   Éditeurs
14, Rue Richelieu   Rue Soufflot, 22

1895

FIN D'UNE SÉRIE DE DOCUMENTS
EN COULEUR

LE HOMESTEAD

AUX ÉTATS-UNIS

LE
HOMESTEAD

AUX ÉTATS-UNIS

PAR

L. VACHER

Président sortant de la Société de Statistique de Paris

Ancien Député

—

PARIS

GUILLAUMIN & Cⁱᵉ | LAROSE & FORCEL

Editeurs | Editeurs

14, Rue Richelieu | Rue Soufflot, 22

1895

A I A GLOIRE

DE LA NATION ET DÈ LA RÉPUBLIQUE

DES ÉTATS-UNIS

PRÉFACE

—

My home is my castle
Ma maison, c'est ma forteresse.

L'Académie des Sciences morales et politiques avait mis au concours la question suivante : « Rechercher les origines de la législation du homestead, en exposer le fonctionnement dans les pays où elle est établie, en apprécier les avantages et les inconvénients. » Ce travail est un de ceux qui ont été soumis au jugement de l'Académie et qu'elle a honorés de ses suffrages.

Le régime du homestead n'existe qu'aux États-Unis. Il en a été fait dans quelques colonies anglaises un essai partiel, limité aux concessions de terres publiques; il existe également en Russie une institution du même genre dans les commu-

nautés de villages; j'en dirai quelques mots à la
fin de ce livre; mais il ne s'agira ici à peu près
exclusivement que du homestead américain.

Ce travail est un des premiers qui aient été
entrepris sur ce sujet. Bien que le homestead
existe aux Etats-Unis depuis un demi-siècle,
nous ne le connaissons en France que par des
articles de journaux ou de revues, ou par les
comptes rendus de discussions, fort superficielles
d'ailleurs, engagées pour ainsi dire accidentelle-
ment devant quelques sociétés savantes, sur ce
qu'on appelle en Amérique les lois d'exemption.

Aucun ouvrage méthodique de longue haleine,
nous pouvons même dire aucun livre de vulgari-
sation paru en France, ne nous a encore fait
connaître les détails de ce régime spécial qui fonctionne couramment de l'autre côté de l'Atlantique,
ni les résultats de cette curieuse expérimentation
qui se poursuit là-bas depuis près de cinquante
ans, et dont il semble que le peuple américain ne
soit pas en somme trop mécontent, puisqu'elle s'est
étendue successivement et de proche en proche à
la généralité des Etats, — 38 sur 44 — sans
exciter de protestations, sans que nulle part on
en ait demandé l'abrogation.

Ce sujet d'une nouveauté si étrange pour le
législateur, l'économiste, l'homme d'Etat et le
juge, n'a tenté aucun écrivain dans notre pays.
Bien plus, les publicistes, les savants ou les hommes politiques qui ont eu l'occasion de visiter les
Etats-Unis, chargés ou non de missions officiel-

les, et d'étudier sur place la législation et les
mœurs de la grande République, se sont tous,
comme par une sorte de mot d'ordre, abstenus de
nous donner leurs impressions sur le homestead.
Laboulaye, Marmier, le duc de Noailles, pour
ne citer que les morts, n'en font même pas mention. Je ne parle pas de Tocqueville ni de Michel
Chevalier : ils visitèrent les Etats-Unis à une
époque où le régime d'exemption n'existait pas
encore ou ne faisait que de naître. Il faut le regretter : le homestead eût certainement attiré leur
attention toujours si éveillée; Tocqueville surtout
qui avait reçu la mission d'étudier les institutions
de ce pays, eût certainement trouvé là l'occasion
d'ajouter un chapitre à son livre sur la Démocratie en Amérique, et ce chapitre n'eût été ni le
moins original, ni le moins intéressant.

Ce qui n'est pas moins étonnant, c'est qu'aux
Etats-Unis même où le homestead a pris naissance, on constate la même pénurie de publications sur ce sujet. Dans ce pays, où la science
sociale est cultivée avec tant d'ardeur, qui enregistre avec tant de méthode les faits économiques et sociaux qui surviennent sur son immense
territoire, l'économie politique n'a rien produit
sur le homestead. Il existe bien quelques traités,
celui de Freeman, celui de John Smyth, celui
de Seymour Thomson (1) ; mais ce sont des

(1) Le savant rapporteur du concours Rossi, M. Levasseur, signale
encore le traité de Rufus Waples sur le homestead. L'ouvrage a
paru à Chicago en 1893, au moment même où j'écrivais mon manuscrit.

ouvrages spéciaux, des commentaires juridiques et, le dernier surtout, des collections de décisions judiciaires, très utiles au jurisconsulte ou au magistrat, mais d'un intérêt restreint pour l'économiste et l'homme d'Etat.

Si nous nous plaçons au point de vue des résultats pratiques de cette expérimentation dont nous parlions tout à l'heure, nous constatons qu'elle s'est faite et se poursuit sans bruit, sans violences, sans protestations. La loi d'exemption est indifférente aux classes riches, mal vue du monde des affaires et de la finance qui lui reprochent d'entraver le crédit, mais elle a pour elle les classes populaires, la petite et la moyenne propriété : c'est la loi des pauvres gens (the poor men law), comme on l'appelle dans quelques Etats. Ce qui le prouve sans réplique, c'est que dans les Etats fort nombreux où le principe de l'insaisissabilité du foyer domestique est inscrit dans la Constitution elle-même, il s'est toujours trouvé de fortes majorités pour voter la Constitution, qui est, comme on le sait, soumise à la ratification populaire. Il n'est donc pas douteux, quoiqu'on en ait dit, qu'en Amérique le homestead a pour lui l'opinion publique, et c'est là ce qui en a assuré le succès.

J'exprime ici la conviction et même l'espoir que le homestead réussira sur notre continent comme il a réussi de l'autre côté de l'Atlantique. J'en juge par le mouvement d'opinion qui se produit partout en sa faveur : l'Allemagne le réclame *sous le nom de Heimstaete. En France, trois pro-positions de loi ont été déposées en faveur du bien de famille insaisissable sur le bureau de la Chambre, l'une par M. le comte de Mun, il y a quelques mois, les deux autres plus récemment par M. l'abbé Lemire et par M. Leveillé. Il n'est pas jusqu'à l'Italie qui, mettant un terme aux ventes forcées d'immeubles pour non-paiement d'impôts, a voté la loi du 14 avril 1892, qui est un acheminement au homestead. Enfin, la Russie qui possède depuis longtemps l'irba insaisissable en faveur de ses neuf millions de paysans éman-cipés, vient d'en réclamer le bénéfice pour toutes les classes de la nation, par la voix autorisée d'un de ses hommes d'Etat et de ses fonctionnaires les plus éminents, M. Pobiédonostzeff. Tout cela est d'un heureux présage, et, sans être prophète, on peut annoncer dès à présent que le homestead, comme le drapeau de Lafayette, fera le tour du monde, nous venant cette fois d'Amérique.*

L. VACHER.

Paris, 52, faubourg Saint-Martin.

I

Le régime de la propriété aux Etats-Unis. — Situation légale des étrangers. — Naturalisation.

Le homestead, c'est au sens propre et populaire du mot, la maison avec la terre contiguë, servant de résidence à la famille. Telle est aussi sa signification légale : le homestead, dit la loi de Californie (1), c'est la maison où réside le chef de la famille, avec la terre attenante. D'après les constitutions de l'Alabama (2) et du Michigan (3), le homestead se compose essentiellement de la maison d'habitation avec ses dépendances, possédée et occupée par un chef de famille. C'est, dit encore le juge Eastman (4), la maison avec l'enclos, formant la résidence du chef de la famille.

Le homestead entraîne toujours l'idée de résidence, d'habitation personnelle et permanente de la famille et de son chef : nous verrons plus loin

---

(1) The code of the State of California, as amended by the legislature of 1885 § 1287.
(2) Constitution of Alabama, art. XIV § 2.
(3) Constitution of Michigan, art. XVI § 2.
(4) Hoitt contre Webb, 36 New Hampshire 166.

que c'est là une des conditions nécessaires pour établir l'existence légale du homestead.

A cet immeuble, terre ou maison, le législateur américain a attaché un privilège particulier, celui d'être garanti contre toute saisie et vente forcée pour dettes, jusqu'à concurrence d'une somme variable suivant les Etats et fixée par la loi de ces Etats.

Ce privilège de l'insaisissabilité ou, comme dit la loi américaine, de l'exemption, n'existe nulle part ailleurs ; il est une dérogation au droit commun qui, sur notre continent, même dans les pays non régis par le droit romain, fait des biens du débiteur le gage commun de ses créanciers. Nous examinerons par la suite quelles considérations d'ordre politique ou social ont inspiré cette disposition singulière : elle ne figure pas dans la Constitution des Etats-Unis ; mais elle est entrée dans les codes de presque tous les Etats (38 sur 44) ; et elle a été consacrée par la loi organique fédérale du 20 mai 1862, réglementant les concessions de terres faites, à titre de homestead, sur le domaine public.

Avant d'entrer plus avant dans notre sujet, il nous paraît indispensable, pour l'intelligence de ce qui va suivre, de résumer ici sommairement les dispositions essentielles du régime de la propriété immobilière aux Etats-Unis, les différences principales qu'il présente suivant les Etats, la situation légale qui est faite par ce régime aux étrangers résidant ou non sur le sol américain.

Quand on étudie les lois et les institutions des Etats-Unis, il ne faut pas perdre de vue que les colonies primitives de l'Amérique du Nord, depuis leur origine jusqu'à leur affranchissement, ont vécu sous le régime de la métropole, qu'elles se sont toujours réclamées du droit commun anglais, nonobstant la prétention émise dans le *déclara-*

tory act du Parlement, d'établir des lois spéciales pour les colonies. Le recueil des (1) chartes coloniales et constitutions, publié récemment par ordre du Sénat des Etats-Unis, contient à ce sujet d'intéressants détails. Il faut ajouter que, même après la proclamation de l'indépendance en 1776, et malgré les principes nouveaux introduits à cette époque dans le régime de la propriété (liberté de tester, suppression du droit de primogéniture...), la coutume anglaise est restée en définitive la loi des Etats-Unis. La constitution du Maryland votée en 1776 déclare expressément que les habitants de cet Etat ont droit à la loi commune de l'Angleterre (2). Le même article se trouve dans la constitution de cet Etat révisée en 1851. La constitution de New-York votée en 1821, celle de New-Jersey votée en 1844, contiennent une disposition identique.

En résumé, le droit commun anglais est resté la loi des Etats-Unis, et quand nous rechercherons les origines du homestead, nous verrons les magistrats des cours suprêmes des Etats rattacher à l'envi le privilège de l'exemption aux plus anciennes coutumes de la Grande-Bretagne, et un juge de la cour suprême de l'Illinois a pu dire : Si actuellement en Angleterre, un immeuble peut être saisi et vendu pour le paiement des dettes du propriétaire, c'est en vertu d'une législation nouvelle qui n'a jamais été appliquée dans notre Etat, et non d'après le droit commun qui nous régit (3).

Mais qu'est-ce que ce droit commun anglais et d'où dérive-t-il ? nous l'ignorions avant que M. Glasson eût publié son grand travail sur l'his-

---

(1) *The Federal and State Constitutions, colonial charters, compiled under an order of the U.S. Senate, by Poore,* 2 vol. in-4°.
(2) *Ibid.,* tome I, p. 837.
(3) Green contre Marck 25 Illin. 223.

toire du droit public en Angleterre (1). L'opinion
générale dans la Grande-Bretagne comme aux
États-Unis assignait pour origine à la loi commune
un très ancien code datant du règne d'Alfred le
Grand. « Tous les jurisconsultes, dit M. Glasson,
font remonter l'ensemble des coutumes à une loi
saxonne qui aurait été rédigée par Alfred le
Grand, confirmée par Edouard le Confesseur », et
il ajoute que cette opinion est une des preuves si
nombreuses qui existent du caractère superficiel
des études historiques au siècle dernier.

M. Glasson a établi que le droit commun anglais a une origine beaucoup plus complexe, qu'il
contient des vestiges reconnaissables des législations des races conquérantes qui ont tour à tour
occupé le sol britannique, et qu'en somme le droit
anglais est comme la langue anglaise, le résultat
d'une fusion entre des éléments étrangers. Des
Romains toutefois, il n'est rien resté dans la coutume anglaise, qui s'est formée du droit commun
danois, du droit saxon et surtout du droit féodal;
d'après M. Glasson, ce sont les Normands qui ont
introduit le droit féodal en Angleterre, où il a pris
la place prépondérante : ce qui le distingue, c'est
la foi et l'hommage, que le droit anglo-saxon ne
connaît pas. Nous en retrouverons la trace un peu
plus loin, dans la formalité des concessions de
homestead sur les terres publiques aux étrangers.

Cette infiltration du droit normand n'est nulle
part plus apparente que dans les formules relatives
à la tenure des terres, dans le mariage et dans les
transmissions héréditaires. Actuellement en Angleterre et aux Etats-Unis, *l'estate in fee* sert à
désigner la propriété foncière, au sens le plus
complet de la possession. Ce qui prouve bien son

(1) *Histoire du droit et des Institutions politiques, civiles et judiciaires de l'Angleterre*, 5 vol. in-8°.

origine normande, dit M. Glasson (1), c'est que, dans la coutume de Normandie (2), on désigne sous le nom de fief tout immeuble qu'une personne détient pour elle et ses héritiers, sans qu'aucune idée de service ou de redevance y soit attachée : c'est la tenure libre, distincte de la tenure servile, dans laquelle il y avait redevance au seigneur et attache perpétuelle du tenancier à la terre.

Les recherches que ce travail a nécessitées m'ont fourni de nombreuses preuves de cette filiation normande du droit commun anglo-américain. Je rappellerai les deux suivantes qui se rattachent à notre sujet. Le *Grand Coutumier* de Normandie (3) contient cette disposition : *len doit scavoir que femme doit avoir en douaire par la coutume de Normandie, le tiers de tout le fief que son mari avait au temps qu'il l'épousa.* Et un autre texte plus récent (4) porte : *la femme gaigne son douaire au coucher, et consiste le douaire en l'usufruit des choses immeubles dont le mari est saisi lors de leurs espousailles et de ce qui lui est depuis escheu pendant le mariage.* Le douaire ainsi défini est resté dans le code de la plupart des Etats : nous verrons plus loin comment il se concilie avec le homestead.

Autre exemple : dans les Etats où le homestead est organisé, les codes disposent unanimement que nul ne pourra réclamer le privilège d'exemption pour les taxes publiques. Pour justifier cette exception, les juristes américains rappellent le vieux brocard normand recueilli par Jenkins (5) : « Roy n'est lié par ascun statute, si il ne soit expressément nomé. » En résumé, et sans qu'il soit

(1) *Histoire*, etc , tome III, p 162.
(2) Coutume de Normandie, art. 210.
(3) Chap. 6.
(4) Coutumes du pays de Normandie, CCCLXVII.
(5) Jenkins Centuriæ, 307.

besoin d'entrer dans de plus amples détails, la conquête normande a introduit de nombreux et importants éléments dans la législation primitive de l'Angleterre ; et le droit commun qui en est résulté est une des sources les plus considérables du droit public aux Etats-Unis.

Ceci établi, j'arrive au régime de la propriété foncière et tout d'abord aux formes qu'elle revêt. En première ligne se place la propriété ordinaire dont il a été question plus haut, *l'estate in fee* : c'est la forme de propriété qui prédomine aux Etats-Unis, comme d'ailleurs chez nous ; suivant la définition américaine, c'est un état de libre tenure (*freehold*), conférant à son possesseur le droit absolu et exclusif de jouissance, d'aliénation, de transmission héréditaire, pour un temps limité ou en dévolution perpétuelle. Elle est sans limite dans le temps. Le propriétaire peut changer, sans que la terre perde son caractère ; il peut transmettre sur le *fee* tout ou partie du fonds qui le constitue, pour en faire un fief viager au profit d'un tiers. A la mort de ce tiers, le fonds viager fait retour au propriétaire ou à ses héritiers. En somme, cette forme de propriété confère le droit le plus absolu et le plus étendu sur la terre.

Une forme moins parfaite, moins complète de la propriété, c'est la propriété viagère (*life estate*). Un fonds peut être constitué en faveur d'une personne pendant la durée de sa vie ; elle en jouit, elle en dispose, mais seulement pendant la période de jouissance stipulée par l'acte de constitution. Elle ne peut ni aliéner le fonds, ni en disposer par testament. La propriété viagère peut être constituée par un acte spécial, ou par testament, ou par une opération de la loi. A la mort du mari, la loi accorde à la veuve dans la généralité des Etats une propriété viagère, à prélever sur les immeubles du conjoint décédé : cette propriété viagère, au décès de la veuve, fait retour aux héritiers du mari.

Une autre forme de propriété peu différente de la précédente, c'est le homestead, création récente de la loi, que ses origines, comme nous le verrons bientôt, rattachent au droit féodal le plus pur. Le homestead, par ses incidents généraux, ressemble beaucoup au *life estate,* mais il est simplement temporaire, il n'est pas viager : le chef de famille peut l'aliéner, peut y renoncer, y mettre fin, rien que par un simple changement de résidence: il se transmet *ab intestat* à la veuve et aux enfants; mais la veuve, en se remariant, en perd le bénéfice, et il cesse d'exister à la majorité des enfants.

La propriété individuelle ou fief est la forme la plus généralement admise aux Etats-Unis ; elle représente certainement les neuf dixièmes de la masse des immeubles urbains ou ruraux. Il existe une autre forme de propriété, que l'esprit d'entreprise et d'association a contribué à développer sur une large échelle depuis un demi-siècle, la propriété collective ou commune (*estate in common*). Elle fut longtemps limitée au fonds patrimonial indivis, la forme familiale de la propriété en commun, observée en tous pays. La création toute moderne de syndicats, de corporations agricoles ou autres, ou même de sociétés civiles à nombre limité de membres, a contribué à développer cette dernière forme de propriété collective, à propos de laquelle, le droit de homestead, par une extension peut-être abusive, a été souvent invoqué, et qui a provoqué les décisions les plus contradictoires de la part des tribunaux américains.

Dans quelle forme s'établissent et se conservent les droits à la propriété ? En France, les actes translatifs de la propriété doivent être, conformément à la loi, enregistrés dans un bureau spécial. Le gros du public ne voit en général que le côté fiscal de cette formalité, sans songer aux garanties de sécurité qu'elle procure aux intéressés. L'enregistrement des actes de mutation et transmission de la propriété foncière est l'exception en Amérique. Un petit nombre d'Etats possèdent des bureaux d'enregistrement sous le nom de *Registry of deeds,* comme dans le Massachusetts, ou de *Records of deeds,* comme dans le Vermont, ou de *Office of recorder,* comme en Californie; dans quelques Etats, c'est la cour du *probate* qui enregistre les actes, mais dans le plus grand nombre des Etats, il n'existe que des contrats privés qui restent aux mains des parties, et que la négligence ou l'intérêt peuvent faire disparaître. En ce qui concerne le homestead, là où il n'existe pas de bureau d'enregistrement pour les actes qui le constituent, c'est l'occupation visible des lieux qui fait loi, et nous verrons que c'est là un des plus graves inconvénients de cette institution.

J'arrive au point le plus important du régime de la propriété, celui de la transmission héréditaire. Il y a lieu de distinguer le cas où il y a transmission par testament et celui où elle se fait *ab intestat.*

Le droit de tester aux Etats-Unis est conforme à la législation actuelle de l'Angleterre, il est absolu. Tout citoyen a pleine liberté, pouvoir et autorité, de disposer de ses biens par testament, en faveur de quelque personne que ce soit. Mais il est bon de remarquer, que tandis qu'en Angleterre, la liberté de tester est d'origine récente, et ne date que du commencement du règne de Victoria (1), aux Etats-Unis il y a plus d'un siècle que la liberté absolue de tester a remplacé l'ancienne législation de Henri VIII (2) qui limitait au tiers des biens immeubles la quotité disponible du père

(1) 1 Vict. C.'26.
(2) 32-34, Henri VIII.

de famille. Il y a également plus d'un siècle, que les Américains ont aboli le vieux droit de primogéniture, les substitutions et toutes les lois qui étaient une entrave à la libre circulation de la propriété.

Toutefois, il y a deux exceptions, l'une pour la Louisiane, ancienne colonie de la France, où le chef de famille ne peut disposer que du tiers, l'autre pour la Floride, ancienne colonie espagnole, où la quotité disponible est réduite au quart. Ajoutons enfin que la loi du homestead a apporté une sérieuse restriction à la liberté absolue de tester que la loi reconnaît au père de famille. Comme la transmission s'en fait à peu près toujours *ab intestat*, le homestead passe de droit à la veuve et aux enfants.

Dans les successions *ab intestat*, qui sont la règle générale aux Etats-Unis, ce sont les enfants et leur lignée directe qui héritent. A défaut de descendants, ce ne sont pas les ascendants qui viennent à succession. Le principe qui les exclut, dit M. Glasson (1), est peut-être le plus absolu qu'il y ait dans tout le droit féodal. *Hereditas nunquam ascendit*, telle est la vieille formule du xie siècle, et dans la langue des plus anciens juristes anglais, la transmission héréditaire est rendue par l'expression significative de *descent*. On a expliqué l'exclusion des ascendants en disant qu'ils auraient été le plus souvent par leur âge dans l'impossibilité de remplir l'obligation du service militaire qui, sous le régime féodal, était attachée à la terre. Cette disposition a été maintenue dans la loi anglaise jusqu'au commencement de ce siècle. Nous allons voir que le législateur aux Etats-Unis y a apporté aussi quelques tempéraments (2).

(1) *Histoire*. p. 275, tome II.
(2) Nous empruntons ces indications à un ouvrage qui fait autorité en Amérique : *Prof. Washburn on american law of real property*.

Le premier texte législatif d'ensemble sur la dévolution héréditaire nous est fourni par la célèbre ordonnance de 1787, qu'on a appelée *grande charte américaine* : elle est l'œuvre du congrès des treize Etats; elle a le caractère d'une loi organique, et si elle ne fut pas incorporée dans la constitution fédérale de la même année, c'est qu'elle ne visait que les Etats à créer dans les territoires situés au N.-O. de l'Ohio, et surtout qu'elle interdisait l'esclavage par son article 7 qui est devenu le célèbre amendement XIII, voté quatre-vingts ans plus tard, après la guerre de sécession.

Voici l'article de l'ordonnance de 1787 sur la dévolution : les biens des propriétaires, résidant ou non sur le territoire, s'ils meurent intestats, descendront à leurs enfants et seront distribués à parties égales entre eux et à la lignée directe de ceux d'entre eux qui seraient décédés; les descendants d'un fils ou d'un petit-fils décédé, recevront la part qui revenait à leur parent mort et la répartiront également entre eux. Et où il n'y a pas d'enfants ni de descendants, ledit bien sera divisé également entre les plus proches parents du décédé à égal degré; et parmi les collatéraux, les enfants d'un frère ou d'une sœur décédé de l'intestat se partageront également la part qui revenait au défunt. Et il ne sera fait aucune distinction entre les enfants de sang entier ou de demi-sang, — réserve faite dans tous les cas à la veuve de l'intestat de son tiers du bien immobilier sa vie durant, et un tiers de la propriété mobilière. Et cette règle relative à la transmission héréditaire et au douaire restera en vigueur, tant qu'elle ne sera pas modifiée par la législature du district.

Mais des amendements importants ont été apportés à l'ordonnance du Congrès de 1787. Nous allons les passer rapidement en revue.

Dans l'Alabama, l'Illinois, le Connecticut, le Delaware, la Louisiane, le Mississipi, la transmission héréditaire se fait d'abord aux enfants et à leurs descendants; s'il n'y a pas d'enfants, aux collatéraux et à leurs descendants; enfin, à défaut d'enfants ou de collatéraux, aux ascendants, le père en première ligne, et à défaut la mère.

Dans le Missouri et l'Arkansas, ce sont les enfants qui viennent d'abord à succession; mais à défaut d'enfants, ce sont les ascendants qui succèdent de préférence aux collatéraux, lesquels ne viennent qu'en troisième ligne.

En Californie, si le mari ou la femme survit avec un enfant ou un fils de ce dernier, le bien est partagé également entre le conjoint survivant et le descendant. S'il a plusieurs enfants, le conjoint survivant prélève un tiers du bien, le reste est partagé également entre les descendants.

En Géorgie, l'héritage est divisé à parts égales entre la veuve et les enfants ou leurs descendants; si la veuve survit et qu'il n'y ait pas d'enfants, la veuve a la moitié de l'héritage, l'autre moitié revient aux plus proches parents. S'il n'y a pas de veuve, et qu'il ne reste que des enfants, le bien tout entier descend aux enfants. Si le père ou la mère vivent et qu'il n'y ait pas d'enfants, le père d'abord ou s'il est mort, la mère, viennent au même rang que les collatéraux.

Dans la Caroline du Sud, un tiers du bien revient à la veuve, le reste aux enfants ou à leurs descendants; à défaut d'enfants, une moitié va à l'époux survivant, le reste au père, ou à la mère, les collatéraux viennent en dernier lieu.

Au Kansas et dans l'Iowa, les enfants ou leurs descendants succèdent en première ligne; à défaut d'enfants, dans l'Iowa, une moitié du bien va à la veuve de l'intestat, l'autre moitié aux parents;

dans le Kansas, à défaut d'enfants, c'est la veuve qui succède et ensuite le père.

Dans le Massachusetts, l'Orégon, le New-Hampshire et New-York, l'héritage revient aux enfants, en second lieu au père, en troisième lieu à la mère et aux collatéraux par parties égales.

En Pensylvanie, les enfants héritent du bien, puis le père et la mère leur vie durant, enfin les collatéraux.

Dans le Maryland, l'héritage revient aux enfants et à leurs descendants; à défaut d'enfants, au père, si le bien venait de lui; en troisième ligne aux collatéraux.

Dans la Virginie et Rhode-Island, l'héritage descend : 1° aux enfants; 2° au frère; 3° à la mère et aux collatéraux; 4° aux ascendants.

Au Texas, les enfants héritent en première ligne; en deuxième ligne, le père et la mère, par les collatéraux et l'époux survivant par parties égales.

Dans le Vermont, les enfants recueillent tout l'héritage; à défaut d'enfants, la veuve si la valeur du bien est inférieure à 1,000 dollars; si la valeur excède ce chiffre, la veuve prélève 1,000 dollars, le reste est partagé entre les collatéraux.

Rappelons enfin qu'aux Etats-Unis, la femme peut en général disposer par testament de la totalité de ses biens propres sans le consentement du mari.

Dans les considérations qui précèdent, nous avons intentionnellement laissé de côté les questions de nationalité, de race ou de couleur, qui, dans certains Etats, modifient les dispositions générales de la législation relative à la propriété immobilière. En 1883, il a été fait dans les Etats de l'Union une enquête sur la situation que la loi fait aux étrangers, concernant le régime de la terre : nous allons en résumer les résultats principaux.

D'abord, pour ce qui regarde les distinctions de race ou de couleur, disons tout de suite que les modifications apportées dans ces trente dernières années à la législation féodale ou à celle des Etats, ont successivement fait disparaître les dispositions exceptionnelles se rapportant aux Indiens et aux nègres. C'est ainsi que le *Code refondu des Etats-Unis* (1) accorde aux Indiens taxés le titre de citoyens et tous les droits civils et politiques qui y sont attachés. Quant aux hommes de couleur, les codes, comme celui de Géorgie, qui dénient le titre de citoyen aux individus ayant plus de 1/8 de sang nègre ou africain, ont été révisés et mis en harmonie avec l'état de choses issu de la guerre de sécession.

Enfin, les amendements XIII et XIV de la Constitution fédérale votés de 1865 à 1868, ont rendu caduques toutes les dispositions relatives à la population de couleur.

Quant aux étrangers établis aux Etats-Unis, ou résidant au dehors, mais possédant des intérêts dans ce pays, par exemple à titre d'héritiers de personnes qui y seraient décédées, voici les particularités que l'enquête a fait connaître.

Dans les trente-sept Etats existant au moment de l'enquête, la situation légale des étrangers, au point de vue de la propriété de la terre, ne différait pas sensiblement de celle des citoyens de l'Union. Mais dans quelques Etats, le code contient certaines dispositions qui méritent d'être signalées.

D'après la législation du territoire d'Utah, l'étranger non résident, à qui un héritage est échu, doit produire sa demande de mise en possession dans les cinq ans, à dater du jour où la succession

(1) Revised Statutes of the United States sect. 1992 Washington government printing office 1875.

est ouverte : passé le délai de cinq ans, c'est le fils qui devient héritier.

D'après le code du Nevada, les Chinois ne peuvent pas posséder des terres dans cet Etat. En Pensylvanie, la loi interdit à l'étranger d'acquérir à titre onéreux plus de 5,000 acres. Mais il n'y a pas de limites, s'il s'agit d'un immeuble acquis par héritage.

L'article 1, § 17 de la Constitution de Californie dispose que les étrangers qui sont ou veulent devenir résidants de *bonne foi* dans cet Etat, jouiront en ce qui concerne la possession et l'usage de la propriété des mêmes droits que les citoyens originaires de ce pays.

Le code d'Indiana dispose que l'étranger non résidant peut hériter d'un immeuble, comme s'il était citoyen de cet Etat, mais que son droit de jouissance, d'aliénation et de transmission expire huit ans après l'entrée en possession des biens du légataire défunt. Quant à l'étranger résidant, il jouit des mêmes droits que le citoyen américain. D'une manière générale, les étrangers résidant jouissent dans les Etats de droits plus étendus que ceux qui vivent loin du territoire des Etats-Unis.

Au Connecticut, les étrangers résidant sur le territoire de l'Union et les Français sont aptes à recueillir et à transmettre un héritage foncier. Les autres étrangers ne peuvent posséder et transmettre que les terrains miniers et les carrières. Cette situation privilégiée que le code du Connecticut fait aux Français remonte, paraît-il, au siècle dernier et serait comme le témoignage persistant de la reconnaissance de cet Etat pour l'appui que nous avons prêté à la République américaine pendant la guerre de l'Indépendance.

Dans les statuts révisés de New-York, qui ont servi de modèle à tant d'Etats, on est tout étonné de rencontrer cette disposition, qui jure avec l'esprit libéral et éclairé de l'ensemble du code, que les étrangers ne peuvent faire une transmission régulière d'immeubles, s'ils n'ont au préalable pris l'engagement de devenir citoyens des Etats-Unis.

Il est intéressant de constater que les territoires d'Arizona, Montana et Idaho, dont les deux derniers ont été admis au rang des Etats en 1889 et 1890, n'hésitèrent pas du jour même où ils furent organisés en territoires, à reconnaître aux étrangers des droits aussi étendus qu'aux citoyens américains, en matière de propriété.

Ce serait ici le lieu d'examiner quelle est la situation légale faite aux propriétaires de homestead étrangers. Mais la question sera mieux à sa place, à la suite de l'étude des lois sur le homestead. Disons toutefois dès à présent que la législation des Etats a été sur ce point plus libérale que pour la propriété ordinaire ; et que les résidents étrangers jouissent par le homestead des mêmes droits que les citoyens américains.

Telle était en somme la situation faite par la loi aux étrangers en 1885, quand furent publiés les résultats de l'enquête que nous venons de résumer. Mais, depuis cette époque, des incidents survenus en divers Etats ou Territoires de l'Union ont amené, sous la pression de l'opinion publique, le Congrès d'abord, puis les législatures de divers Etats à édicter des mesures qui ont sensiblement modifié la situation des étrangers au regard des lois sur la propriété.

Des spéculateurs américains mais surtout étrangers, opérant individuellement, le plus souvent réunis en sociétés ou syndicats, ont mis à profit les dispositions libérales des lois votées à diverses époques par le Congrès sur les concessions de terres publiques, lois de préemption, de homestead, de culture forestière, d'irrigation des terres déser-

tes, etc., et en sont arrivés à acquérir en quelques
années, presque toujours en fraude de la loi,
d'immenses étendues de prairies ou de terrains
boisés, dans quelques Etats encore ouverts au
settlment, mais surtout dans les Territoires nouveaux, ils s'installaient sans bruit dans une région
de l'Ouest, établissaient des clôtures en bois ou en
fil de fer qui circonscrivaient d'immenses espaces,
entravant ainsi le libre parcours concédé aux
colons de bonne foi déjà établis, les inquiétant
même dans leur jouissance. Ils avaient le plus
souvent à leur solde des gens sans aveu chargés
pour la forme de surveiller de grands troupeaux
de bœufs ou de moutons, mais qui avaient pour
mot d'ordre d'acheter au gouvernement tantôt au
prix de 1 dollar 25 cents l'acre, à titre de préemption, tantôt d'acquérir gratuitement à titre de homestead les terrains qu'ils occupaient fictivement ;
puis l'opération conclue, ils les retrocédaient aux
syndicats des spéculateurs : c'était une menace
pour la colonisation honnête, et, à bref délai, l'ex-
propriation du domaine public par voie d'usurpation frauduleuse.

La presse aux Etats-Unis avait la première
dénoncé les manœuvres de la spéculation. Des
meetings d'indignation — le mot et la chose sont
d'origine américaine — s'étaient formés sur plusieurs points du Territoire, et par des motions
violentes adressées au Congrès, avaient protesté
contre l'accaparement des terres et réclamé des
mesures sévères contre ceux qu'on appelait les
acres grabbers (mangeurs d'acres), *land's schwind-
lers* (écumeurs de terres). En quelques années,
il s'était ainsi constitué dans plusieurs Etats ou
Territoires, d'immenses propriétés, au détriment
du domaine public et de la nation elle-même.

Deux individus établis en Californie (1) possédaient à eux seuls 800,000 acres, la moitié de la superficie moyenne d'un département français ; un fabricant de scies de Philadelphie avait acquis 4,000,000 d'acres, deux fois l'étendue du département du Calvados.

Ces faits scandaleux d'accaparement avaient ému et même, en quelques Etats, déchaîné violemment l'opinion publique, la question fut portée au Congrès ; un projet de loi fut présenté au Sénat pour limiter à trente milles carrés (un peu moins que la superficie du Paris actuel), l'étendue maximum que des individus ou des associations pouvaient acquérir aux Etats-Unis. Le projet ne put être présenté à la Chambre des représentants en temps utile pour avoir l'approbation des deux Chambres et aboutir à une loi définitive.

Mais dès le mois d'août 1885, le Président Cleveland, dont on ne saurait trop louer la vigueur et l'esprit de décision en cette circonstance, prenait l'initiative d'une mesure destinée à réprimer les abus : « J'ordonne que toute clôture illégalement établie sur les terres publiques par des individus isolés, des associations ou des corporations, soit immédiatement enlevée. Défense est faite aux particuliers ou corporations quelconques, d'établir de pareilles clôtures et d'empêcher par ce moyen, ou par menaces et intimidation les colons déjà établis sur le domaine public conformément aux lois, de poursuivre leur œuvre et de vaquer à leurs travaux. »

Le mouvement d'opinion qui avait déterminé la présentation du projet en 1886, ne se ralentit pas. Le Congrès fut saisi à nouveau de la question

---

(1) Moody-Hand and labor, p. 101.

2

des accaparements de terres, et le 3 mars 1887, le 49ᵉ Congrès votait une loi restreignant pour les étrangers le droit d'acquisition de biens immeubles dans les Territoires ; en voici les principales dispositions :

Nul particulier, s'il n'est pas citoyen des Etats-Unis ou s'il n'a pas déclaré, conformément à la loi, l'intention de le devenir, nulle corporation non organisée d'après la loi des Etats-Unis ou de l'un de ses Etats ou Territoires, ne peut acquérir ou posséder de propriété foncière, excepté par succession héréditaire, ou en cour de justice, de bonne foi et pour paiement de dettes.

Mais comme la Constitution interdit de passer des lois qui auraient pour effet d'annuler ou d'affaiblir l'autorité des contrats, le législateur fait une exception en faveur des étrangers appartenant à des puissances qui avaient avec les Etats-Unis des traités, en vertu desquels les nationaux de ces puissances pouvaient librement acquérir ou posséder.

Une disposition spéciale vise les associations étrangères. Nulle société ou corporation, dont un cinquième du capital social appartiendrait à une ou plusieurs personnes étrangères ne pourra acquérir ou posséder d'immeubles dans les territoires ou dans le district de Columbia. Cette dernière clause s'explique évidemment par ce fait que dans ce district est situé, comme on sait, Washington, siège du Gouvernement fédéral.

La loi fait une exception pour les seules sociétés organisées en vue de la construction de chemins de fer, canaux et routes à péage. Toutefois, l'étendue des terrains qu'elles peuvent acquérir est limitée aux *emprises* que nécessitent l'ouverture et l'exploitation de la voie.

Toute propriété acquise désormais en violation

des dispositions de la présente loi sera confisquée au profit des Etats-Unis.

Tel est l'acte fédéral du 3 mars 1887, qui n'est en somme qu'une loi de protection, pour sauvegarder le domaine public des Etats-Unis et le mettre à l'abri des tentatives d'usurpations de sociétés étrangères. Il présente d'ailleurs une correction absolue, puisqu'il respecte les droits acquis par des contrats ou consacrés par des traités.

Mais la loi, comme nous l'avons dit, ne vise que les territoires des Etats-Unis et le district de Columbia. Or, il est arrivé, depuis la promulgation de l'acte fédéral, que les législatures de certains Etats, s'inspirant de la pensée du Congrès, ont à leur tour réglementé la situation des étrangers dans ces Etats, en matière de propriété; et il faut bien convenir qu'elles n'ont pas toujours eu la main heureuse, qu'elles ont parfois dépassé la mesure et légiféré en violation de la Constitution des Etats-Unis.

Pendant la session de 1890, la législature du Kansas a voté une loi aux termes de laquelle l'étranger non résidant, le représentant d'étrangers, les corporations organisées sous les lois d'un pays étranger, sont déclarés incapables d'acquérir ou de posséder des immeubles dans cet Etat. L'incapacité est étendue aux sociétés ou corporations, dans lesquelles des étrangers posséderaient plus de 20 pour cent du capital. Le Vermont, le Missouri, l'Idaho, territoire constitué tout récemment en Etat, ont également fait des lois pour restreindre le droit de propriété jusqu'ici reconnu aux étrangers. Enfin, plus récemment encore, il y a deux ans, la législature du Texas a voté une loi (1) qui a un caractère de prohibition

---

(1) *An act to prohibit aliens from acquiring title to or owning lands within the State of Texas.*

absolue pour tous les étrangers sans exception. Et
la clause a d'autant plus d'importance que le
Texas est le seul Etat qui en entrant dans l'Union
ait fait réserve de son domaine et qu'il possède
encore d'immenses étendues de terres publiques,
jusqu'ici tenues à la disposition des étrangers qui
y affluaient.

Aux termes de la nouvelle loi texienne, nul
étranger ou citoyen des Etats-Unis ne pourra
désormais posséder des terres au Texas, s'il n'a
pris l'engagement de demander à être admis au
droit de cité dans l'Etat. Tous étrangers qui acquer-
ront des terres par héritage pourront les garder
pendant six ans, sans dépasser cette limite :
exception est faite pour les enfants mineurs
d'étrangers, lesquels sont autorisés à garder l'immeuble pendant six ans à partir du jour de leur
majorité.

La loi du Texas vise également les syndicats et
les corporations formés sous le régime de lois
étrangères. Mais ce qu'il importe de remarquer,
c'est qu'elle n'a pas prévu, comme la loi fédérale
de 1887, le cas où l'étranger appartiendrait à une
puissance liée aux Etats-Unis par un traité, dont
la législation contiendrait, ce qui est le cas le plus
fréquent, la clause de réciprocité, comme celle
qui est inscrite dans notre code civil, article 11 :
« L'étranger jouira en France des mêmes droits
civils que ceux qui sont ou seront accordés aux
Français par les traités de la nation à laquelle cet
étranger appartiendra. »

Or, il est arrivé qu'un procès s'est engagé sur ce
point, après la promulgation de la loi, entre l'Etat
du Texas et un étranger. La Cour suprême du
Texas a jugé que l'acte voté par le Parlement
texien ne pouvait pas infirmer le droit du propriétaire étranger : elle se fondait surtout sur ce
que la loi est en désaccord formel avec les traités

et les conventions existant entre les Etats-Unis et les autres puissances, elle rappelait qu'aux termes de l'article VI, § 2 de la Constitution fédérale, ces traités font partie de la loi suprème du pays, que les juges de chaque Etat sont tenus de s'y conformer, nonobstant toute disposition qui, dans les lois ou la Constitution d'un Etat quelconque, serait en opposition avec cette loi suprème.

Voilà donc un conflit engagé entre le pouvoir législatif et le pouvoir judiciaire du Texas. De pareils conflits ne sont pas rares; nous en trouverons des exemples à propos du homestead, et nous verrons comment ils se dénouent.

Quoi qu'il en soit, la campagne contre l'acquisition et la possession de la terre par les étrangers est loin d'ètre close aux Etat-Unis, elle n'a mème rien perdu de sa vivacité. Au Congrès des Fédérations agricoles et industrielles, tenu à Cincinnati le 20 mai 1891, Congrès où s'est révélé le nouveau parti populaire, le *People's party*, l'assemblée a voté une série de résolutions, parmi lesquelles nous relevons la suivante : vote d'une loi fédérale, interdisant aux étrangers la propriété de la terre, prescrivant le retour à l'Etat de toutes les terres possédées par les syndicats étrangers et mème des terres concédées aux compagnies de chemins de fer, et qui n'auraient pas été encore utilisées conformément à leur engagement de construire. Il était permis de croire que cette motion resterait à l'état de *desideratum*; mais elle a pris corps aussitôt et un membre de la Chambre fit voter dans l'année mème une loi aux termes de laquelle le Gouvernement fédéral est autorisé à faire arrêter tout Chinois non porteur d'un permis de séjour, et ces permis ne sont délivrés que très exceptionnellement. Enfin, plus récemment, le mème député M. Geary a présenté (octobre 1893) un projet de loi suspendant cinq ans les arrivages d'immi-

grants, et n'autorisant les étrangers résidant
actuellement aux Etats-Unis à y rester et à y
acquérir des immeubles qu'à la condition qu'ils se
fissent naturaliser. Bien que le bill soit contraire
à la Constitution et n'ait aucune chance d'être voté,
il mérite d'être noté, comme symptôme de l'état
de l'opinion aux Etats-Unis.

Loi sur la nationalité.

Nous terminerons ce rapide exposé du régime
de la propriété et de la situation légale des étrangers aux Etats-Unis, par quelques explications
sur la nationalité et sur la naturalisation qui se
rattachent étroitement à notre sujet.

Aux Etats-Unis comme en France, l'exercice
des droits civils est indépendant de celui des droits
politiques et de la qualité de citoyen. Aux termes
de la Constitution fédérale (art. IV § 2), les citoyens
de chaque Etat sont investis des droits et immunités attachés au titre de citoyen dans les autres
Etats. Les citoyens des Etats-Unis résidant dans
un Etat, sont, par le fait de la résidence, citoyens
de cet Etat.

Sont citoyens (1), tous les individus nés sur le
territoire des Etats-Unis, non sujets d'une autre
puissance, à l'exception des Indiens non taxés ;
est également citoyen, l'enfant né hors des limites
et de la juridiction des Etats-Unis, dont le père
au moment de la naissance est citoyen de ce pays;
mais la qualité de citoyen ne se transmet pas à
l'enfant dont le père n'a jamais résidé sur le territoire de l'Union. Dans le premier cas, la loi s'inspire de la doctrine du droit féodal, fondée comme

---

(1) *Revised statutes of the United States-citizenship.* — Washington Government printing office 1875.

on sait sur le droit du sol (*jus soli*), dans le second cas, c'est le droit de filiation (*jus sanguinis*) qui détermine la nationalité.

La femme étrangère qui se marie à un citoyen des États-Unis peut en se faisant nationaliser acquérir tous les droits de citoyen. En France, l'étrangère qui épouse un Français suit la condition de son mari.

La naturalisation.

Nous verrons plus loin que dans la plupart des Etats, le droit de constituer un homestead est reconnu à tous les résidents, qu'ils soient ou non citoyens des Etats-Unis. Mais quand un individu veut constituer un homestead sur une terre dépendant du domaine public, il lui faut d'abord faire la preuve qu'il est citoyen des Etats-Unis, ou s'il est étranger, il fait un *affidavit* ou déclaration par laquelle il s'engage à devenir citoyen de l'Union, conformément à la loi de naturalisation dont voici les principales dispositions (1) :

L'étranger qui demande à être naturalisé doit déclarer devant une des Cours des Etats-Unis, sous la foi du serment, deux ans au moins avant son admission, qu'il a l'intention de devenir citoyen des Etats-Unis et qu'il renonce à l'allégeance de tout pouvoir étranger, prince, monarque, Etat ou souveraineté dont il serait le sujet. Au moment de son admission, il fera sa soumission de fixer son domicile dans le pays. Il s'engagera par serment devant l'autorité judiciaire à soutenir la Constitution des Etats-Unis, à renoncer à toute allégeance, sujétion et fidélité, envers tout pouvoir, prince souverain, nommément désigné par lui et duquel il a dépendu jusqu'à ce jour.

(1) Revised statutes of the United States, § 2165-2174.

Il devra fournir la preuve qu'il réside depuis cinq ans au moins aux Etats-Unis et depuis une année au moins sur le territoire de l'Etat dans lequel il fait sa déclaration, et établir en outre que pendant la durée de son séjour, il n'a jamais cessé d'être un homme honorable, dévoué aux principes de la Constitution.

Il devra faire en outre renonciation formelle à tout titre héréditaire, ordre de noblesse ou autre, qui lui aurait été conféré dans le Royaume ou Etat quel qu'il soit où il aurait antérieurement résidé, et sa renonciation signée de lui sera inscrite sur le registre spécial tenu par la Cour (1).

La renonciation à l'allégeance étrangère est, à n'en pas douter, une tradition féodale qui a passé dans la loi américaine ; elle pouvait seule faire perdre et effacer le caractère d'extranéité. « Un alien est celui qui est né hors la ligeance du roi (2). »

On a voulu voir aussi dans la renonciation aux titres héréditaires, ordre de noblesse, etc., une réminiscence involontaire sans doute de l'ancien droit féodal, qui faisait du seigneur le maître absolu des terres et des personnes vivant sous sa juridiction ; et on a rappelé à ce sujet le mot piquant de la reine Elisabeth à l'un de ses ministres, dont la Cour de France voulait reconnaître les bons offices par un collier de l'ordre du Saint-Esprit : « Mes chiens, dit-elle, ne portent pas d'autres colliers que les miens. »

Il nous semble plus vraisemblable et plus conforme au génie et aux mœurs du peuple américain d'admettre que le Congrès avait voulu surtout ren-

---

(1) Cet article est complété par la Constitution fédérale (art. 1, sect. 9). Aucun titre de noblesse ne sera accordé par les Etats-Unis, et nul tenant une place de profit ou de confiance, sous leur autorité, ne pourra, sans le consentement du Congrès, accepter quelque présent, émolument, place ou titre quelconque d'un roi, prince ou Etat étranger.

(2) Veteres consuet. Norman. part. 2, sect. 1, cap. 2.

dre hommage au sentiment d'égalité qui prédomine aux Etats-Unis, et qui, suivant la remarque de Tocqueville, se reflète dans toutes les lois : « Ce qui frappe en Amérique, dit-il, c'est l'égalité des conditions qui est le principe générateur de toutes les institutions, qui a donné à l'esprit public une certaine direction, un certain tour aux lois, au gouvernement des maximes nouvelles. » C'est là très vraisemblablement le motif qui a déterminé les législateurs du Congrès à proscrire les titres et distinctions que désavoue l'esprit d'égalité.

Les dispositions que nous venons de rappeler remontent à l'origine même de la République des Etats-Unis ; elles n'ont jamais été amendées ; elles ont été complétées en 1872 et 1887 par quelques mesures de détail, répondant à des indications nouvelles, mais qui n'en ont pas altéré le caractère primitif.

II

Le domaine public aux Etats-Unis.

Il y a deux manières de constituer un homestead aux Etats-Unis. Si l'on est propriétaire d'un immeuble à la ville ou à la campagne, dans un des Etats bien entendu où le privilège d'exemption de saisie est inscrit dans le code, on place l'immeuble sous le régime du homestead, dans les formes prescrites par la loi de l'Etat, comme nous l'indiquerons plus loin.

Si l'on n'est pas propriétaire, on s'adresse au Gouvernement fédéral pour obtenir une concession de terres publiques. Les concessions sont faites à titre gratuit, sous le bénéfice de la loi sur le homestead du 20 mai 1862. Depuis la promulgation de l'acte fédéral, plus d'un million de homesteads ont été ainsi constitués sur le domaine public, qui est comme un champ inépuisable et toujours ouvert pour les créations de propriétés familiales. Quelques détails sont ici nécessaires pour expliquer l'origine, la constitution et le rôle de ce grand fonds des terres publiques, qui a si fort contribué au développement de la population et a été la cause originaire de la fortune prodigieuse des Etats-Unis.

Le mot domaine, aux Etats-Unis comme en France, s'entend en deux sens : le *domaine national,* c'est la superficie territoriale, comprenant le sol et le sous-sol, les rivières, les lacs, les canaux et les routes. Le *domaine public* a un sens plus restreint ; il désigne l'ensemble des terres non encore occupées ou concédées, appartenant aux Etats-Unis, qui en ont acquis la propriété à diverses époques, et qui en règlent l'emploi, la conservation, la concession ou la vente par des actes législatifs émanant du Congrès. Le domaine public est évidemment moins étendu que le domaine national. Ce dernier reste fixe ou s'accroît par l'annexion ou l'acquisition de nouveaux territoires, comme celui de l'Alaska, acheté de la Russie en 1868; tandis que le domaine public diminue chaque année, par suite des ventes et des concessions de terres faites par l'Etat aux colons indigènes ou étrangers qui viennent s'y établir, aux compagnies industrielles pour l'établissement de chemins de fer, de canaux et de routes, aux Etats de l'Union pour la création d'établissements publics, écoles, prisons, universités, collèges d'agriculture et d'arts mécaniques.

Comment s'est formé le domaine public, le seul dont nous ayons à nous occuper ici ? A l'origine de la Confédération et quand aucun règlement n'était encore intervenu sur la constitution de la propriété publique, chacun des Treize-Etats originaires possédait un domaine propre, dont il disposait à son gré suivant ses besoins. L'étendue des terres inoccupées composant ce domaine était très grande, la population était très clairsemée.

Pour attirer les colons, les gouvernements faisaient les offres les plus brillantes, et une concurrence très animée s'était établie entre tous les

Etats : le Connecticut offrait ses terres de l'Ouest pour 40 cents l'acre (5 francs l'hectare) ; la Virginie mettait en vente son Kentucky ; le Massachusetts réduisait à 30 cents l'acre le prix des terres inoccupées du Maine qui faisait partie de son territoire; enfin, les Espagnols établis dans l'Illinois offraient des concessions entièrement gratuites, avec exemption de charges fiscales. Des rixes continuelles éclataient entre les agents que les Etats entretenaient dans les ports de New-York et de Boston, où l'on se disputait la clientèle émigrante jusque sur les quais de débarquement. Ces rixes avaient pris un tel caractère, qu'elles menaçaient de troubler les rapports des Etats.

En 1780, le Congrès vota une résolution, aux termes de laquelle toutes les terres inoccupées dans les Treize-Etats et leurs territoires annexes seraient placées désormais sous la juridiction de l'Union, pour être concédées et colonisées à telles époques et d'après telles dispositions qu'il serait réglé par le Congrès. La célèbre ordonnance de 1787, à laquelle nous avons fait allusion plus haut à propos du régime de la propriété individuelle, édicta la disposition suivante qui est la vraie base constitutive de la propriété publique (1) : « Les législatures des Etats nouveaux n'auront pas à intervenir dans la disposition primitive du sol par le Congrès, ni dans les règlements que le Congrès jugera nécessaire d'élaborer pour assurer des titres de propriété aux acquéreurs de bonne foi. »

Enfin, la Constitution des Etats-Unis contient un article presque identique : « Le Congrès aura le pouvoir de disposer du territoire ou de toute autre propriété appartenant aux Etats-Unis, et d'édicter à ce sujet tous règlements et ordonnan-

---

(1) *Senate manual.* Ordinance of 1787, art. IV, § 2.

ces qu'il jugera nécessaires, et rien dans la présente Constitution ne pourra être interprété de manière à porter atteinte aux droits des Etats-Unis ou d'aucun Etat particulier (1). »

L'ensemble des terres acquises en exécution de la résolution de 1780 s'élevait au commencement du siècle à 259,171,787 acres ; la Virginie seule avait cédé 170,000,000 d'acres de terres inoccupées. Ce premier noyau du domaine public des Etats-Unis s'accrut par la suite du temps des acquisitions de territoires ou de provinces qui furent faites par le Gouvernement fédéral. En 1803, la France rétrocéda la Louisiane au Gouvernement fédéral moyennant la somme de 60,000,000 de francs. C'était une bonne opération pour les deux parties contractantes. On était à la veille de la reprise des hostilités entre la France et l'Angleterre ; il était à craindre pour nous que les Anglais, maîtres des mers, ne s'emparassent de notre colonie. Pour les Etats-Unis, il était à craindre que les Anglais chassés du Nord des Etats-Unis ne s'établissent dans le Sud, ou qu'il se constituât sur cet immense territoire quelque Etat indépendant. « Supposons, dit M. Shosake (2), qu'un grand empire latin se fût fondé dans la province de la Louisiane, la Californie avec ses riches gisements d'or, le Nevada et le Colorado avec leurs immenses forêts, New-Mexico et le Texas avec leurs richesses agricoles, n'appartiendraient certainement pas aux Etats-Unis aujourd'hui ; notre grand Ouest avec ses ressources illimitées comme son territoire serait vraisemblablement une dépendance des puissances européennes. »

La cession amiable de la Louisiane écarta tout danger pour la France comme pour les Etats-

---

(1) Dareste. Constitution des Etats-Unis, art. IV., sect. 3, § 2.
(2) John Hopkins University studies, vol. IV.

Unis : elle fut négociée par l'illustre Monroe, et fait honneur à la clairvoyance politique de cet homme d'Etat.

Les Etats-Unis, outre la sécurité, y gagnèrent un immense et riche territoire de 756 millions d'acres (1), plus de trois cents millions d'hectares, représentant près de six fois la superficie de la France. On voit par ces simples chiffres quelle était l'importance de l'acquisition faite par les Etats-Unis, et malheureusement aussi celle de la perte que les événements imposaient à la France. Lorsque la province de Louisiane fut admise au rang d'Etat en 1812, il fut stipulé qu'à l'exception de certaines terres concédées par les précédents souverains, les rois de France, la totalité de la superficie de l'Etat serait regardée comme partie intégrante du domaine public, qu'elle serait cadastrée et qu'il en serait disposé par le Congrès, conformément à l'ordonnance de 1787 et à la Constitution. La Louisiane conservait d'ailleurs ses coutumes qui étaient celles de l'ancien droit français, mais elle n'avait ni l'*habeas corpus,* ni le jugement par le jury dont jouissaient les anciennes colonies anglaises. Toutefois, elle fut un des premiers Etats où le homestead fut organisé.

La Floride acquise de l'Espagne en 1819 accrut le domaine public de près de 38 millions d'acres de terres.

En 1848, le Mexique par le traité de Guadalupe céda aux Etats-Unis d'immenses territoires comprenant la Californie, le Nevada, l'Utah, Arizona et New-Mexico : cette cession accroissait le domaine public de 334 millions d'acres.

En 1853, le Mexique céda un autre territoire de

(1) Le traité de cession comprenait non seulement la Louisiane proprement dite, mais encore l'Arkansas, le Missouri, l'Iowa et divers autres territoires appartenant à la France.

29 millions d'acres, qui fut incorporé dans l'Arizona.

En 1850, l'Etat du Texas qui s'était réservé son domaine à son entrée dans l'Union en rétrocéda une partie, 65 millions d'acres au gouvernement.

Enfin, l'annexion de l'Alaska qu'on avait acheté à la Russie en 1867, moyennant 7,200,000 dollars, accrut encore le domaine public de 369 millions d'acres.

En résumé, de 1780 à l'époque actuelle, le domaine public s'est accru de un milliard 852 millions d'acres qui ont coûté aux Etats-Unis 88,157,389 dollars : il en a été vendu, concédé ou aliéné à des titres divers environ 904 millions d'acres, il en reste encore 948 millions. Il y a dix ans, on évaluait (1) l'ensemble des terres publiques à un milliard 169 millions de dollars, plus de cinq milliards et demi de francs, en y comprenant les forêts qui occupent 85 millions d'acres et les terrains carbonifères vendus à treize dollars l'acre, soit 130 francs l'hectare.

Il a été aliéné, comme nous venons de le dire, environ la moitié du domaine public depuis un siècle. Le lecteur se demandera peut-être comment le Gouvernement fédéral a disposé des 904 millions d'acres détachés du domaine. Les ventes publiques à l'adjudication, ouvertes dès l'origine et toujours pratiquées, ont enlevé environ 200 millions d'acres, qui sont aujourd'hui des propriétés particulières; les concessions aux Etats pour constructions d'écoles, de collèges d'agriculture ou d'arts mécaniques et pour fondation d'universités, se chiffrent par 80 millions d'acres; on a concédé de 1862 à 1891 environ 130 millions d'acres de terre, soit à très peu près la superficie de la France, pour des établissements de homesteads.

---

(1) *Donaldson*. — The Public Domain, p. 14, Washington 1885.

Mais le grand consommateur de terres publiques, ce sont les chemins de fer. De 1850 à 1878, il en a été concédé 192 millions d'acres aux sociétés qui se sont formées pour la construction des voies ferrées. Il est telle compagnie, le *Northern pacific* par exemple, qui a reçu 47 millions d'acres. Ce n'est pas que la construction de la voie ait absorbé cette étendue superficielle qui représente le tiers de la surface de la France; c'était surtout une prime qu'on offrait à la construction, mais on a dépassé la mesure : les compagnies ne se préoccupant pas toujours de l'exécution de la voie, exposaient dans tous les Etats les tracés des voies nouvelles avec plan de lotissement des parcelles à vendre.

Ces concessions luxuriantes ont été bien plus que l'exploitation des lignes qui était souvent ruineuse, la source de fortunes colossales réalisées dans les chemins de fer. Le célèbre M. Jay Gould, propriétaire de plus de vingt mille kilomètres de voies ferrées, appelé à déposer devant la commission parlementaire des chemins de fer, répondait sur une question d'un des membres : « Nous vendons nos terres de 3 à 6 dollars l'acre, il arrive quelquefois que nous sommes obligés de reprendre nos lots, mais nous les vendons toujours à un prix rémunérateur. » Et M. Moody, à qui nous empruntons ce détail, ajoute : M. Gould n'avait pas besoin de faire cet aveu (1). Le congrès a mis fin à ces abus de la spéculation. Mais ces abus si criants qu'ils soient ne doivent pas faire oublier que c'est grâce à ces concessions de terres désertes, que les Etats-Unis ont pu, sans garantie d'intérêt pesant sur les contribuables, construire leur immense réseau de 270,000 kilomètres, plus étendu que celui de l'Europe entière.

---

(1) *Moody*. — Land and labor. p. 101.

Les terres du domaine public sont loin d'être
réparties d'une manière uniforme sur la surface
des Etats-Unis. Les Etats de l'Est qui bordent la
côte de l'Atlantique et ceux qui les avoisinent,
ouverts à la colonisation depuis la fin du xvi° siècle, ne contiennent plus de terres disponibles; ils
sont fermés au *settlment*. Si l'on tire une ligne de
Chicago sur Memphis (Tennessee) et de là se
continuant vers Jacksonville (Floride), cette ligne,
sensiblement parallèle au littoral de l'Atlantique,
indique à très peu près la démarcation entre les
Etats où le domaine public est épuisé et ceux où
il reste encore des terres publiques. Cette dernière
catégorie comprend vingt-trois Etats et trois
Territoires. Voici la liste de ceux qui ont au-
dessus d'un million d'acres de terres publiques
au 30 juin 1891 :

ÉTATS CONTENANT ENCORE DES TERRES PUBLIQUES.

Montana...	74 millions d'acres	Idaho.......	34 millions d'acres
Arizona.....	55 —	Dakota......	30 —
New-Mexico.	55 —	Washington.	20 —
Nevada.....	54 —	Nebraska...	11 —
Californie...	52 —	Minnesota...	7 —
Wyoming...	51 —	Wisconsin..	1 —
Colorado....	42 —	Missouri....	1 —
Orégon.....	39 —	Divers......	18 —
Utah.......	35 —	Total.....	579 millions d'acres

A cette liste, il faut joindre l'Alaska non encore
organisé en Territoire, mais qui depuis 1888 est
ouvert à la colonisation.

En somme, au milieu de l'année 1891, il restait
encore 759 millions d'acres de terres publiques
disponibles aux Etats-Unis, et si l'on tient compte
de l'Alaska, c'est un total de 948 millions d'acres,
soit 380 millions d'hectares, représentant sept fois
la superficie de la France.

Nous n'avons pas fait figurer dans ce relevé le domaine public du Texas dont cet État, par une clause spéciale du traité d'annexion, s'est réservé la possession et la libre disposition. C'est un domaine de près de cent millions d'acres, dont il a été concédé près de 40 millions aux compagnies de chemins de fer et dont près de trois millions sont chaque année concédés à des colons qui viennent s'y établir.

Mais il faut ajouter, et cela se comprend facilement, que les meilleures terres ont été les premières occupées : ce qui en reste, surtout dans l'Alaska et dans les régions voisines de la chaîne des Montagnes Rocheuses nous paraît difficilement colonisable, ou ne pourra l'être qu'après de grandes dépenses.

Bien que le Gouvernement fédéral, par les ventes et concessions de terres publiques, se soit surtout proposé de coloniser les régions désertes de l'Ouest et du Sud, nous ne devons pas omettre de rappeler que ces ventes sont une source considérable de revenus pour le trésor : de 1787 à 1891, elles ont rapporté un milliard 225 millions de francs. Il est telle année où le produit de ces ventes a dépassé les recettes des douanes, source principale du revenu des Etat-Unis; c'est ainsi qu'en 1836 le produit des ventes de terres publiques donna 124 millions de francs, la douane 117 millions; et cette recette exceptionnelle de la vente des terres permit au Gouvernement fédéral d'éteindre d'un coup en 1837 l'énorme dette de guerre qu'on amortissait depuis cinquante ans. Mais ce n'est là que le côté fiscal de la question et nous verrons par la suite de ce travail quel rôle bien plus grand le domaine public a joué dans la colonisation et le développement de la richesse publique aux Etats-Unis.

Le domaine public est placé sous la direction

d'un commissaire général qui a dans ses attributions les ventes et concessions de terrains appartenant à l'Etat, la poursuite et la répression des usurpations et fraudes commises à l'occasion des concessions, le règlement des affaires contentieuses que soulève la prise de possession et l'occupation. C'est au *General land office* installé à Washington, mais dont on a établi des succursales dans les Etats possédant encore des terres publiques, que sont reçues les déclarations des colons indigènes ou étrangers qui sollicitent des concessions pour l'établissement de homesteads, c'est là que s'opèrent les ventes publiques de terres domaniales situées en général dans des régions fertiles. C'est le bureau du Domaine qui délivre aux acheteurs ou concessionnaires les titres définitifs de propriété au nom du Président de la République. Tous ces titres sont transcrits sur des registres spéciaux, qui constituent le *Domesday-book* ou livre terrier du domaine public et des propriétés qui en dérivent.

Le domaine public des Etats-Unis a subi une diminution rapide dans ces dix dernières années. La moyenne annuelle des ventes de terres à titre onéreux ou de concession à titre de homestead, préemption, culture forestière (*timber culture*), concessions pour chemins de fer et canaux, n'est pas moindre de vingt millions d'acres, si bien que si ce mouvement s'était maintenu, le domaine public tout entier eût été épuisé en moins d'un demi-siècle. Les accaparements de la spéculation étaient la principale cause de cette absorption inquiétante de la propriété de l'Etat. Des mesures législatives ont été prises, comme on le verra plus loin, pour mettre un terme aux abus de la spéculation et ramener le mouvement des concessions de terres publiques à des proportions plus raisonnables.

Quoi qu'il en soit, les esprits se préoccupent déjà de l'autre côté de l'Atlantique de l'épuisement éventuel du domaine public, bien que le terme en soit probablement encore très éloigné ; le Congrès y a pourvu, comme nous venons de le dire, par quelques bonnes lois qui ont enrayé le mouvement, mais en dehors de ces mesures législatives, d'autres solutions moins parlementaires commencent à se faire jour dans l'opinion publique aux États-Unis. « Le Texas, dit un économiste américain (1), M. Shosuke Sato, n'est sans doute pas la dernière annexion, ni l'Alaska la dernière acquisition territoriale. D'autres terres et d'autres populations peuvent être par la suite du temps absorbées dans la fédération sans cesse croissante des États-Unis. En quatre-vingt-dix ans, le domaine national s'est agrandi cinq fois ; nous ne savons pas si l'avenir ne lui réserve pas des développements encore plus considérables que dans le passé par l'absorption des voisins latins (sic); mais ce n'est pas par des annexions violentes qu'on procédera, telle n'a jamais été la politique des États-Unis. » Nous traduisons fidèlement la réflexion de l'économiste américain, nous ne la commentons pas. Mais il nous paraît difficile de concevoir comment le domaine public des États-Unis pourrait, même par l'absorption des voisins latins, recevoir dans l'avenir des développements plus grands que dans le passé, à moins qu'on ne fît une application un peu plus large de la doctrine de Monroe, et qu'on n'absorbât aussi les voisins Anglo-Saxons.

Enfin, le *General land office* a une dernière fonction, qui mérite de nous arrêter quelques

---

(1) Historical and political science. John Hopkins University Studies, t. IV, p. 265. Baltimore 1886.

instants, à raison de la grandeur de l'œuvre accomplie, des difficultés de la tâche, et de l'importance des services qu'elle a rendus à la propriété privée et à l'Etat, nous voulons parler de la cadastration des terres, ainsi que de la superficie entière du territoire de l'Union. Cette opération gigantesque, commencée il y a un siècle (en 1787) est aux deux tiers achevée, mais ce n'est pas dans ce résultat fort remarquable en lui-même que réside le mérite de l'opération, comme on va voir.

Le problème à résoudre était celui-ci : trouver un système de cadastration qui non seulement donnât l'étendue superficielle du territoire et les contenances des parcelles dans lesquelles il se subdivise à l'infini, mais encore et surtout qui fixât une fois pour toutes d'une manière invariable les limites des parcelles de manière à décourager l'esprit de fraude et à prévenir les tentatives d'usurpation, source intarissable de procès en tous pays. Le problème fut résolu de la façon la plus heureuse, et en même temps la plus rigoureuse et la plus simple, par un de ces génies pratiques comme les Etats-Unis en ont tant produit : son nom mérite d'être conservé, il s'appelait Oliver Phelps.

Dans le système de Phelps, le territoire des Etats-Unis est divisé en carrés, à l'aide de lignes droites tracées, les unes de l'Est à l'Ouest, les autres du Nord au Sud, se coupant à angles droits, et cette méthode de quadrangulation s'applique aux propriétés particulières et aux divisions des Etats. C'est pour cela que lorsqu'on jette les yeux sur une carte des Etats-Unis, les Etats et les Territoires sont figurés par des surfaces rectangulaires, résultant de l'intersection de lignes, les unes parallèles, les autres perpendiculaires au méridien.

Il a fallu d'abord tracer des lignes servant de

base aux opérations. En 1750, à la suite de contestations survenues entre les Etats limitrophes, à propos d'esclaves fugitifs, il fut arrêté d'un commun accord qu'on tracerait sur le terrain une ligne de démarcation entre les Etats libres du Nord et les Etats à esclaves du Sud, ce qui fut fait. C'est une ligne droite allant de l'Est à l'Ouest exactement parallèle aux cercles de latitude, et servant de frontière commune aux deux Etats de Pensylvanie et du Maryland ; elle est restée célèbre dans l'histoire des États-Unis sous le nom de *Mason and Dixon line,* du nom des deux opérateurs qui l'ont établie : elle fut le point de départ et l'une des bases fondamentales de la cadastration rectangulaire et entra dans le réseau de Phelps.

L'autre ligne fondamentale, établie au début des opérations, perpendiculaire à la première, parallèle au méridien, fut la ligne de partage entre les Etats d'Ohio et d'Indiana : elle est exactement à 84° 31' de longitude du méridien de Greenwich ; elle commande tout le système de quadrangulation de l'Ohio et des Etats voisins. A mesure que la cadastration avançait, on a été dans la nécessité de tracer d'autres lignes, parallèles ou perpendiculaires ; elles ont toutes été déterminées par l'observation de l'aiguille aimantée et de l'étoile polaire.

L'intersection des lignes tracées dans la direction des quatre points cardinaux, détermine un premier réseau qui rappelle la disposition des casiers d'un jeu de dames. La surface servant d'unité fondamentale dans le réseau de premier ordre, est un carré de six milles anglais de côté. C'est cette surface qu'on désigne sous le nom de *Township,* parce que dans l'esprit de la commission des terres, qui en proposa l'adoption au Congrès, il devait servir de cadre pour l'établissement des villes et des communes.

A son tour, le *Township* fut divisé en carrés plus petits, à l'aide de lignes méridiennes et parallèles distantes de un mille. Chacune de ces subdivisions a été dénommée *section*. Chaque Township contient ainsi 36 sections numérotées sur les plans du cadastre comme ci-dessous, toujours en allant de l'Est à l'Ouest et du Nord au Sud :

NORD					
6	5	4	3	2	1 / 1/4 de section
7	8	9	10	11	12
18	17	16	15	14	13
19	20	21	22	23	24
30	29	28	27	26	25
31	32	33	34	35	36

OUEST — EST — SUD

Dans chaque Township, les sections 16 et 36 sont réservées pour être mises en vente au profit des écoles, quand le terrain est ouvert au *settlment*. La contenance de chaque Township est de 23,040 acres ou 9,216 hectares : c'est un peu plus que la superficie de l'enceinte murée de Paris qui est de 7,802 hectares. Chacune des sections con-

tient 640 acres ou 256 hectares ; les sections forment le réseau du second ordre.

Chaque section est à son tour divisée en quatre
parties égales par deux lignes se croisant à angle
droit au centre du carré de 640 acres. Chacun de
ces petits carrés de la section dénommé *quart de
section* représente une superficie de 160 acres ou
environ 64 hectares. Ces derniers carrés de
160 acres ou leurs subdivions légales jouent un
grand rôle dans les ventes de terres publiques et
les concessions de homesteads ; l'Etat accorde
aux colons 160, ou 80 ou 40 acres de terres publiques, et dans beaucoup d'Etats ce sont ces chiffres
qui fixent la limite d'exemption de saisie, au
moins pour les homesteads situés à la campagne.

Aux points d'intersection de toutes les lignes de
ce réseau ou plutôt de ces réseaux multiples, on établit des bornes en pierre surmontées d'un pylone,
dont la forme et les dimensions varient suivant
l'ordre des carrés cadastrés, suivant qu'il s'agit d'un
Township, ou d'une section. Et cela suffit pour prévenir les usurpations de terrains, ou les mettre en
évidence, si elles se produisent. Il est bien clair qu'il
ne servirait de rien à celui qui voudrait empiéter sur
la terre de son voisin, de déplacer la borne de sa
section. Toutes les bornes sont solidaires entre
elles et placées à des distances invariables, en
sorte qu'il suffirait de se reporter par un simple
métré à un quelconque des nombreux repères
établis sur les propriétés voisines pour faire apparaître le déplacement de bornes et l'usurpation.

Les files de carrés cadastrés se succèdent à
l'infini sur le terrain de l'Est à l'Ouest et du Nord
au Sud. Les plus grands, ceux de six milles de
côté, comptés dans le premier sens, portent le
nom de *Township* et sont numérotés à compter
d'un parallèle principal convenu. Comptés du Sud
au Nord dans le sens du méridien, ils sont dési-

gnés sous le nom de *Range* (rangée), toutes les rangées sont numérotées à partir d'un méridien principal, déterminé par les officiers du cadastre.

Avec ces données, une propriété de 160 acres, par exemple, est fixée sur le plan cadastral et sur le terrain, de façon qu'il ne puisse y avoir de confusion ni de place à l'erreur. Un colon a-t-il la concession du quart Nord-Est de la section 18 du Township 25 Nord du parallèle de l'Indiana, rangée 12 Est du 3° méridien principal, ou, comme on écrit abréviativement : 1/4 N. E. sect. 18, Tp. 25. N, R. 12. E, 3 d P. M. il retrouvera facilement sa concession sur le plan, et sur le terrain il la reconnaîtra aussi aisément en s'aidant des indications précédentes inscrites sur les pylones des bornes placées aux intersections des lignes cadastrales.

En France, où nous sommes habitués aux parcelles irrégulières, limitées le plus souvent par les accidents du terrain, nous pourrions croire que cette division mathématique des terres qui ne tient aucun compte du relief et de la configuration du sol, est un obstacle à la culture et à l'exploitation : l'expérience a prouvé qu'il n'en est rien. « Les acquéreurs de carrés, dit M. Reclus (1), ne dévient guère de la ligne droite ; ils ouvrent leurs chemins, creusent leurs fossés, sèment leurs navets dans le sens du méridien et de l'équateur. »

Ce système si simple, et en même temps si rigoureux dans ses déterminations, a rendu impossibles, on peut le dire, les usurpations de terres et les procès sur les limites qui sont une des plaies de la propriété foncière en d'autres pays ; une circulaire déjà ancienne du commissaire général du *land office* prescrit aux employés de ce service

(1) Géographie. — *Les Etats-Unis*, tome XVI, p. 703.

la surveillance des bornes de townships, des
bornes ont pu être renversées par malveillance;
mais elles ne sont jamais déplacées dans une
pensée d'usurpation; dans les quatre mille affaires
de homesteads jugées par les tribunaux américains
et qui ont passé sous mes yeux, je n'ai pas relevé
un seul procès en usurpation. Oliver Phelps a
rendu à l'agriculture des Etat-Unis un service
dont on ne peut bien apprécier l'importance, que
quand on a assisté dans un prétoire de justice de
paix de France à l'interminable défilé des plaideurs
en bornage.

L'historien de la guerre des Gaules est le premier qui ait parlé de l'humeur processive de nos
ancêtres et de leurs contestations en matière de
successions et de limites (1). C'est bien à lui que
nous devons cette réputation que nous aurions
héritée de nos pères. La légende est fausse et injuste. Si nos tribunaux jugent en France plus
d'affaires d'usurpation de terrain qu'en d'autres
pays, c'est d'abord que la propriété est plus
divisée, ce qui augmente les chances de contestations entre voisins, mais c'est surtout que nos
procédés d'abornement sont défectueux, arbitrai-
res, sans contrôle et même absolument incontrô-
lables. Si nous avions, comme en Amérique, un
système de cadastration reposant sur une base
rationnelle, placé sous la surveillance de l'Etat, au
lieu d'être abandonné à des praticiens insuffisam-
ment qualifiés, les procès pour déplacements de
bornes et usurpation de terrain seraient aussi
inconnus chez nous qu'aux Etats-Unis.

Malheureusement, il n'en est pas ainsi, et ce
qu'il y a de plus fâcheux, c'est que le mal est sans
remède, qu'il faut renoncer à établir chez nous un
système de cadastration méthodique, et que nous

(1) César. — Comment, IV. 13.

devons nous résigner à vivre avec la mauvaise
réputation qu'on nous a faite depuis tantôt deux
mille ans. Les Américains ont bien pu partager
le territoire des États en parcelles géométriques,
dont l'étendue et la position, établies sur une base
scientifique, ne peuvent pas être modifiées; mais
un semblable travail n'a pu se faire que sur un sol
inoccupé, libre de toute culture et de toute population. Le partage des terres devait précéder la
colonisation. Se figure-t-on à quelles difficultés
on se heurterait, si on appliquait un pareil système
à un pays dont le territoire est depuis des siècles
occupé et alloti, où les parcelles sont distribuées
sans ordre ni plan voulu, d'après la configuration
du terrain, la position des villages et des fermes ?
La méthode de Phelps ne peut être utilement
mise en pratique que dans les pays en voie de
colonisation, comme l'Algérie, la Tunisie, l'Indo-
Chine, Madagascar : encore faudrait-il y apporter
des tempéraments au voisinage des centres de
population formés depuis longtemps.

III

Les origines du homestead. — Une page de l'histoire parlementaire des Etats-Unis. — Le sénateur Benton.

J'ai expliqué, au commencement du chapitre précédent, qu'il y a deux façons de constituer un homestead. Si l'on possède une maison à la ville, ou une ferme à la campagne, on peut les placer sous le régime de l'exemption de saisie, en remplissant certaines formalités dont il sera question plus loin. Si, ce qui est le cas le plus fréquent, on ne possède aucune propriété, on adresse au *land office* une demande de concession d'un lot de 160, ou de 80, ou de 40 acres de terres publiques, dans un des Etats où il y en a encore de disponibles. Le lot concédé est placé *ipso facto* sous le régime de la loi de homestead, votée par le Congrès en 1862, que, pour plus de simplicité, nous appellerons le homestead fédéral : c'est la seule forme qui ait été réglée par une loi du Congrès, l'autre se trouve prévue et règlementée par les codes des Etats.

C'est du homestead fédéral que nous allons d'abord nous occuper, et dont nous allons rechercher les origines.

On s'accorde généralement à regarder la préemption comme la première étape du homestead.
La préemption, c'était essentiellement le droit
pour un colon, qui s'était établi sur un terrain du
domaine public non encore occupé, de l'acquérir,
s'il était mis en vente, de préférence à tout autre
acheteur. C'est bien en cela que consiste la
préemption, et non, comme on l'a écrit quelquefois, le droit d'acquérir par préférence le terrain
contigu à celui qui est occupé à titre de préemption. Il y a confusion. Le droit d'acquérir le lot
contigu appartient au propriétaire d'un homestead,
en vertu de l'article 1, § 2 de la loi fédérale du
20 mai 1862, que nous analyserons plus loin,
mais il n'a jamais été inscrit dans les lois de
préemption.

M. Donaldson (1) fait remonter la préemption à
l'année 1801 ; c'est, en effet, à ce moment qu'elle
fut réglée par une loi d'intérêt général applicable
au domaine public. Mais on en retrouve la mention expresse dans les Constitutions ou dans les
codes des anciens Etats, à une époque plus recu-
lée. C'est ainsi qu'une loi de 1784 votée par la
législature de Pensylvanie (2) portait : « Tout colon
qui aura créé un établissement..... aura le droit de
préemption pour le terrain occupé par lui au prix
indiqué. » Le prix était de 50 shellings par
100 acres, le maximum des terrains à acquérir ne
devait pas dépasser 400 acres pour la même
personne.

Toutefois, ce n'est vraiment qu'au commencement du siècle, que l'acquisition des terres par
voie de préemption se généralisa sur tout le territoire des Etats-Unis, et se développa parallèlement
à la vente par adjudication. Pour acquérir le droit
de préemption, il fallait remplir certaines condi-

(1) *The Public Domain*, p. 188.
(2) *Pennsylvania Digest of the laws*, t. II, p. 889.

tions énumérées par la loi. On ne pouvait pas en réclamer le bénéfice, si l'on n'était pas chef de famille, ou veuve, ou célibataire, âgé de plus de vingt-un ans, citoyen des Etats-Unis, ou en instance pour en obtenir le titre par voie de naturalisation, et fait la preuve qu'on résidait sur le terrain visé par la requête, et qu'on y avait formé un établissement.

Le lot pour lequel on réclamait le droit de préemption ne devait pas excéder un quart de section ou 160 acres; il devait être situé hors de l'enceinte de toute ville ou agglomération organisée; il était fait réserve des terrains contenant des gisements houillers, miniers ou salins. Enfin, nul ne pouvait réclamer le droit de préemption s'il possédait dans un Etat ou Territoire une étendue de terres égale à une demi-section (320 acres). Quelques-unes de ces dispositions ont été reproduites intégralement dans la loi de homestead, qui a définitivement remplacé la loi de préemption depuis 1890.

Mais la préemption n'assurait pas la gratuité. L'occupant, au moment où la partie du domaine public contenant son lot était ouverte au *settlement* et mise en vente, avait la faculté de racheter son lot avant tout enchérisseur; mais ce rachat était obligatoire, et bien que la loi en eût fixé le prix à un chiffre très bas, 1 dollar 25 cents, soit 7 fr. 50 l'acre, il fallait verser à la caisse du *land office,* une somme qui, pour un lot de 160 acres, n'était pas moindre que 1,500 francs, somme considérable pour le plus grand nombre des citoyens : de là des plaintes dans la population, surtout dans les villes.

La question de la concession gratuite des terres aux citoyens pauvres fut posée pour la première fois en 1814, par voie de pétition au Congrès. Les signataires exposaient aux représentants que des

milliers de citoyens pauvres, laborieux, dévoués
à la Constitution, et ayant versé leur sang pour la
patrie dans les guerres de l'Indépendance, ne
possédaient pas un pouce de terre, et qu'ils étaient
dans l'impossibilité d'acquérir à prix d'argent
l'étendue de terrain nécessaire pour les faire sub-
sister eux et leurs familles; ils demandaient qu'à
chaque individu, âgé de plus de dix-huit ans; il fut
attribué, sur sa demande, un lot de 160 acres, au
prix de douze cents et demi (65 centimes) l'acre,
payable en sept ans sans intérêts, soit au total
104 francs, ce qui équivalait presque à la gratuité.

Il ne fut donné aucune suite à la requête des
pétitionnaires; mais la question agraire était posée
devant le pays, et elle ne devait plus disparaître
de l'ordre du jour du Congrès, grâce à l'énergie
et à la persévérance d'un homme qu'il est intéressant de connaître, car son nom est indissolublement
lié à la cause du homestead; nous voulons parler
du sénateur Benton.

Originaire du Tennessee, Benton était venu de
bonne heure s'établir dans l'Etat de Missouri, dont
il fut pendant trente ans le représentant au Sénat.
Benton est un des orateurs les plus remarquables
du Congrès, et il en est resté la figure la plus
populaire, sous le nom de *the great Missourian,*
le grand Missourien. Ses compatriotes l'ont com-
paré à Danton, et il faut bien convenir qu'il lui
ressemblait par plus d'un côté : son action ora-
toire véhémente, sa parole chaude et colorée,
souvent incorrecte ou même de mauvais goût,
mais toujours originale; au physique, sa haute
stature, ses formes athlétiques dont il faisait
volontiers parade (1), comme Danton, tout en lui

_____

(1) Oliver Dyer, son biographe, raconte dans son livre *The great
senators-Benton*, p. 201, que chaque jour Benton se faisait friction-
ner la moitié du corps le matin, et l'autre moitié le soir ; à un de ses
amis qui lui en demandait la raison, c'est, dit-il, que les gladiateurs
romains se soumettaient à cette pratique.

justifiait l'assimilation qu'on en a faite avec le grand tribun de la Révolution.

Nous n'avons pas les discours de Benton, tels qu'il les prononça à la tribune du Congrès, le *Journal* du Sénat ne donnant qu'un compte rendu sommaire des discussions. Mais Benton a laissé un livre intéressant, *Trente ans au Sénat* (1), sorte de mémoires (2) parlementaires, où il a consigné d'importants extraits de ses discours, durant les trente années de sa carrière législative. Son nom se trouve mêlé aux discussions de toutes les grandes questions politiques ou sociales soulevées dans le Congrès : abolition de la traite des noirs, affranchissement des esclaves, révision des tarifs prohibitionnistes, établissement des voies ferrées, concession de terres publiques aux citoyens pauvres ; quelque sujet qu'il aborde, il se montre réformateur hardi autant qu'homme d'Etat clairvoyant, et sa discussion ou son récit est entremêlé des réflexions les plus originales, les plus piquantes et les plus justes.

Mais c'est la question des terres publiques, la question agraire, comme il l'appelait, qui motiva son intervention la plus fréquente et qui lui inspira ses meilleurs discours. De 1825 à 1850, il fut, on peut le dire, constamment sur la brèche, et ne cessa de lutter jusqu'à la veille de sa mort pour le succès de la cause qui lui tenait au cœur. Battu

---

(1) *Thirty years Wiew from 1820 to 1850 by a senator of Thirty years.* — New-York. 1854, 2 vol. in-8°.

(2) Ce sont bien des mémoires, non seulement parlementaires, mais même de vrais *Mémoires de mon temps,* où nous trouvons des appréciations sur les sujets les plus divers, par exemple une réfutation fort intéressante d'un chapitre du livre de M. de Tocqueville sur la *Démocratie en Amérique,* celui où l'illustre observateur indiquant sa préférence pour le Sénat sur la Chambre composée selon lui d'*éléments vulgaires,* attribue la supériorité du Sénat au mode d'élection de ses membres, qui lui apparaît comme l'idéal du suffrage censitaire. Quoique sénateur, Benton attaque avec une grande vigueur les doctrines de Tocqueville et le suffrage censitaire ; Benton se fait le champion ardent du suffrage populaire.

4

au scrutin, il représentait sa motion l'année d'après et trouvait à chaque session des arguments toujours nouveaux. Il ne lui fut pas donné d'assister au triomphe de ses idées, mais on peut affirmer qu'il le prépara et l'assura par son éloquence et par le courant qu'il détermina dans l'opinion publique.

C'est aux Mémoires de Benton que nous empruntons quelques-uns des détails qui suivent. Voici quelles considérations il faisait valoir à l'appui de sa motion sur les concessions de terres publiques, prélude du homestead : « Je ne saurais dire à quelle période de ma vie, je me suis formé la conviction que la vente des terres publiques par voie d'adjudication au plus haut enchérisseur qui est généralement le plus riche, est une mauvaise politique, et que la concession gratuite aux colons actuels du sol et aux citoyens pauvres est la seule politique équitable et conforme aux intérêts de l'Etat et à ceux des particuliers. C'était sans doute dans mon jeune âge, quand je lisais les récits de la Bible, et le partage de la terre promise entre tous les enfants d'Israël. C'était aussi à l'époque où, résidant dans le Tennessee, j'avais sous les yeux ces nombreuses familles d'anciens émigrants anglais, dont la fortune avait pour origine les 640 acres de terre que la Caroline du Nord avait généreusement octroyés aux colons qui étaient venus s'établir sur ce territoire. Plus tard, quand la raison fut venue, je fus confirmé dans ces idées, résultat d'un souvenir d'enfance, par la lecture des débats du Parlement d'Angleterre et des discours du célèbre Burke, partisan décidé du système de la concession gratuite des terres du domaine de la Couronne en faveur des sujets Britanniques.

» Aussi, du jour où j'entrai au Sénat des Etats-Unis, mes convictions étaient mûres et arrêtées; j'engageai résolument la lutte en faveur du seul système qui me parût équitable et rationnel, les

concessions d'après un tarif gradué aux colons
dans l'aisance, et les distributions gratuites des
terres inoccupées aux citoyens pauvres qui s'y
établiraient et les cultiveraient. Je présentai un bill
en ce sens ; je le renouvelai annuellement pendant
de nombreuses sessions. Je conviens que mes discours produisirent au début moins d'effet sur le
Sénat que sur le pays. J'eus cependant la satisfaction de voir mon projet recevoir l'adhésion du
président Jackson (1), dans un de ses messages
annuels au Congrès ; il exprimait le vœu qu'aussitôt que la dette publique serait amortie à l'aide
des ressources provenant de la vente des terres
publiques, on renonçât au système des adjudications, et qu'on se préoccupât de tirer parti du
domaine en vue de la colonisation et en dehors de
toute pensée de spéculation ; mais ses pouvoirs
présidentiels expirèrent avant que la dette publique
fût complètement éteinte (elle ne le fut que trois
ans après que Jackson eut quitté le pouvoir), et
avant qu'il fût possible de donner satisfaction à ce
vœu populaire. »

Benton, à l'appui de son système, invoque des
raisons d'ordre économique fort curieuses pour
l'époque. D'après lui, le revenu qu'un Etat peut
retirer de la vente de ses terres publiques est une
quantité absolument négligeable, quand on le
compare à celui qui dérive de la mise en valeur et
de la culture des terres inoccupées, et dont le Trésor bénéficie en même temps que le colon. L'Etat,
en effet, perçoit une fois pour toutes le prix de la
terre, tandis que la culture se renouvelle sans fin,
et sans fin aussi permet au colon de payer des impôts, de consommer des marchandises acquittant
des taxes, d'exporter des produits agricoles, qui
ont comme contre-partie obligée l'importation

---

(1) Pendant la présidence de 1829 à 1833.

d'articles étrangers soumis à des droits de douane qui alimentent le Trésor public.

« Prenons, dit Benton, pour exemple, les Etats-Unis : combien le Trésor a-t-il retiré de la vente des terres et par quelle somme se chiffrent les les taxes intérieures acquittées par les produits du sol, et les droits de douanes perçus sur les importations de marchandises étrangères que le revenu territorial a permis d'acheter ? On ne peut espérer de fournir une réponse précise à cette question, mais il est possible de fixer approximativement le rapport de ces deux éléments. Le produit annuel des ventes de terres publiques s'élève à deux millions de dollars, tandis que la recette annuelle des douanes dépasse cinquante millions de dollars, ce qui donne un rapport de un à vingt-cinq. »

Il faut bien le dire, l'argumentation de Benton n'est pas absolument irréprochable. Le profit que l'Etat retire de la vente de ses terres ne saurait être identifié au produit des droits de douane ; imbu des théories sur la balance du commerce, Benton croyait que les Etats-Unis recevaient chaque année dans leurs ports une masse de produits étrangers, dont la valeur représentait exactement celle de leur exploitation agricole, ce qui pouvait être exact il y environ soixante ans, à l'époque où l'industrie était encore à l'état rudimentaire dans ce pays, mais ce qui n'est pas nécessairement vrai, et ce qui est certainement inexact aujourd'hui. Il exagérait de ce chef le profit de l'Etat, mais, d'autre part, il omettait les taxes locales sur la propriété foncière, perçues par les comtés et les municipalités, ce qui établissait une sorte de compensation.

Mais son argument triomphant, c'était celui de la colonisation et de l'accroissement de la population. Il faut songer qu'à l'époque où Benton entreprit sa campagne, les Etats-Unis comptaient à

peine dix millions d'habitants, répartis sur un
territoire aussi étendu que dix fois celui de la
France actuelle. A ce moment, il se vendait en
moyenne deux millions et demi d'acres par an,
acquis par quinze ou vingt mille colons, ce qui ne
laissait pas entrevoir de terme pour la colonisation, tandis qu'avec le système de la gratuité des
concessions, on pouvait attirer sur les terres
inoccupées deux cent mille citoyens pauvres ou
émigrants étrangers et leur distribuer vingt-cinq
millions d'acres, en sorte que du même coup on
accroissait la production territoriale, et on assurait
le peuplement des solitudes de l'Ouest.

Cet argument du développement de la population et de son influence sur les destinées de l'Amérique, Benton le faisait ressortir avec une grande
force et une grande autorité. Comme J.-J. Rousseau, il pensait qu'il n'y a pas pour un Etat de
pire disette que celle des hommes, que la population est la première de toutes les richesses, celle
qui crée toutes les autres, et que le législateur doit
faire tous ses efforts et prendre toutes les mesures
nécessaires pour en favoriser l'accroissement.
« Ici, disait-il, nous manquons de points de comparaison. Les achats de terres qui sont faits bien
souvent dans un but de spéculation sont sans
effet sur l'augmentation de la population, tandis
que la colonisation et la culture qui ont besoin de
bras y poussent énergiquement; c'est cette population qui est la force et la vraie richesse du
pays. »

L'orateur aborde ensuite un autre ordre de
considérations et explique le rôle que doit jouer la
propriété dans une démocratie. « Le fermage,
dit-il, se concilie mal avec le régime de la liberté;
il crée et perpétue les différences des classes,
affaiblit l'esprit d'indépendance, énerve et anéantit
l'amour du pays. Le fermier n'a en fait ni patrie,

ni terre, ni autel domestique, ni divinité tutélaire
du foyer. Le libre propriétaire du sol (*freeholder*)
est au contraire le soutien naturel d'un gouvernement libre; et il y a intérêt évident pour une
démocratie à multiplier les propriétaires, comme
pour une monarchie à multiplier les fermiers.

» Nos ancêtres ont établi la République aux
Etats-Unis et nous souhaitons tous de continuer
à vivre sous ce régime; ne laissons donc passer
aucune occasion d'accroître le nombre des propriétaires ; faisons passer la terre aux mains des
prolétaires : vendons-la pour un prix raisonnable à ceux qui peuvent la payer; donnons-la
aux citoyens trop pauvres pour en acquitter le
prix. Je dis donnons-la gratuitement, car j'estime
que ceux à qui nous faisons ce cadeau l'achètent
à plus haut prix qu'avec l'or et l'argent. Le profit
que la République en retirera est à l'abri des mal-
versations des fonctionnaires indélicats, des tentatives des voleurs, de la déconfiture des banques.
La terre ainsi placée rapporte plus que tous les
trésors du monde. Elle nous vaudra une race de
travailleurs honnêtes et indépendants, l'appui le
plus solide de la Constitution et de l'Etat. L'Etat!
ce ne sont point les remparts inexpugnables, ni
les hautes murailles crénelées, ni les tours et les
donjons menaçants, ni les palais constellés d'étoiles
où la bassesse vient encenser l'orgueil; ce n'est pas
tout cet appareil extérieur et décoratif qui fait sa
sécurité et sa force, mais bien les citoyens, des
citoyens au cœur ferme et haut placé, qui ont le
sentiment de leurs devoirs, qui connaissent leurs
droits et qui, les connaissant, sont toujours prêts
à les défendre contre les entreprises de la vio-
lence (1). »

La longue et opiniâtre campagne entreprise par

(1) Benton. — *Thirty years*, t. 1, p. 102.

Benton aboutit à l'acte de préemption du 4 septembre 1841 : il s'appliquait à toutes les terres du Domaine public, en quelque État ou Territoire qu'elles fussent situées, tandis que la loi de 1801 ne visait que quelques Territoires. L'acte nouveau assurait un droit de préférence aux colons déjà établis sur le domaine, mais il exigeait que le préempteur eût formé un établissement et qu'il résidât de sa personne sur le terrain. Nous voyons apparaître la condition de la résidence, qui figure dans la loi du homestead; quelques années plus tard, nous verrons poser la question de l'insaisissabilité.

Le droit de préemption ne pouvait, d'après la loi de 1841, s'étendre à plus d'un quart de section (160 acres ou 65 hectares). Pour la preuve finale de l'accomplissement des formalités et pour le paiement, il était accordé à l'occupant de douze à trente-trois mois après la prise de possession, suivant que la terre avait été ou non mise en adjudication.

Le prix des terres acquises à titre de préemption était de un dollar, 25 cents et 2 dollars, 50 cents. Ce dernier prix était celui des terres situées au voisinage des lignes de chemins de fer.

La préemption établie par la loi de 1841 était une prime à la colonisation, puisqu'elle accordait au colon établi le privilège d'achat à un prix déterminé, évidemment moindre que le prix d'adjudication. Bien que ce ne fût pas la gratuité, comme le demandait Benton, la réduction des prix eut pour effet, comme ce dernier l'avait prédit, d'accélérer l'œuvre de colonisation dans un grand nombre de Territoires déserts.

La préemption, par la suite du temps, a donné lieu à de graves abus et favorisé la spéculation sur les terres publiques. Dans son rapport de 1884, le commissaire général du *land office* dit : « Je renou-

velle comme par le passé mes instances pour le
retrait absolu de la loi de préemption. L'intérêt de
l'Etat conseille cette mesure qui s'impose également par suite des abus criants qui se révèlent
dans l'acquisition des titres, dont beaucoup sont
non seulement irréguliers, mais même entachés
de fraude, par suite également des injustices et
des violences dont sont victimes les préempteurs
de bonne foi qui, pour échapper aux exactions de
spéculateurs plus forts qu'eux, sont souvent dans
la nécessité de revendre leurs lots. » Le 51° Congrès
a rapporté en 1890 la loi de préemption. Il n'est
fait exception que pour les lots situés sur des terrains non cadastrés et qui se trouveraient après
cadastration coïncider avec les sections 16 et 36,
consacrées, comme nous l'avons dit, aux écoles
publiques. Dans ce cas, le privilège de préemption serait maintenu à l'occupant, sous la condition
qu'on prendrait sur les sections voisines du
Township un terrain de même superficie pour les
besoins scolaires.

La loi de préemption fut suivie du *donation act*
(4 août 1842), due, comme la première, à l'initiative de Benton, membre de la commission militaire
du Sénat. Tout citoyen capable de porter les
armes, pouvait obtenir une concession gratuite de
160 acres de terrain, dans les zones de certains
Etats ou Territoires, réputées dangereuses, à
raison du voisinage des tribus indiennes insoumi-
ses : c'étaient des concessions rappelant les colonies romaines établies sur le Danube au temps de
l'Empire. Le Gouvernement avait voulu créer des
espèces de marches militaires destinées à coloniser le pays et à le garantir des incursions des
Indiens.

On verra plus loin qu'à diverses époques, des
concessionnaires de homestead, établis dans les
territoires de l'extrême Ouest, ont dû abandonner

leurs fermes devant les attaques ou les menaces
des tribus sauvages, et que les tribunaux ont établi en jurisprudence qu'en pareil cas la retraite des
colons ne constitue pas un abandon du homestead
au sens de la loi et ne saurait leur faire perdre le
droit d'exemption.

Quelques années plus tard, le Congrès fit un
nouveau pas dans la voie de la gratuité des terres,
en votant le *graduated Act*. Aux termes de la
nouvelle loi, la terre qui était restée pendant dix
ans affichée au tableau des adjudications sans
trouver preneur, devait être cédée aux occupants
à des prix gradués, de douze cents et demi à un
dollar l'acre, suivant que le lot invendu était resté
plus ou moins longtemps à l'affiche. En quelques
années, plus de vingt-cinq millions passèrent
ainsi du domaine de l'Etat aux mains de particuliers.

Les débats sans cesse renaissants sur la question agraire avaient plus d'une fois agité le Sénat
et la Chambre des représentants, mais en somme
ils n'avaient eu qu'un médiocre retentissement
dans le pays. La presse n'avait pas encore aux
Etats-Unis le développement et l'importance qu'elle
a pris de nos jours. Mais la question était agitée
dans les réunions populaires, et dès 1844, il s'était
formé sous le nom de *Free soilers* (partisans du
libre sol), un parti nouveau qui allait donner à la
question agraire une impulsion décisive. Ils créèrent
en 1844 un organe de propagande, les *Droits du
peuple, People's Rights,* ils arrêtèrent le programme suivant (1) :

1° Concession gratuite de terres publiques en
quantité limitée à ceux qui les occupent et y ont
formé un établissement ;

(1) Johns Hopkins University Studies. — *Histor. and. polit. science,*
4e série, p. 169.

2° Interdiction aux étrangers et citoyens non résidant dans l'Etat d'acheter des terres publiques;

3° Droit d'exemption de saisie assuré au homestead d'un citoyen américain.

C'est la première fois que nous trouvons la mention du homestead; la concession des terres publiques ne suffisait plus aux partisans du libre sol; ils réclamaient le privilège de l'insaisissabilité de la terre et du *home*. Dans la convention de Pittsburg, tenue au moment de l'élection présidentielle qui porta au pouvoir M. Pierce, la *Démocratie du libre sol* fit passer la résolution suivante : que les terres publiques des Etats-Unis appartenant à la communauté des citoyens ne doivent plus être vendues aux particuliers, ni concédées aux corporations ou sociétés, mais qu'elles constituent un dépôt sacré au profit du peuple, et qu'elles soient mises gratuitement à la disposition des citoyens pauvres qui voudront s'y établir et les cultiver.

Mais déjà une autre question plus grave se posait devant l'opinion publique aux Etats-Unis, la question de l'esclavage. Dans le procès de l'esclave nègre Dred Scott, la Cour suprême avait rendu une sentence restée célèbre : « Les nègres d'Afrique, disait le jugement, n'ayant jamais été transportés sur le territoire des Etats-Unis que comme une marchandise vénale, ne sauraient être considérés que comme des êtres tellement inférieurs, qu'ils n'avaient pas de droits qu'un blanc libre fût tenu de respecter. » Ces paroles produisirent une immense émotion dans tout le pays, et furent le signal de la scission qui se fit dans la République. Les *Démocrates du libre sol* élargirent leur programme; ils associèrent la question éclavagiste à la question agraire, demandèrent la révision de la Constitution, que la Cour suprême avait invoquée dans son arrêt, le Congrès, d'après eux, n'ayant pas plus autorité pour faire un esclave que pour faire un roi. C'est sur cette plate-forme politique que se firent les élections présidentielle de 1856 et législatives de 1859 ; dans le Sud comme dans le Nord, les deux questions de l'esclavage et de la distribution gratuite des terres se trouvaient liées et le triomphe ou l'échec de l'une devait entraîner le triomphe ou l'échec de l'autre.

IV

.

Nous touchons à l'heure décisive pour le homestead, et nous sommes également à la veille du conflit terrible que la question esclavagiste va soulever. Ce n'est pas par hasard que les deux questions se posent en même temps devant l'opinion et devant le Congrès ; il n'y a pas simplement coïncidence, il y a solidarité étroite ; nous allons montrer comment les républicains du Nord défendaient au nom des mêmes principes l'établissement du homestead et la suppression de la traite et de l'esclavage, que les démocrates du Sud combattirent au nom des mêmes intérêts.

La question qui allait se vider était déjà bien ancienne, puisqu'elle remontait à l'origine même de la Constitution votée en 1787. On connaît peu en France les incidents orageux qui marquèrent les séances de la Convention, chargée d'élaborer la Constitution des Treize-États, quand fut soulevée la question de l'esclavage, que les uns voulaient supprimer d'un trait de plume, que les autres entendaient maintenir. Les débats furent si vifs, si violents même, que l'assemblée décida (1) de tenir secrète la partie de la délibération qui en faisait mention, et qu'en fait le compte rendu de ces séances tumultueuses ne fut publié que beaucoup plus tard, en 1818, quand la paix s'était faite dans les esprits, au moins à la surface, et qu'il n'y avait plus à craindre d'ébranler l'édifice fédéral. Dans l'impossibilité de s'entendre et pour ne pas rompre le faisceau de l'Union, on avait écarté d'un commun accord les questions irritantes dont on ajournait à plus tard la solution. Il en résulta, dit M. Johnston (2), que cette Constitution qu'on ne peut assez louer aujourd'hui et que M. Gladstone déclare l'œuvre la plus étonnante qui soit sortie du cerveau et des délibérations des hommes, ne fut en réalité, à son origine, le résultat d'aucun dessein arrêté, d'aucune préoccupation autre que celle de concilier des intérêts en conflit, et qu'elle se présenta comme la meilleure transaction qu'on eût pu trouver pour prévenir une rupture entre les parties conciliantes et empêcher la dislocation et la fin des Treize-États confédérés.

C'est dans cet esprit qu'on renonça à placer en tète de la Constitution une déclaration des droits, analogue à celles qui précèdent les constitutions particulières de divers États du Nord et qu'on substitua à cette déclaration un préambule qui n'impliquait aucune reconnaissance formelle des droits naturels du citoyen, quelle que fût sa race ou sa couleur. C'est dans ce même esprit qu'on accorda aux États du Sud une représentation (3) proportionnelle pour leur population noire, dans

---

(1) Chaque Chambre tiendra un journal de ses délibérations et le publiera à l'exception de ce qui lui paraîtra devoir rester secret (Constit., art. 1, sect 5, § 3).
(2) *Encyclop. Améric., art. constitut.*
(3) Constitution des Etats-Unis, art. 1, section 2, § 3.

le rapport de 3/5 de cette population. La discussion
fut plus longue et plus vive sur la question de la
traite des noirs, que les représentants des Etats
du Nord condamnaient comme servant à éterniser
l'esclavage, et comme contraire aux usages et aux
lois des nations civilisées. A titre de transaction,
on admit que l'importation des nègres serait
simplement tolérée jusqu'en 1808 : Toutefois, aucun changement ne fut opéré à cette époque, et la
clause de tolérance se continua par une sorte de
tacite reconduction entre les parties.

Mais malgré ces concessions réciproques, ou
plutôt à cause de ces concessions, la Constitution américaine contenait un germe de division,
qui à la vérité, par la sagesse et la modération des
constituants de 1787, était resté latent et inerte
pendant plus de soixante-dix ans, mais qui finit
par lever et fut le point de départ de la guerre
civile; et il est facile de comprendre maintenant
que la question du homestead soulevée en même
temps que celle de l'esclavage en 1850, ne fit qu'a-
jouter aux dissentiments existants entre le Sud et
le Nord.

Du jour où le Gouvernement fédéral offrirait des
concessions gratuites de terre avec privilège d'insaisissabilité aux citoyens de l'Union qui en
feraient la demande, et du moment aussi que les
nègres seraient par l'affranchissement admis à
tous les droits de citoyens, il devenait évident que
le homestead serait un appât irrésistible pour les
esclaves, une prime offerte aux colons nègres et
que les plantations du·Sud seraient désertées en
masse. Aussi les Démocrates des Etats méridion-
naux furent-ils dès la première heure les adversaires décidés de l'établissement du homestead.

Aux élections législatives de 1857, les *free
soilers* qui s'étaient fondus dans le *parti républicain,* avaient réussi à faire passer dans les Etats

du Nord un grand nombre de leurs partisans.
C'est un des leurs, M. Grow, député de Pensylvanie
qui souleva la question du homestead devant le
Congrès, en présentant (janvier 1859) un amendement au projet de loi tendant à modifier les lois
sur l'acquisition des terres publiques. L'amendement fut voté, malgré l'opposition des députés du
Sud qui ne voyaient dans les *small homesteads*
de l'amendement qu'une organisation du travail
libre, contraire aux intérêts des Etats à esclaves.
Toutefois, au vote sur l'ensemble du projet, le bill
fut repoussé et l'amendement devint caduc.

Aux termes du règlement de la Chambre des
représentants, un projet de loi repoussé peut être
présenté de nouveau à l'expiration du mois qui suit
le rejet. Le 1er février 1859, un nouveau bill fut
introduit devant la Chambre. Aux termes de ce
projet, toute personne chef d'une famille, ou âgée
de vingt-et-un ans, ou qui est citoyen des Etats-
Unis, ou qui étant étrangère déclarera devant
l'autorité compétente l'intention de devenir citoyen
de l'Union, a droit à une concession de un quart de
section (160 acres), à prendre sur les terres publiques non encore occupées. L'immeuble ainsi acquis
est insaisissable pour dettes contractées avant la
délivrance du titre de propriété.

Les terres situées dans les limites d'un Etat et
qui, mises à l'adjudication, n'auront pas trouvé
d'acquéreur après un délai de trente ans, resteront
la propriété de l'Etat sur le territoire duquel elles
se trouvent, réserve faite des droits des colons
établis sur ces terres au titre de préemption.

Le nouveau bill, malgré l'opposition des *Sudistes,* fut voté à la majorité de 120 voix contre 76.
Un seul républicain, Nicholl, député de l'Ohio,
avait voté contre. Au Sénat, où les Sudistes étaient
les maîtres, l'accueil fut tout autre. La majorité
organisa une véritable obstruction; ce ne fut qu'a-

près plusieurs séances tumultueuses, qu'on put discuter le bill voté par la Chambre; il fut repoussé par une forte majorité : un seul sénateur du Sud, Andrew Johnson, qui devint plus tard président de la République après l'assassinat de Lincoln, avait voté pour le projet.

Il fallut attendre la réunion d'un nouveau Congrès; le 6 mars 1860, M. Lovejoy, représentant de l'Illinois, saisit la Chambre des représentants du bill repoussé par le Sénat; il fut adopté sans modification, après les trois lectures réglementaires, par 115 voix contre 65. De la Chambre le projet fut porté au Sénat. M. Johnson, sénateur du Tennessee, prévoyant de nouvelles difficultés, présenta un amendement, en vertu duquel il serait concédé des homesteads aux occupants actuels à 25 cents (1 fr. 25) l'acre, mais excluant du bénéfice du homestead les colons déjà établis sur les terres publiques à titre de préemption. Le bill ainsi amendé fut adopté par 44 voix contre 8.

La Chambre des représentants repoussa l'amendement du Sénat : c'était le conflit. En pareil cas, on a recours à une conférence inter-parlementaire (1); il y eut réunion des deux commissions des terres publiques de la Chambre et du Sénat; l'accord finit par s'établir sur un texte légèrement amendé de celui du Sénat, mais les *Républicains* de la Chambre paraissaient peu disposés à accepter la transaction. M. Grow (de Pensylvanie), celui-là même qui avait fait la première motion sur le homestead, présenta quelques observations en faveur du projet rectifié, toutefois en faisant la réserve suivante : « Il faut qu'il soit entendu que ce n'est pas tout ce que nous demandons, mais nous acceptons ce qu'on nous offre;

(1) *Senate manual, Washington govern, printing office*, in-8°, 1890, p. 259.

parce que mieux vaut la moitié d'un pain que pas de pain du tout », et le projet transactionnel fut voté par 115 voix contre 51 (11 juin 1860).

Le Sénat à son tour accepta le projet par 36 voix contre 2 : il y eut de nombreuses abstentions.

La Constitution des Etats-Unis (1) dispose : « Tout bill qui aura passé à la Chambre des représentants et au Sénat devra, avant de devenir loi, être présenté au président des Etats-Unis. Si celui-ci l'approuve, il le signera; mais s'il ne l'approuve pas, il le renverra avec ses objections à la Chambre où le bill a pris naissance ; cette Chambre fera transcrire *in extenso* les objections du président sur son procès-verbal et procédera à un nouvel examen du bill. Si, après ce second examen, les deux tiers des membres de l'Assemblée sont d'accord pour voter la loi, le bill, toujours accompagné des objections du président, sera transmis à l'autre Chambre qui l'examinera de même une seconde fois, et s'il est approuvé par les deux tiers de cette Chambre, le bill deviendra loi. »

Conformément aux dispositions constitutionnelles que nous venons de rappeler, le bill fut transmis au président Buchanan. Avant d'entrer dans la politique, Buchanan s'était fait dans son pays une grande réputation de savoir juridique ; c'était un consultant hors de pair. Sans s'être activement mêlé à l'agitation des dernières années, il passait pour avoir des sympathies pour le Sud et pour les Démocrates ; ce qui est certain, c'est qu'il arriva à la présidence avec l'appui de ce parti. Les députés et les sénateurs sudistes, au cours même de la discussion du bill, avaient essayé d'influencer le vote du Congrès en annonçant partout que le président opposerait son *velo* constitutionnel à la loi si elle était votée; c'est, en effet, ce

---

(1) Article 1, sect. 7, § 2. — Traduction de M. Dareste.

qui arriva. Le 23 juin 1860, Buchanan retourna au Sénat le bill accompagné de ses objections ; nous reproduisons ici textuellement ce document désormais lié à l'histoire du homestead (1).

Le veto présidentiel.

« Au Sénat des Etats-Unis. Je retourne avec mes observations au Sénat, où il a pris naissance, le bill intitulé : *Acte pour assurer des homesteads aux colons actuellement établis sur le domaine public et pour autres objets.*

» Le bill accorde à chaque citoyen des Etats-Unis qui est chef d'une famille et à toute personne d'origine étrangère, résidant sur notre territoire, qui a déclaré son intention d'acquérir le titre de citoyen, même sans être chef de famille, la faculté d'acquérir un terrain de 160 acres à prendre sur le domaine public, à la condition d'y former un établissement et d'y résider pendant cinq années consécutives, après lesquelles un titre définitif de propriété, en payant 25 cents par acre, soit un cinquième du prix actuel des terres, est accordé par l'Etat. Durant cette période, la terre est garantie contre toute éviction pour dettes.

» Le bill contient également une cession faite aux Etats de toutes les terres publiques actuellement situées sur leurs territoires et qui seraient restées à l'adjudication pendant trente ans sans trouver d'acquéreurs. Cette dernière disposition constitue dès à présent une donation de 1,229,731 acres de terres aux Etats, et leur assurera dans l'avenir la possession de toutes les terres que les ventes n'absorberont pas.

---

(1) Nous en donnons la traduction d'après le texte publié par le *Journal du Sénat.*

» En ce qui concerne les colons, le bill ne constitue pas une donation absolue, mais le prix en est si minime qu'on ne saurait l'appeler un prix de vente. Il est nominalement de vingt-cinq cents par acre, mais comme le paiement n'en est effectué qu'à la fin de la cinquième année, sans intérêt, le prix n'est en fait que de vingt-cinq cents par ac e, ou un septième du prix actuel minimum. En ce qui concerne les Etats, la donation est absolue et sans compensation.

» Cette mesure soulève la question de savoir si le Congrès a le pouvoir constitutionnel de donner des terres du Domaine public aux Etats. Sur cette question, j'ai donné mon opinion motivée, dans mon message du 24 février 1859 à la Chambre des représentants, en lui retournant le bill sur les concessions de terres aux collèges d'agriculture ; mon opinion ne s'est pas modifiée. L'argument que j'invoquais alors, s'applique comme objection constitutionnelle avec plus de force encore au bill actuel. Dans le premier cas, la donation s'expliquait par le caractère d'utilité publique de l'œuvre à laquelle elle était affectée ; ici, c'est un simple cadeau que rien ne peut justifier.

» On admettra, je pense, sans difficulté que le Congrès n'a pas le pouvoir de faire des dons en argent déjà encaissé, provenant des contributions fournies par les Etats ou les individus.

» Mais on ne manquera pas d'objecter que les terres publiques ne sauraient être assimilées à l'argent provenant des impôts, que les produits de la vente de ces terres ne sont pas sujets aux limitations de la Constitution et que le Congrès peut en disposer à son gré, en faveur des Etats, des corporations ou des individus.

» Les partisans du bill se retranchent derrière le paragraphe 2 de la section troisième de l'article IV de la Constitution qui donne au Congrès le pou-

voir de disposer du territoire et des autres propriétés appartenant aux Etats-Unis, et d'adopter à ce
sujet tous les règlements et mesures convenables ;
ils estiment que les mots *disposer de* donnent au
Congrès le pouvoir de faire cadeau des terres aux
Etats, en vue de la construction d'établissements
d'instruction (1).

» Il faudrait d'abord établir autrement que par
une interprétation arbitraire, que les auteurs de la
Constitution, après avoir limité les pouvoirs du
Congrès à certains objets précis et délinis, entendaient, en employant le mot *disposer de*, donner à
ce corps un pouvoir illimité sur le Domaine public.
Ce serait de leur part une étrange anomalie, d'avoir
créé deux sources de revenus publics, l'une dérivant de l'impôt, affectée aux dépenses publiques
définies par la Constitution, l'autre dérivant du
Domaine de l'Etat dont le Congrès disposerait à
son gré. Ce dernier fonds public servirait, non à
payer les dettes des Etats-Unis, non à lever et
à entretenir la milice nationale, la flotte fédérale
et les équipages, non à faire face à ces grandes
dépenses d'utilité publique prévues par la Constitution, mais à payer les dettes particulières des
Etats, à pourvoir aux frais d'instruction de leurs
enfants, ou à d'autres besoins intérieurs ; ce serait
attribuer au Congrès un pouvoir discrétionnaire.

» Je ne saurais interpréter l'expression *disposer
de* comme l'équivalent de *faire abandon*. La vraie
signification des mots doit toujours être tirée du
sujet auquel ils s'appliquent et de l'intention du
législateur. En se plaçant à ce point de vue, il
apparaît tout de suite que le Congrès n'est ici qu'un
simple dépositaire que la Constitution a préposé à
la garde du domaine de tous. Et on peut affirmer

---

(1) Buchanan reproduit ici les termes de son message relatifs aux
collèges d'agriculture.

qu'il n'est pas un dépositaire placé dans la situation où se trouve le Congrès, qui se risquerait à disposer du fonds à lui confié, jusqu'à en faire abandon à un tiers, ou qui devant une Cour essaierait de justifier de cet abandon en soutenant qu'il avait la disposition du fonds.

» Le président de la Cour suprème, Roger Taney, a fixé la vraie signification du mot *disposer* dans un procès célèbre où il fut amené à interpréter (1) l'article de la Constitution rappelé plus haut. « Le Congrès, est-il dit dans la loi, pourra disposer du territoire et des autres propriétés appartenant aux Etats-Unis. » Qu'est-ce à dire, les autres propriétés ? Ce sont les diverses parties de la propriété mobilière de l'Etat, la flotte fédérale, les armes, les munitions de guerre, etc. Est-il vraisemblable que le constituant de 1787 ait entendu conférer au Congrès le pouvoir de faire abandon gratuit à des tiers, de ces biens mobiliers qui font partie de la souveraineté de l'Etat ? Et si une hypothèse semblable est inadmissible pour la fortune mobilière du pays, pourrait-on l'admettre, quand il s'agit du Domaine de l'Etat ?

» La question ne peut faire l'objet d'aucun doute, si l'on considère les terres publiques dépendant des territoires acquis en Floride, en Louisiane, etc., ces terres ont été payées par le Trésor public avec l'argent provenant de l'impôt. Si, ce qui est l'évidence même, le Congrès n'a pas le droit de faire don de l'argent qui a servi à acheter les terrains, comment aurait-il le pouvoir de céder les terrains à titre gratuit ? La conversion de l'argent en terres ne confère pas au Congrès, en ce qui concerne la disposition des terres, un pouvoir plus étendu que celui qu'il possédait sur l'argent dont il avait le dépôt. S'il en était autrement, un dépo-

---

(1) 19, Howard, p. 436.

sitaire, en changeant la nature du fonds à lui
confié pour un objet spécial, en convertissant par
exemple un dépôt d'argent en un immeuble, pourrait donner l'immeuble à un tiers. Or, il est bien
évident que la terre participe du même caractère
que l'argent et ne saurait recevoir d'autre destination que celle qui a été prévue pour l'argent, qu'il
s'agisse d'un contrat privé ou d'une constitution
d'État.

» II. La loi crée une situation désavantageuse et
même injuste pour les occupants déjà établis sur
les terres du Domaine. Les premiers colons d'un
pays nouveau constituent une classe de citoyens
particulièrement intéressante. Ils ont bravé les
dangers de l'exploitation dans les solitudes de
l'Ouest, enduré les privations de la vie sur l'extrême frontière, leur initiative hardie a fait reculer
la barbarie indienne devant la culture et la civilisation. Ces anciens colons sont les vrais bienfaiteurs
de notre pays. Ils ont payé au Gouvernement pour
les terres conquises par leur travail le prix de
1 dollar 25 cents l'acre. Ils ont ouvert des routes,
construit des écoles et jeté partout les fondements
de Républiques prospères. Est-il juste qu'après ces
grands et utiles travaux accomplis grâce à leur
dévouement, vous envoyez s'établir à côté d'eux
de nouveaux colons sur des terres que vous leur
concéderez à 25 et même à 18 cents l'acre. Tout
le monde pensera que les anciens colons ne
doivent pas être m   bien traités que les nouveaux, et la justice vous fait une obligation de
rembourser aux colons de la première heure la
différence des prix anciens aux nouveaux.

» III. Le projet de loi n'est pas moins injuste pour
les anciens soldats qui ont reçu des *warrants*
territoriaux comme récompense des services qu'ils
ont rendus à la République sur les champs de
bataille. Il aura pour effet d'en déprécier considé-

rablement la valeur sur le marché financier. Déjà, la seule appréhension que la loi fût votée a fait baisser pour les warrants de 160 acres le prix de l'acre à 67 cents. Peut-on raisonnablement espérer que ce prix se relèvera, quand un chef de famille pourra acquérir 160 acres de ces terrains au prix de 25 cents l'acre, payables au bout de cinq ans ? On se fera une idée de l'importance des intérêts engagés dans la question, quand on saura qu'il reste encore un stock de warrants non classés portant sur un demi-million d'acres, dont beaucoup remontent à la dernière guerre avec la Grande-Bretagne et même au temps de la Révolution.

» IV. Le projet blesse la justice et l'égalité, parce qu'il ne s'adresse qu'à une seule classe de la population : c'est une faveur exclusivement réservée à ceux qui cultivent le sol.

» Nous sommes tous d'accord pour reconnaître que c'est la classe la plus nombreuse et la plus utile de notre pays, et qu'elle mérite tous les avantages que nos lois lui ont faits ; mais on se demande où est la nécessité d'une nouvelle législation qui aurait pour effet d'accroître ces avantages au détriment des autres classes de travailleurs ? L'ouvrier qui émigre vers les régions de l'Ouest pour y exercer son métier, est condamné à travailler de longues années avant qu'il puisse acheter un quart de section de terrain, pendant que le cultivateur qui l'accompagne, obtient d'emblée une ferme par la faveur du Gouvernement. Les ouvriers des villes ne pourraient même, en émigrant dans le *Far-West*, bénéficier des dispositions de la nouvelle loi, qu'en abandonnant leur métier, pour se livrer à un genre de travail nouveau, auquel ils ne sont pas préparés.

» V. La loi est injuste pour les anciens Etats de l'Union, et dans le nombre, autant du moins qu'il s'agit du Domaine public, nous pouvons citer tous ceux qui sont situés à l'Est du Mississipi, à l'exception du Wisconsin et d'une partie du Minnesota. C'est une croyance répandue dans ces anciens Etats, qu'ils ne tirent pas du Domaine public un profit égal à celui qui est assuré aux nouveaux. C'est là, je dois le dire, une opinion qui n'est pas fondée, et il est douteux que ces Etats retirassent un plus grand bénéfice de tout autre régime qu'on appliquerait au Domaine fédéral. Le produit de la vente des terres publiques est versé dans les caisses du Trésor, et sert à payer les dépenses générales de l'Union, de telle sorte que tous les Etats bénéficient également du revenu du Domaine.

» Mais si vous faites abandon de cet héritage commun, vous privez les anciens Etats de la part qui leur revient dans le produit de la vente, sans compenser cette perte par aucun autre avantage. Quand il est reconnu que grâce à votre aménagement actuel des terres du Domaine, les nouveaux Etats ont prospéré au delà de toute espérance, il n'y a aucun motif plausible pour que les anciens offrent à leurs dépens et à leur préjudice une prime à leurs habitants pour les encourager à émigrer dans les Etats nouveaux. Les terres du Far-West possèdent par elles-mêmes des attraits assez puissants pour que des colons jeunes et entreprenants viennent s'y établir, sans qu'il soit nécessaire de les y inciter par l'appât de primes pécuniaires injustifiables ?

» Il faut considérer aussi que l'offre de fermes à peu près gratuites aura pour effet inévitable de provoquer un fort mouvement d'émigration, principalement dans les Etats comme l'Illinois, le Tennessee, le Kentucky, et de produire, par un contre-coup inévitable, une baisse générale de la propriété privée dans ces mêmes Etats. Comment, en effet, un acheteur se déciderait-il à payer une ferme à sa vraie valeur, quand il lui suffirait de traverser le Mississipi, pour acquérir un domaine presque sans bourse délier ?

» VI. La loi ouvrira la porte aux spéculations malsaines. On ne trouvera plus à vendre de terres à 1 dollar 25 cents l'acre, quand on pourra les acquérir à un cinquième de cette somme, ou à un prix moindre. Un grand nombre d'occupants actuels rétrocéderont la moitié des terres de leur concession à des accapareurs qui leur rembourseront les frais d'établissement sur l'autre moitié. De pareils marchés faits en fraude du Trésor se pratiqueront sur une large échelle, et sans qu'il soit possible de les empêcher ; les opérations du *graduated act* nous fournissent à cet égard une expérience concluante.

» VII. Nous devons nous appliquer à maintenir une égalité parfaite entre les citoyens originaires des États-Unis et ceux qui s'y sont fait naturaliser. Ils sont égaux et doivent rester égaux devant la loi. L'étranger qui aborde sur notre continent y trouve une législation équitable, et un respect absolu pour ses droits. Mais devons-nous annoncer à toutes les nations de la terre que tout étranger qui arrivera chez nous, et déclarera son intention de devenir citoyen des États-Unis, sera mis en possession d'une ferme de 160 acres au prix de 20 ou 25 cents l'acre, s'il consent à s'établir sur le terrain concédé et à le cultiver ? C'est une invitation que nous adressons au monde entier ; et si le bill est adopté dans sa teneur actuelle, nous pouvons nous attendre à voir débarquer dans nos ports d'interminables cargaisons d'émigrants chinois ou autres que le désir de devenir propriétaires à si peu de frais attirera chez nous.

» Le projet accorde en outre, sans raison plausible, un traitement de faveur à ces étrangers, au préjudice des natifs et des naturalisés ; pour ces deux dernières catégories de colons, la concession n'est faite qu'à la condition qu'on soit chef d'une famille ; cette restriction n'existe pas pour les étrangers, qui sont simplement astreints à prendre l'engagement de se faire naturaliser. Il est à croire qu'il n'y a là qu'une simple inadvertance dans la rédaction, mais elle mérite d'être signalée.

» VIII. Le bill fait, pour les personnes qui réclament le bénéfice de la loi de préemption, une distinction qui ne soulève pas moins d'objections. Il réduit le prix de la terre pour les préempteurs actuels à 62 cents et demi l'acre et leur donne un délai de deux ans pour s'acquitter ; tandis que, sous le régime actuel, ils ont à payer le double de cette somme ; c'est une différence de traitement que rien ne justifie.

» IX. Les conséquences du bill sur les revenus publics sont évidentes pour tout le monde, la réduction excessive du prix de l'acre, la diminution presque aussi considérable pour les occupants au titre de préemption, auront pour effet inévitable et immédiat de restreindre la vente des terres publiques dans des proportions telles, qu'il devient illusoire de compter désormais sur un revenu sérieux ; la recette suffira à peine désormais à couvrir les frais d'administration et ceux du cadastre.

» Le secrétaire de l'intérieur évalue à 4,000,000 de dollars le revenu des terres publiques pour la prochaine année fiscale, en admettant qu'il ne soit rien changé au régime actuel. Si le bill est voté, il serait téméraire de faire état d'un revenu de plus d'un million de dollars provenant de cette source.

» X. Le bill bouleverse l'économie de notre système de terres. Le Domaine public est un héritage d'une valeur inappréciable pour nous et pour nos descendants. C'est une réserve et un dépôt qu'il faut conserver intact à notre pays, et auquel nous ne devons toucher qu'aux heures de crise ou de danger. Il a été administré jusqu'à ce jour par nos prédécesseurs avec une grande sagesse sous le régime de la loi existante. A toute époque, en toute occasion, l'administration s'est efforcée de concilier les intérêts des occupants et ceux de l'Etat. Le prix a été abaissé pour tous de deux dollars 50 cents l'acre à un dollar 25 cents pour les terres nouvelles, et les droits des occupants actuels ont été garantis par nos lois de préemption.

» Tout citoyen peut acquérir désormais en toute propriété (*in fee simple*) un titre à un homestead de 80 acres pour cent dollars. Si nous gardons notre législation actuelle, nous retirerons de notre Domaine public un revenu de dix millions de dollars, quand les *warrants* des *bounty lands* seront définitivement classés. Au moment d'une guerre, quand toutes les autres sources de revenu sont taries, celle-là reste intacte. Le Domaine peut être notre meilleure garantie pour un emprunt à venir, en cas de difficultés ou de danger, comme nous en avons déjà fait la triste expérience. Pourquoi nous priver volontairement de cette ressource qui nous a été si utile dans le passé?

» Le peuple des Etats-Unis a marché à pas lents mais sûrs, jusqu'à la période actuelle de puissance et de sécurité. Il s'est laissé guider dans cette voie du progrès par le principe de l'égalité des droits entre tous les citoyens; nulle théorie agraire n'a pu prévaloir dans notre République. Le citoyen pauvre et honnête peut en chaque Etat de notre pays, par son activité et son esprit d'économie, acquérir l'aisance pour lui et pour les siens, et ce faisant il sait qu'il mange le pain de l'indépendance; il ne tend la main ni au Gouvernement ni à ses concitoyens. Le bill qui a pour but de lui donner la terre à un prix purement nominal, aura pour effet de démoraliser ce peuple

honnête et laborieux et d'émousser ses nobles
instincts d'indépendance. Il ouvre la porte toute
grande aux pernicieuses théories sociales qui ont
fait tant de mal dans d'autres pays.

» JAMES BUCHANAN.

» Washington, 22 juin 1860. »

Les observations du président Buchanan n'ont
pas toutes la même valeur ; quelques-unes d'entre
elles sont loin d'être concluantes. L'argument tiré
du revenu que rapporte aux Etats-Unis la vente
des terres publiques, et que les concessions de
homestead menaceraient de tarir ou de diminuer,
cet argument présenté plus de vingt ans auparavant devant le Sénat, avait été victorieusement
réfuté par Benton. Le sénateur du Missouri avait
montré jusqu'à l'évidence que la distribution méthodique et gratuite des terres aux colons indigènes ou étrangers qui viennent s'y établir a une
influence autrement marquée sur l'accroissement
de la population, de la production agricole et industrielle, et en définitive sur le développement de
la richesse d'un pays, que le produit des ventes
de terres publiques ; ajoutons même que, contrairement à la prédiction du président, l'établissement du homestead n'a pas eu pour effet de diminuer le produit des ventes publiques ; les terres
mises à l'adjudication s'adressent à une autre
clientèle que les concessions gratuites de homesteads, elles ont continué à être toujours recher-
chées, parce qu'en général elles sont mieux situées
ou plus fertiles, et les recettes provenant de ces
ventes n'ont pas cessé de s'accroître.

Mais où le bill prêtait le flanc à la critique, et
où l'argumentation de Bachanan, développée avec
· la science profonde du juriste, devenait irréfuta-
ble, c'est sur la question de la cession gratuite et

définitive des terres publiques aux Etats. Le président faisait ressortir avec une grande force les inconvénients et l'illégalité de la mesure proposée ; ici, l'argument juridique invoqué par le *veto* était sans réplique et suffisait seul à justifier ce dernier. Ce qui le prouve d'ailleurs, c'est que la clause de cession de terres aux Etats, comme nous le verrons un peu plus loin, disparut du bill amendé qui fut présenté l'année suivante devant le Congrès.

On sera étonné que dans un document aussi important, aussi étendu et aussi étudié, il ne soit pas question du privilège d'insaisissabilité que le bill consacrait. Mais il faut songer que ce privilège était déjà inscrit dans les Constitutions de quelques Etats, même de ceux du Sud, pour des propriétés particulières. Nous avons fait remarquer au début de ce chapitre la relation qui existait entre la question esclavagiste et celle des concessions de terres publiques ; or, ce qui agitait l'opinion dans les Etats à esclaves, c'était moins le privilège de l'exemption que les concessions gratuites de terres qui feraient le vide dans les plantations le jour où l'affranchissement des nègres serait proclamé; tout l'effort de l'argumentation de Buchanan avait donc porté sur la concession gratuite soit aux Etats, soit aux particuliers.

L'avenir n'a pas justifié les prophéties pessimistes contenues dans le paragraphe final du *veto* présidentiel. Les *mesures agraires* contre lesquelles on s'élevait ont été appliquées, les *pernicieuses théories sociales,* qu'on dénonçait à l'indignation du peuple américain, sont entrées dans le domaine de la réalité et ont été mises en pratique, sans amener les bouleversements et les catastrophes dont on était menacé par le bill. Moins de cinq ans après cet incident parlementaire, le président Johnson, dans un de ses messages annuels, pouvait dire aux applaudissements du Congrès : « Le régime du homestead n'a été établi qu'après une longue et vive résistance ; l'expérience en a démontré la sagesse. Les terres mises aux mains des occupants qui viennent s'y établir rendent aux Etats-Unis un service incomparablement plus grand que si on les avait tenues en réserve et gardées pour des acquéreurs à venir. »

Conformément à l'article de la Constitution cité plus haut, le bill avec les observations du président revint devant le Sénat. On passa immédiatement aux voix sur la question de savoir s'il y avait lieu de maintenir le projet nonobstant les objections du président. Il y eut 28 *oui* et 18 *non*. Mais comme pour ce vote spécial la Constitution requiert les deux tiers des voix, le bill se trouva, de fait, repoussé.

La législation touchait à sa fin ; les pouvoirs du 36e Congrès expiraient le 4 mars 1861, le même jour que ceux du président Buchanan.

La question fut reprise dès la première session du 37e Congrès, et le 8 juillet 1861, M. Aldrich présenta à la Chambre un projet de loi reproduisant l'ancien bill, modifié dans quelques-unes de ses dispositions : il fut voté le 28 février 1862.

Le Sénat fut à son tour saisi du projet le 25 mars. Les Démocrates recommencèrent leurs manœuvres d'obstruction et essayèrent de faire repousser le projet en bloc ; ils furent battus et le bill fut adopté, avec quelques modifications introduites au cours de la discussion et transmis à la Chambre des représentants.

La Chambre refusa d'accepter les amendements introduits par le Sénat et lui retourna le projet. Le Sénat maintint sa première décision et on se trouva de nouveau en conflit. Il fut procédé à la nomination d'une commission arbitrale composée de trois sénateurs et de trois représentants ; la *commission de dissentiment*, comme on l'appelle

aux Etats–Unis (1), ne tint pas moins de six séances dans trois jours, et, enfin, le 15 mai, le président de la commission, le sénateur Halgan, annonça
au Congrès que les commissaires des deux Chambres s'étaient mis d'accord ; le Sénat et la Chambre
votèrent en même temps le texte arrêté par la
commission, qui fut transmis à la Maison-Blan-
che. Le 27 mai, le président Lincoln adressa au
Congrès un message annonçant qu'il avait approuvé et signé le 20 mai *l'acte pour assurer des
homesteads aux colons actuellement établis sur le
Domaine public*. Nous allons analyser rapidement
les dispositions principales de la loi du 20 mai 1862.

---

(1) Elle est désignée dans le règlement de la Chambre et du Sénat sous le nom de *committee on the disagreeing the votes*.

V

Analyse de la loi fédérale du 20 mai 1862. — Amendements apportés à la loi. — Autres formes du homestead fédéral.

Aux termes de la loi du 20 mai 1862, pour avoir droit à une concession de 160 ou de 80 acres, il faut être chef d'une famille, ou âgé de vingt et un ans révolus et citoyen des Etats-Unis, ou avoir déclaré qu'on a l'intention de le devenir, conformément à la loi de naturalisation ; il faut n'avoir pas porté les armes contre le Gouvernement des Etats-Unis, ni prêté assistance à ses ennemis.

Le requérant doit déposer au bureau du Domaine public un *affidavit* par lequel il s'engage à résider pendant cinq ans sur le terrain à lui concédé pour l'exploiter à son profit personnel, et non au profit d'un tiers.

A la fin de la cinquième année, après le dépôt de l'*affidavit*, le colon est admis à faire la preuve qu'il a rempli toutes les conditions sus-énoncées. Il lui est délivré un titre définitif de propriété, contre le paiement d'une somme de cinq dollars si le homestead n'a que 80 acres de superficie, et de dix dollars, s'il a une étendue de 160 acres, les dites sommes représentant les frais d'enregistrement et de cadastre.

La terre ainsi acquise ne pourra jamais être saisie pour dettes contractées avant la délivrance du titre.

Le colon, s'il est établi sur un terrain d'une contenance moindre que 160 acres, aura toujours la faculté d'acquérir aux conditions prévues par la présente loi, d'autres terres contiguës à son lot, à la condition que les terres annexées au lot primitif ne forment pas un corps de domaine excédant 160 acres.

Enfin, en prévision d'événements de force majeure qui ne permettraient pas au concessionnaire de résider pendant cinq années consécutives, la loi l'autorise, à n'importe quel moment après la mise en possession, à acquérir le terrain à lui concédé au prix minimum de un dollar 25 cents l'acre et à obtenir tout de suite un titre définitif de propriété du Gouvernement.

Cette dernière condition est ce qu'on a appelé la clause de commutation, parce qu'on transforme par un paiement immédiat au prix minimum des terres publiques, un homestead éventuel et provisoire en une propriété définitive, jouissant comme le homestead du droit d'exemption.

Telles sont les dispositions essentielles de la loi fédérale du homestead. Elle est muette sur la cession des terres publiques aux Etats. Le Congrès, comme on le voit, avait reconnu le bien-fondé de l'objection constitutionnelle élevée sur ce point par le *veto* présidentiel, et avait fait disparaître l'article au bill primitif concernant cette clause; et en cela le Congrès avait fait preuve de sagesse. La proposition de rétrocéder les terres publiques aux Etats était grosse de difficultés et de périls pour l'avenir. N'était-il pas à craindre, en effet, que des compagnies financières, ou même des syndicats de spéculateurs étrangers ne se formassent en vue d'acheter d'immenses étendues de terres qu'ils eussent acquises à vil prix d'Etats nouveaux, mal organisés et en quête de ressources financières?

N'était-il pas à craindre aussi que ces Etats n'entrassent en concurrence pour le placement de leurs terres, comme on l'avait vu à l'origine même de la Confédération des Treize–Etats? On se souvient que, pour mettre un terme à des conflits journaliers qui menaçaient de troubler les rapports des Etats, on avait dû faire une masse de toutes ces terres et en constituer le Domaine public sous la garde et le contrôle du Congrès; par le bill de 1860, on proposait de revenir à la situation d'avant 1787, c'est-à-dire au chaos primitif; le *veto* avait signalé le danger et le Congrès s'était sagement rendu à cet avertissement.

La loi fédérale du 20 mai 1862 a été modifiée plusieurs fois par le Congrès; mais les modifications qui y ont été apportées, les amendements dont elle a été l'objet, n'en ont pas altéré l'esprit et la pensée première, qui est la colonisation des territoires inoccupés. Nous allons indiquer succinctement les changements apportés à cette loi.

Pour obtenir un homestead, il faut, aux termes de l'article premier de la loi, n'avoir jamais porté les armes contre la République des Etats-Unis, ni prêté assistance à ses ennemis. Il faut songer qu'au moment même où le bill était en délibération, le Congrès des Etats confédérés du Sud se réunissait à Mongomery (4 février 1861) et votait sa séparation, c'est-à-dire la guerre civile. Le Congrès de Washington avait répondu par la disposition dont nous parlons. Mais l'ordre rétabli dans le pays et la pacification faite dans les esprits, la clause ne fut pas maintenue dans le code fédéral révisé de 1872-73; le Congrès fit disparaître cette dernière trace de la guerre civile et compléta ainsi l'amnistie.

A l'origine du homestead, les concessions de
terres publiques n'étaient demandées et obtenues
que par des citoyens pauvres ou dont la situation
était digne d'intérêt; mais des abus s'étaient
introduits dans quelques Etats, et on avait vu des
personnes dans l'aisance réclamer le bénéfice de
la loi de 1862. Le 51ᵉ Congrès a voté la disposition additionnelle suivante : « Nulle personne déjà
propriétaire de plus de 160 acres de terres dans un
Etat ou dans un Territoire, ne pourra acquérir de
propriétés nouvelles dans les conditions prévues
par les lois de homestead (1). »

Un autre abus encore plus criant se pratiquait
sur une large échelle dans un grand nombre
d'Etats possédant des terres disponibles, par suite
de transmissions irrégulières de homesteads à des
tiers qui se substituaient aux vrais concessionnaires : les rapports du *land office* constataient que
plus de 40 pour 100 des concessions étaient enta-
chées de fraudes. C'est là surtout que s'exerçait
l'action des syndicats étrangers. Un amendement (2) introduit par le 51ᵉ Congrès a rendu plus
rigoureuse la clause d'*affidavit* inscrite dans la loi
de 1862. Désormais, l'*affidavit* doit constater que
le requérant, outré les autres conditions énoncées
dans la loi, produit sa demande de *bonne foi*, à
seule fin de s'établir en personne sur le lot et de le
cultiver pour son compte et non pour le compte ou
profit d'une autre ou d'autres personnes, ou d'une
corporation; qu'il remplira fidèlement et honnête-
tement toutes les conditions prescrites par la loi,
quant à la résidence; qu'il n'est point l'agent d'un
tiers ou d'un syndicat; qu'il n'a aucun engagement pris avec des tiers pour se dessaisir à leur

---

(1) *Supplement to the Revised Statutes of the United States*, t. I,
p. 942. — Washington 1891.
(2) *Supplement to the Revis. Stat.*, 3 mars 1891, p. 942.

profit des terres à lui concédées, qu'il s'agisse du sol ou des arbres, qu'il n'a consenti ni directement ni indirectement aucun engagement ou contrat, en vertu duquel le titre de propriété qu'il obtiendra du Gouvernement fédéral, pourrait être en tout ou en partie transmis à une autre ou à d'autres personnes.

La loi de 1862 disposait que si le concessionnaire d'un homestead occupe moins d'un quart de section, il est autorisé à compléter son domaine par l'adjonction d'un lot supplémentaire contigu au premier, à la condition que les deux lots réunis n'excèdent pas 160 acres. Cette disposition fort sage ne fut pas maintenue dans le code révisé des États-Unis de 1873-75. Les abus ne tardèrent pas à se produire et, dans sa session de 1891, le Congrès rétablit la clause du législateur de 1862 et la compléta en ces termes : « Le concessionnaire placé dans ces conditions sera dispensé de faire la preuve de résidence et de culture pour le lot additionnel, au moment où il complète son homestead, et recevra le titre définitif de propriété, sans qu'il soit tenu de faire de nouvelle preuve (1). »

La loi du 20 mai 1862 impose au concessionnaire une obligation de séjour de cinq années consécutives ; s'il s'absente pendant plus de six mois, le homestead est frappé de déchéance et fait retour à l'État. Un amendement récent voté par le 51ᵉ Congrès a tempéré la rigueur de la clause de résidence. Quand il paraît au receveur du *land office*, qu'un concessionnaire établi dans sa circonscription sur une terre obtenue à titre de homestead, est dans l'impossibilité, par suite du déficit de la récolte, ou d'une maladie, ou d'un

---

(1) *Suppl. to the Revis. Stat.* 1891, p. 652.

événement imprévu, d'assurer sa subsistance ou celle de sa famille, le receveur du Domaine est autorisé à délivrer au concessionnaire un congé d'absence pour une période qui n'excèdera pas une année, sans que ce dernier perde les droits que la loi lui assure (1).

Signalons encore un amendement apporté par le 51ᵉ Congrès à la clause de commutation contenue dans la loi de 1862. Le concessionnaire pouvait à toute époque après la mise en possession du terrain, sans attendre l'expiration du délai de résidence de cinq années, payer le prix minimum de un dollar 25 cents l'acre et obtenir aussitôt après le titre définitif de propriété. Cette faculté laissée aux concessionnaires était une source d'abus et de fraudes, ceux-ci rétrocédant presque aussitôt la terre à des spéculateurs dont ils étaient les agents. Le Congrès de 1891 a décidé que la commutation ne pouvait se faire qu'après un séjour effectif de quatorze mois (2).

Ajoutons enfin que, au lendemain de la cessation des hostilités, après la défaite définitive des confédérés, le Congrès vota la disposition additionnelle suivante à la loi de 1862 : « Pour l'interprétation et l'exécution de cette loi, il ne sera plus fait désormais aucune distinction quant à la couleur et à la race des demandeurs en concession (3) » (21 juin 1866). C'est cette clause que le Sud redoutait presque à l'égal de l'affranchissement, les nègres ayant évidemment intérêt à déserter les plantations le jour où ils auraient le droit de réclamer des homesteads ; et c'est ce qui explique la longue et opiniâtre résistance que les représen-

---

(1) *Suppl. to the Rev. Statutes*, 1891.
(2) *Ibid.*, pp. 942-3.
(3) *Revised Statutes of the United States*. Homesteads, § 2302.

tants des Etats du Sud à la Chambre et au Sénat
firent à la loi du homestead.

Au milieu des modifications et des amendements
dont la loi de 1862 a été l'objet, les sections ou
articles II et IV qui stipulent la clause d'insaisissabilité et les droits de la famille ou de l'acquéreur,
sont restés intacts. Le homestead ne peut être
saisi ni vendu pour le paiement de dettes contractées avant la délivrance du titre de propriété. Si le
père et la mère viennent à mourir, l'immeuble
avec ses droits passe aux enfants et l'exécuteur
testamentaire ou administrateur que la loi désigne
pour la tutelle peut seul vendre le homestead, au
profit exclusif des enfants ; enfin, le droit d'insaisissabilité est assuré à l'acheteur de bonne foi.

Ce texte un peu concis de la loi de homestead a
donné lieu à d'assez nombreux procès. Les décisions des Cours ont ajouté d'utiles commentaires à
cette loi. Nous verrons plus loin qu'on a contesté
le caractère constitutionnel de la section IV. La
Cour suprême du Wisconsin (1), en rapprochant
cette section de l'article 4 de la Constitution des
Etats-Unis et de l'ordonnance de 1787, a établi la
parfaite constitutionnalité de la section IV.

Par une interprétation libérale de la loi de homestead qui semble être la règle des tribunaux
aux Etats-Unis, il est admis aujourd'hui que le
homestead est susceptible de recevoir une hypothèque, même avant que le concessionnaire ait
obtenu son titre de propriété (2); que la veuve ou
les orphelins du homesteader ont comme lui le droit
de commutation (3) ; que le privilège d'insaisissabilité du sol ne s'étend pas à la production territo-

(1) Giles c. Hallock 33 Wisc. 523.
(2) Nycum c., mc Allister 33 Iowa, 374.—Cheney c. White 5 Nebr.
261, etc.
(3) Jarvis c. Hoffman, 43, Calif. 314.

riale, et que le coton ou le blé d'un homestead ne sont pas couverts par l'exemption (1) et peuvent être saisis par le créancier.

Homestead des marins et des soldats.

Nous avons fait remarquer plus haut que le Congrès, dans un sentiment généreux, pour faire disparaître la trace des discordes civiles, avait modifié l'article premier du code révisé en 1873-75, lequel excluait du bénéfice du homestead ceux qui avaient pris part à la rébellion. La rédaction nouvelle avait produit quelque émotion, surtout parmi les anciens combattants de l'armée fédérale. Pour leur donner satisfaction, le Congrès introduisit en leur faveur quelques articles dans le nouveau code et leur fit une situation privilégiée sur les autres concessionnaires. C'est à l'ensemble de ces dispositions nouvelles qu'on a donné le nom de homestead des soldats et des marins.

Aux termes de la loi amendée, tout officier ou soldat ayant servi au moins 90 jours dans l'armée des Etats-Unis pendant la guerre de la rébellion, tout marin, officier de marine ou matelot ayant fait partie à la même époque et pendant le même laps de temps, de la flotte fédérale, et qui a obtenu un congé régulier portant témoignage de services honorables, a droit à une concession de 160 acres de terres publiques. Le délai au bout duquel le titre de propriété est délivré aux concessionnaires est diminué, pour les soldats et marins, de toute la durée de leur service ; toutefois, la résidence sur le lot concédé ne doit pas être moindre d'une année, et il est nécessaire que de sérieuses améliorations aient été réalisées sur le domaine.

(1. Citizens' national Bank c. Green. 17 Alab. 329.

En cas de décès du concessionnaire, le homestead passe avec son privilège à la veuve et aux enfants : et si la veuve meurt ou se remarie, la propriété revient aux enfants mineurs.

Les droits et frais de concession sont réduits pour les soldats et marins à deux dollars (1).

Enfin, rappelons une disposition commune à tous les concessionnaires civils ou militaires. Tout colon qui a demandé et obtenu un homestead a épuisé son droit et n'est plus admis à faire une nouvelle demande même pour un autre Etat. Nul n'a droit qu'à un seul homestead.

Homestead des Indiens.

Dès 1865, le Congrès avait voté quelques dispositions additionnelles à la loi de 1862, en faveur de cinq tribus indiennes établies dans le Wisconsin, l'Indiana et le Michigan. En conséquence du vote rappelé plus haut, que désormais il ne serait plus tenu compte pour l'exécution de la loi de homestead, de la couleur et de la race, le Congrès se trouva amené à étendre à toutes les tribus soumises le droit de homestead (2).

Désormais, tout Indien, né sur le territoire des Etats-Unis, peut réclamer le bénéfice de la loi fédérale de homestead, s'il est chef de famille, ou âgé de vingt et un ans, s'il a abandonné ou pris l'engagement d'abandonner ses relations de tribu, et de se conformer aux mœurs et usages de la vie civilisée. Le titre de propriété de son lot lui est délivré, quand il a fourni la preuve devant une Cour de district des Etats-Unis, par le témoignage de deux citoyens dignes de foi, que depuis cinq

---

(1) *Revis. Stat. of the United States.* — 21 juin 1866 et 3 mars 1875.
(2) *Suppl. to the Rev. Stat.* — Washington 1881.

ans il a adopté les pratiques de la civilisation, qu'il est un homme paisible et soumis aux lois; qu'il est en état de diriger lui-même ses affaires.

Après quoi il sera admis à tous les droits et privilèges du citoyen, sujet aux mêmes obligations et aux mêmes responsabilités, et aux taxes établies pour tous les autres citoyens. Mais les dispositions ne sauraient en aucun cas être interprétées de façon à priver le nouveau concessionnaire de l'annuité (1) qui lui est assurée par la loi.

Il faut bien avouer que les avantages du homestead ne paraissent pas avoir frappé l'esprit des Indiens, si l'on en juge par le petit nombre de concessions faites à leurs tribus. M. Donaldson nous apprend qu'en 1883, les Santee-Sioux, qui constituent une des plus importantes tribus, n'avaient demandé en huit ans que cinquante concessions de homesteads (2). Les sauvages indiens viennent difficilement à la vie civilisée; et quand, par hasard, ils y viennent, on les voit souvent y renoncer brusquement, abandonner leur homestead et revenir à leur existence vagabonde.

La loi de culture forestière.

Le homestead de 1862 est né surtout du besoin de peupler et de mettre en culture les solitudes de l'Ouest, en y attirant des colons indigènes ou étrangers par l'offre de terres gratuites et garanties contre toute éviction. La loi de culture forestière *(timber culture act)*, qu'on a appelé le homestead

---

(1) Le budget des Etats-Unis contient un crédit spécial pour les dépenses occasionnées par les tribus indiennes; ce crédit pour l'exercice 1892-93 n'est pas moindre que sept millions de dollars (35 millions de francs), dont une bonne partie est affectée au paiement des annuités accordées aux chefs de familles de plusieurs tribus indiennes.

(2) Donaldson. — *On the public Domain*, p. 1253.

forestier, dérive d'une autre nécessité et répond à une autre préoccupation du législateur, celle de prévenir par le reboisement du sol la disette d'arbres qui menace les Etats-Unis.

Les forèts vierges de l'Amérique du Nord ont à peu près partout disparu par suite de coupes inconsidérées qui y ont été faites à d'autres époques. Ce qui en reste suffit à peine aux besoins domestiques et industriels. Les tramways sur routes, les chemins de fer, ces grands consommateurs de bois, en absorbent des quantités énormes, pour le matériel roulant ou l'entretien de la voie d'un réseau de 280,000 kilomètres. Les étais des mines, la fabrication du papier de bois pour la presse voient leur consommation s'accroître chaque année.

L'opinion publique aux Etats-Unis s'était préoccupée de cette rapide destruction d'une partie de la richesse territoriale du pays, et c'est pour y apporter un remède, que le Congrès vota le *timber culture act,* promulgué en 1873 et complété en 1878.

La loi du homestead forestier est conçue dans le même esprit et libellée à peu près dans la même forme que la loi du 20 mai 1862.

Le demandeur en concession de culture forestière doit s'adresser au bureau du *land office* de sa circonscription, qui lui assigne un quart de section ou 160 acres. Il signe un *affidavit*, par lequel il s'engage à résider pendant dix ans sur le lot, à y planter une superficie de 40 acres en essences de son choix, les arbres étant plantés à une distance qui n'excèdera pas dix pieds, tenus en bon état de conservation et d'entretien. Il doit verser dix dollars à son entrée en jouissance du lot. A la fin de la dixième année, le concessionnaire en faisant la preuve par deux témoins dignes de foi qu'il a rempli les conditions de son engagement, obtien-

dra un titre de propriété pour la section de
160 acres. S'il est établi qu'il a abandonné ou
négligé sa plantation, il est déclaré déchu de son
lot, qui fait retour à l'Etat (1).

La propriété ainsi acquise est garantie contre
toute saisie pour dettes contractées avant la délivrance du titre (2).

Enfin, la loi n'interdit pas le cumul du homestead forestier avec l'autre; en sorte qu'on peut
être propriétaire à la fois d'un quart de section de
160 acres dans les conditions prévues par la loi du
20 mai 1862 et d'un autre quart de section de
160 dans les conditions de la loi de 1878, les deux
lots se trouvent garantis contre toute saisie.

Le homestead forestier a eu une grande vogue
à son origine; de 1873 à 1880, il y a eu 64,535
concessions faites sous ce régime: elles portaient
sur plus de neuf millions d'acres de terres publiques.

Mais ici, comme pour la préemption, des abus
criants se sont produits, et en 1891 le Congrès a
pris le parti de rapporter les lois de culture forestière (3). Il faut le regretter: le *timber culture act*
était une bonne loi, qui prenait les intérêts de
l'Etat autant que ceux des particuliers. Des abus
se sont produits, des concessions frauduleuses ont
été commises au profit de spéculateurs la plupart
étrangers, mais nous ne croyons pas qu'il fût
impossible d'y mettre un terme, par des dispositions législatives plus sévères, comme on l'a fait
pour la loi de homestead de 1862.

(1) Revised Stat. — *Timber culture act*, art. 2461, 2475.
(2) *Ibid.*, art. 2468.
(3) An act to repeal timber culture laws and other purposes. —
3 march 1891. — *Recis. Stat. of the United States.* — Washington, t. I, p. 940.

La loi des terres désertes.

Nous ne rappellerons ici que pour mémoire la loi sur les terres désertes (*desert land act*) votée par le Congrès presque en même temps que la précédente, en 1877.

Cette loi n'est pas, comme celles de 1862 et de 1878, d'une application générale. Elle fut faite pour les Etats et les Territoires qui renferment d'immenses surfaces désertes, comme la Californie, l'Orégon, le Nevada, Washington, Idaho, Montana, Dakota, Utah, Arizona et New-Mexico.

Les concessions faites par la loi sont de 640 acres représentant une section entière du plan cadastral, prise sur les terres désertes. La loi désigne ainsi les terrains sans arbres à la surface, sans minéraux dans le sous-sol, et qui, sans irrigation, ne pouvaient produire de récoltes.

Trois ans sont accordés au concessionnaire pour amener les eaux courantes sur le terrain ou les faire jaillir à la surface du sol.

La concession n'est pas gratuite ; le requérant doit verser 25 cents (1 fr. 25) par acre en formant sa demande, et au bout de trois ans de résidence et de culture, au moment de recevoir son titre de propriété, il doit faire un versement complémentaire de 640 dollars, soit 3,200 francs.

En résumé, en vertu des lois sur les terres publiques, la même personne pouvait obtenir de l'Etat :

Par la loi de préemption.......	160	acres.
— de homestead........	160	—
— de culture forestière..	160	—
— des terres désertes...	640	—
TOTAL.........	1,120	acres.

On devine à quels abus a donné lieu la faculté d'acquérir gratuitement ou à très bas prix une étendue de terres aussi considérable, quelles plaintes les accaparements ont suscitées dans tous les Etats, et comment le Gouvernement a été amené à rapporter les lois sur les terres publiques et à ne garder que la loi du homestead, fortement amendée et appuyée de sanctions pénales.

VI

Origine féodale du droit d'exemption.—Autres origines.—
Les lois protectrices du foyer antérieures au homestead.

Dans les chapitres qui précèdent, nous nous
sommes occupés de l'origine et des conditions
d'établissement du homestead, quand il est constitué conformément à la loi fédérale du 20 mai 1862,
sur les terres publiques concédées par le Gouvernement de l'Union.

Mais, comme nous l'avons fait remarquer, ce
n'est là qu'une forme spéciale du homestead. S'il
n'existait pas d'autre manière d'acquérir le patrimoine familial exempt de saisie, le privilège du
homestead serait limité à un petit nombre d'Etats,
ceux qui possèdent encore des terres publiques
disponibles ; il serait inconnu dans les plus anciens Etats, fermés pour la plupart depuis longtemps à la colonisation ; or, le homestead existe
dans trente-huit Etats sur quarante-quatre.

Lorsque en France, ou sur notre continent, il
est question du homestead américain, on entend
parler du régime légal particulier qui assure à la
maison et à la terre de chaque citoyen, sous des
conditions prévues par la loi, le privilège d'être

garanties contre toute saisie pour dettes ; c'est de
ce privilège, qui est l'essence même du homestead,
que nous allons nous occuper et dont nous allons
rechercher l'origine ; et pour éviter toute confusion
dans le langage, nous désignerons sous le nom de
homestead proprement dit ou simplement de homestead cette dernière forme de homestead, et
nous réserverons celle de homestead fédéral à la
première.

Nous allons d'abord examiner l'opinion couramment admise par les Cours américaines, que le
droit d'exemption immobilière n'est pas une dérogation à l'ancienne loi commune anglaise ; nous
étudierons ensuite les lois votées à diverses époques pour la protection du foyer ; le subside d'un
an à la veuve et aux orphelins ; le douaire de la
veuve ; les exemptions de meubles ou le homestead mobilier, toutes lois qui existaient bien avant
qu'il fût question du homestead et qui ont bien pu
contribuer à son établissement.

Origine féodale du droit d'exemption.

Tout d'abord, je rappellerai une observation que
j'ai déjà faite à propos du régime de la propriété.
C'est un fait désormais acquis, que les Etats-Unis,
avant comme après la proclamation de leur indépendance, se sont toujours réclamé de la loi commune anglaise, malgré les changements de détail
introduits dans les Constitutions et les Codes des
Etats depuis un siècle.

Ce point établi, il nous reste à consulter l'ancienne législation de la Grande-Bretagne. Elle peut
nous fournir quelques éclaircissements sur l'origine du privilège d'exemption. Il est admis aujour-
d'hui aux Etats-Unis, que sous le régime féodal
établi en Angleterre à la suite de la conquête nor-

mande, le droit du seigneur sur la terre était absolu, et qu'elle était insaisissable entre les mains du tenancier.

Ce n'est que plus tard, quand le commerce et le crédit commencèrent à se développer qu'on apporta des tempéraments à cette règle. « Le statut de Westminster, dit M. Glasson (1), s'appliqua à garantir les droits des créanciers mieux qu'on ne l'avait fait avant. Il établit le writ *elegit*, ainsi appelé parce qu'il commençait par ces mots : *Quod elegit executionem fieri de omnibus catallis (chattels) et medietate terrœ*. En vertu de ce writ, le créancier obtenait la possession de la moitié de la terre, sans préjudice de tous les biens mobiliers du débiteur, tant que celui-ci n'avait pas payé la dette intégralement, le créancier était appelé le tenancier par *elegit*. »

« Auparavant, ajoute M. Glasson, le recouvrement de la dette était fort incertain et le crédit du débiteur fort limité. On aurait été plus porté à prêter à ceux qui avaient besoin d'argent, si au lieu d'avoir action seulement sur les chattels, sur les produits de tous les biens meubles ou immeubles, on avait pu saisir surtout la terre elle-même ; mais la défense de se faire payer sur la terre ou même de la recevoir en garantie était une conséquence du vrai droit féodal. Comme les principes de ce droit rendaient la terre indisponible entre les mains du vassal, ils exigeaient aussi qu'elle ne pût être donnée en garantie à ses créanciers. Cette conséquence a même survécu aux principes d'où elle découlait, et qui n'ont peut-être jamais été appliqués en Angleterre..... »

Par le *writ d'elegit*, la loi attribuait au créancier action sur les meubles et chattels. Ces biens

---

(1) *Histoire*, etc., t. III, p. 238 et sq.

7

n'étaient pas vendus, mais estimés pour être remis,
à l'exception des bœufs et des bêtes de labour, au
demandeur suivant le prix d'entretien. Si ces biens
ne suffisaient pas pour le remplir de sa créance,
alors le créancier pouvait encore exiger qu'on lui
livrât en franc ténement, une moitié de la terre
que le défenseur possédait au moment où le
jugement était rendu. Le créancier possédait ces
terres, jouissait de leurs produits et de leurs rentes, jusqu'à ce que les revenus eussent atteint le
montant de sa créance, ou jusqu'à ce que le droit
du débiteur sur ces terres prît fin par sa mort.

« Ce statut de Westminster, ajoute M. Glasson,
ne permet de saisir ainsi que la moitié des terres
du débiteur : il s'inspire de l'esprit de la loi commune. Celle-ci avait absolument défendu de saisir
et d'engager les immeubles pour dettes, parce
que de pareils actes auraient pu détruire les rapports entre le seigneur et le tenancier. »

Il fut apporté par la suite du temps à ce régime
diverses modifications, tendant les unes à restreindre, les autres à accroître la quotité saisissable des
immeubles du débiteur. Rappelons surtout le statut *de mercatoribus*, de la treizième année du règne
d'Edouard Ier, et en vertu duquel le créancier pouvait faire saisir la totalité des terres du débiteur,
mais seulement pour dettes commerciales. La
législation s'était arrêtée à cette disposition, que
tout en autorisant la contrainte et l'emprisonnement, la saisie était limitée à l'avoir mobilier du
débiteur et à la moitié de la propriété foncière ; et
il en fut ainsi jusqu'au jour où le Parlement, par
la loi du 16 août 1838 (1), étendit le droit de saisie
à la propriété entière du débiteur, terres, téne-

---

(1) 1 et 2. Vict. — *An act for extending the remedies of creditors
against the property of debtors*. Revis. Stat. of England. — London,
1875. p. 369.

ments, rectories, dîmes et bénéfices ecclésiastiques,
succession réversible, en un mot, toute la fortune
présente ou à venir, quelle que fût la nature de
la dette et la qualité du débiteur.

Cette origine féodale du droit d'exemption est
aujourd'hui couramment admise dans la littérature
et dans le monde judiciaire, aux Etats-Unis. Une
des voix les plus autorisées de la magistrature américaine, M. Dick, juge d'une Cour de district des
Etats-Unis, dans un procès (1), où il était chargé
de donner l'avis de la Cour siégeant dans la Caroline du Nord, disait : « D'après la loi commune,
les terres et la personne du débiteur étaient à l'a-
bri de la saisie pour dettes, parce que les principes du régime féodal, sur lesquels le Gouvernement
de l'Angleterre était fondé, exigeaient que la personne et les terres du tenancier fussent toujours
indisponibles, dans l'intérêt de la sécurité de l'Etat
et de sa puissance. A une période plus récente, les
exigences du commerce amenèrent le Parlement
à voter divers statuts, tels que celui *de mercatoribus* qui donnait en gage au créancier la personne
et tous les biens du commerçant débiteur, et celui
de *capias ad satisfaciendum* qui appliquait la contrainte à tous les débiteurs sans exception.

» Le statut d'*elegit* restreignait le gage aux
meubles et aux marchandises et à la moitié de la
terre du débiteur, jusqu'à ce que la dette fût intégralement payée. Avoir un homestead de la moitié
des terres et des bêtes de labour, était à ce
moment accordé aux débiteurs; ce régime dura
jusqu'à l'acte du commencement du règne de
Victoria qui étendit le statut d'*elegit* à toutes les
terres du débiteur; et jusqu'à une époque assez
rapprochée de nous, la loi de cet Etat (Caroline du

---

(1) *Affaire Vogler.*— *Thomson*, p. 11.

Nord) autorisait la saisie de la terre, de la personne
et du mobilier du débiteur. Un petit nombre seulement d'objets mobiliers de mince valeur étaient
laissés au débiteur pour l'empêcher de mourir de
faim, lui et sa famille.

» Cette législation eut pour effet de remplir le
pays de familles sans ressources et sans asile, qui
tombaient à la charge de l'Etat, au lieu de contribuer à sa prospérité. La Constitution de cet Etat
votée par la Convention de 1868 et acceptée par le
peuple fut le commencement d'une politique plus
humaine et plus éclairée.

» Nos ancêtres féodaux regardaient le *home* et
la personne du tenancier comme appartenant à
l'Etat et nécessaires à sa sécurité En instituant le
homestead et abolissant l'emprisonnement pour
dettes, réserve faite des cas frauduleux, la Convention de la Caroline s'est inspirée de sentiments
différents d'un ordre plus élevé. Le régime féodal
voulait surtout encourager et récompenser le serf
toujours prêt à prendre les armes et à marcher
pour son seigneur et roi contre ses ennemis ; la
République s'est surtout proposé de protéger le
travailleur dans la lutte pacifique du travail et
d'assurer à sa famille un abri contre les coups de
l'adversité. »

Le lecteur français sera peut-être un peu étonné
de trouver cette glose juridique dans une décision
rendue par une Cour fédérale de district. Je dois
ajouter que ce n'est pas là un fait exceptionnel, et
qu'on en trouve de nombreux exemples dans les
arrêts rendus par les Cours suprèmes des Etats,
en matière de homestead. Il est permis de croire
que les magistrats des Cours d'Etats ou des Cours
fédérales n'invoquent par ces considérants l'ancien droit commun de la Grande-Bretagne, que
pour justifier la jurisprudence généralement admise
aux Etats-Unis, que les lois qui ne dérogent pas

au droit commun doivent recevoir une interprétation libérale, et qu'il y a lieu d'en faire l'application
à la loi de homestead.

C'est là, disons-nous, la règle généralement
admise : les Cours de Minnesota (1) et de la
Louisiane font seules exception. Les arrêts de la
Cour suprème de la Louisiane sont en contradic-
diction formelle avec la doctrine des autres tribunaux : dans le procès Guillery contre Deville (2),
l'arrêt porte que la loi de homestead et d'exemption
votée en 1865, est en dérogation du droit commun,
et doit être interprétée dans le sens étroit de ses
termes (*Strictly*). Dans une autre affaire (3), il
est dit : la règle générale est que la propriété du
débiteur est le gage commun de ses créanciers.
Les lois d'exemption ont créé une exception à
cette règle, et en conséquence elles ne doivent pas
être étendues, par voie d'interprétation, au delà
des termes exprès de la loi.

En relevant ces contradictions des juges américains, on pense involontairement au mot célèbre
de Pascal : *Trois degrés d'élévation dans le pôle
renversent toute la jurisprudence*. Mais la boutade
du philosophe n'explique rien et la contradiction
des juges est, dans le cas actuel, historiquement
explicable. Il ne faut pas oublier que la Louisiane
est une ancienne colonie française, rétrocédée,
comme nous l'avons dit plus haut, aux Etats-
Unis en 1804. Comme les anciennes colonies
latines, le Texas, la Floride, le New-Mexico, elle
avait conservé sa législation qui dérive du droit
romain. La loi des Douze Tables mettait, comme
on sait, la personne et la propriété du débiteur à

---

(1) Ward c. Hulm 16. Minn. 161.
(2) Guillery c. Deville, 21 La. An. 686.
(3) Todd c. Gordy, 28 La. Ann. 666.

la merci absolue du créancier. Des tempéraments avaient été apportés à cette loi d'une rigueur atroce, par exemple en France, par l'ordonnance royale d'avril 1667, aujourd'hui encore en vigueur dans la Louisiane ; mais les exemptions qu'elle stipulait en faveur du débiteur ne s'appliquaient qu'à un petit nombre d'objets mobiliers, si bien que le droit du créancier sur la fortune du débiteur demeurait à peu près intact, et que la Cour suprème a pu dire en toute vérité que la loi de homestead est une dérogation au droit commun de cet Etat.

Pour être complet, nous devons ajouter, que les arrêts de la Cour suprème de Louisiane, que nous avons relatés et d'autres en très grand nombre qu'on pourrait citer, remontent aux premières années de l'application de la loi de homestead. Cette loi fut introduite dans la législation de cet Etat en 1868, à l'époque de la reconstitution politique des Etats séparatistes, et elle ne fut pas sans exciter une certaine émotion à la Nouvelle-Orléans, dans le monde des affaires ; cette loi n'avait que l'autorité que pouvait lui donner le vote de la législature qui l'avait faite. En 1879, elle fut incorporée dans la Constitution nouvelle que se donna la Louisiane et soumise à la ratification du peuple qui l'accepta à une forte majorité. Nous devons constater que depuis cette époque, l'interprétation libérale de la loi de homestead est la règle admise par la magistrature de la Louisiane, comme dans les autres Etats.

Le subside d'un an.

Le homestead étant surtout une loi de protection du foyer domestique, il convient d'en rechercher l'origine dans les coutumes anciennes, ou dans les dispositions législatives prises à diverses époques, en faveur de la famille. La première, la plus ancienne de ces mesures protectrices, c'est ce que la loi américaine appelle le subside d'une année (*year's support*, ou *year's allowance*); c'est la provision que la loi accorde au décès du père de famille, à la veuve et à l'orphelin, pour leur permettre de vivre jusqu'au règlement de la succession par la *Cour du probate*; cette provision est faite en nature, en argent ou autres objets mobiliers. On s'accorde à en faire remonter l'origine à la *Grande Charte*, qui autorisait la veuve à résider avec ses enfants dans la maison pendant quarante jours, au bout desquels elle était mise en possession de son douaire. Aujourd'hui encore dans l'Etat de Massachusetts, un de ceux qui ont le mieux conservé les coutumes de la Grande-Bretagne, la loi autorise la veuve et les enfants mineurs à résider dans la maison du mari défunt, pendant les quarante jours qui suivent le décès.

Quand un homme meurt, dit le code de Californie, laissant une veuve ou des enfants mineurs, la veuve et les enfants, jusqu'au règlement de la succession du défunt, sont autorisés à rester en possession du *home*, à se servir du linge et des habits, sans préjudice de la provision que la Cour juge à propos de leur allouer (1).

Dans la majorité des Etats, le subside d'un an est pris sur la fortune mobilière. La veuve et les enfants constituant la famille, dit la loi du Vermont (2), reçoivent sur les biens mobiliers telle provision qu'il convient à la Cour de leur assigner pendant la liquidation, qui ne pourra durer

---

(1) The code of the State of California, as amended by the legislature of 1885.
(2) The gen. Stat. of the Stat. of Vermont. — Burlington 1877. Chap. 51, sect. 1.

plus de huit mois, au cas où la dette excèderait la
moitié de l'actif.

Que le mari meure intestat ou laissant un testament, la veuve et les orphelins ont droit à la
provision légale. Bien que la liberté de tester soit
absolue, les tribunaux américains n'admettent pas
qu'on puisse priver sa famille du bénéfice de la loi.

Le droit de la veuve et des enfants à la provision
ne dépend pas de l'état d'insolvabilité de la succession. Ils doivent être mis immédiatement en possession de la part que la loi leur assigne, avant
tout autre paiement, sauf celui des frais funéraires
et de l'administration des biens.

La loi du Massachusetts (1), outre la clause de
de faculté de résidence pendant quarante jours,
stipule ce qui suit : « Les objets faisant partie de la
propriété mobilière du défunt que la Cour du *probate*, eu égard à la situation de fortune de la famille,
jugera à propos d'accorder d'urgence à la veuve pour
ses besoins et ceux de sa famille, ou s'il n'y a pas
de veuve, aux enfants mineurs, jusqu'à concurrence de la valeur de cinquante dollars pour chaque enfant, ainsi que tous objets mobiliers d'un
usage indispensable à l'existence de la famille, ne
doivent en aucun cas être portés à l'actif de la
succession, ils figureront seulement pour mémoire
dans l'inventaire. »

Les statuts de la plupart des Etats laissent à la
discrétion du juge la fixation du *quantum* du subside à allouer ; aux termes de ces statuts, il doit
s'établir d'après l'importance des biens laissés par
le défunt, la position sociale de la veuve et les besoins du ménage au moment du décès. Le juge
doit également prendre en considération l'âge du
conjoint survivant, la durée du mariage, le nom-

---

(1) Gen. Stat. of the State of Massachusetts, 1860. — Chap. 96, § 5.

bre des enfants, et, en cas de second mariage de
l'un des conjoints, la situation respective des enfants des deux lits.

Aussi on comprend que le chiffre de l'allocation
soit très variable : dans le New-Hampshire, pour
une succession évaluée à 2,250 dollars, avec un
passif de 575 dollars, la Cour du *probate* alloua
600 dollars à la veuve ; mais sur appel des créanciers, la Cour suprême de l'Etat réduisit l'allocation à 200 dollars, soit environ un dixième de la
succession brute (1).

Dans le Michigan, pour une fortune évaluée à
500,000 dollars, la Cour accorda comme provision
à la veuve et à ses quatre enfants, 400 dollars de
literie, 1,600 dollars de meubles et linge et 1,590
dollars en numéraire, au total 3,590 dollars, soit
un peu moins du centième de la fortune totale du
défunt.

Bien que la loi soit dénommée le subside d'une
année, le juge, en vertu de son pouvoir discrétionnaire, peut étendre la durée de l'allocation, surtout
s'il prévoit, ce qui arrive souvent pour les successions embarrassées, que la liquidation sera labo-
rieuse et longue. Mais, en pareil cas, il est de règle
de fractionner le subside en plusieurs échéances.

Bien que la loi du subside ait été faite en vue de
la famille, la veuve restant seule sans enfants peut
encore réclamer le subside, parce que, au regard
de la loi américaine, la femme après le décès du
mari est le chef de famille ; et par ce mot de famille
la loi entend non seulement la veuve ou les enfants,
mais encore les serviteurs, les personnes qui avant
le décès du mari vivaient sous le même toit, les
grands-parents par exemple, des collatéraux, etc.
La loi pousse même la prévision jusqu'à stipuler

---

(1) Seymour Thomson. — *Homestead*, p. 751.

un accroissement de subside en cas de grossesse de la veuve, en faveur de l'enfant *in ventre sa mère,* comme dit la loi américaine, expression, soit dit en passant, dont la forme seule révèle l'origine anglo-normande.

Sur quel fonds doit être prélevé le subside d'une année ? Les codes américains, quelles que soient leurs divergences sur les autres points, sont unanimes sur celui-là. La provision doit être prélevée sur la fortune mobilière du défunt; les meubles doivent être vendus pour en assurer le paiement; mais en aucun cas, le produit de la vente des immeubles ne peut recevoir cette destination. Le juge peut être amené à allouer à la veuve la totalité des biens mobiliers, mais il ne peut aller au delà; et au cas où cette allocation serait insuffisante, on ne peut entamer le fonds immobilier.

Le douaire de la veuve.

Le douaire, c'est, d'après le code américain (1), la provision que la loi fait à la veuve, sur les terres, ténements et héritages dont le mari peut avoir été saisi pendant le mariage et dont elle jouit pour son entretien à la mort du mari, et qui après elle descend aux enfants.

Comme le droit d'exemption, le douaire est rattaché par les juristes américains au droit féodal anglo-normand. Il en existait plusieurs espèces; la seule aujourd'hui pratiquée, c'est le douaire commun (*Dower in common law*). M. Glasson (2), qui a consacré un chapitre intéressant aux origines du douaire, rappelle que l'Eglise a conservé dans son rituel pour la cérémonie du mariage la

(1) *Code of Georgia*, p. 495. — Bouvier, *Diction. of law*, article Dower, etc.
(2) *Histoire du droit*, etc., tome II, p. 290.

stipulation du douaire fictif, attesté par la pièce d'argent remise par le mari à la nouvelle épouse.

D'après la *Grande Charte*, la femme pouvait occuper la principale habitation du mari pendant quarante jours après sa mort, si la maison était située sur des terres sujettes à douaire. Actuellement dans le Missouri et plusieurs autres Etats, la veuve est autorisée à résider dans la maison et dépendances (*mansion-house and messuages*) qu'occupait le mari, jusqu'à ce que la Cour du *probate* ait assigné à la veuve son douaire.

L'évaluation des biens est faite à la mort du mari ou au moment de la mise en possession. La valeur du douaire est communément du tiers des biens immobiliers; toutefois dans le Missouri la femme peut en certains cas réclamer, à titre de douaire, la moitié des biens du mari (1).

Le mari n'a pas le droit d'aliéner, même du consentement de la femme, une propriété sur laquelle celle-ci a un droit éventuel, un droit de douaire *inchoatif*, disent les codes américains. La vente dans ce cas est déclarée nulle ; elle le serait encore quand bien même il y aurait renonciation formelle de la femme à son douaire, la loi ne reconnaissant pas à la femme le droit de renoncer à son privilège ; nous trouverons une clause pareille pour le homestead dans certains Etats.

Dans l'Illinois, si le mari meurt en possession d'un homestead, la veuve a droit non seulement au homestead, mais encore à son douaire, et elle peut le réclamer sur le même bien.

Dans le Tennessee, si la maison d'habitation constituée en homestead vaut moins de 1,000 dollars, limite statutaire de la valeur du homestead, la femme reçoit d'abord le tiers de la propriété comme douaire, et comme homestead, la maison

---

(1) 28 Mo. 293-300.

avec des parcelles, de manière que l'ensemble du second lot ait une valeur de mille dollars.

Il faut ajouter toutefois que la législation américaine du douaire est quelque peu confuse et contradictoire. Dans l'Iowa, les tribunaux n'admettent pas les exemptions cumulatives créées par le douaire et le homestead, bien que la loi reconnaisse ces deux formes d'exemption; par exemple, si une veuve se fait attribuer, à titre de douaire, la maison d'habitation du mari décédé et une portion de quarante acres qui sont en outre assignés par la loi d'exemption, elle ne peut réclamer le reste à titre de homestead.

Il semble même qu'il y ait actuellement une tendance à ne plus admettre les exemptions cumulatives. Le nouveau code de Virginie (1) dispose que si la femme a droit à un douaire et que si elle le réclame, elle n'a plus le droit de demander le homestead dont le bénéfice revient exclusivement aux enfants.

Le droit d'exemption mobilière.

Les codes de tous les Etats contiennent, sous le titre *chattel exemptions*, des dispositions ayant pour objet d'assurer l'exemption de saisie à un certain nombre d'objets mobiliers de première nécessité, indispensables à l'existence de la famille. Dans quelques Etats, ces dispositions prennent place dans le texte même de la loi du homestead dont elles forment un cas particulier qu'on a appelé le *homestead mobilier*; mais le plus souvent elles sont réunies en un chapitre distinct; ce qu'il importe de remarquer, c'est que l'exemption mobi-

---

(1) The code of Virginia. — Richmond, 1887, § 3637.

lière a précédé l'exemption immobilière dans tous les Etats où la garantie existe pour les meubles et les immeubles, et que dans les rares Etats où le homestead n'est pas encore organisé, on trouve néanmoins un privilège d'exemption pour les meubles inscrit dans la loi.

Dans le Mississipi, l'exemption mobilière était réglementée dès l'année 1839, tandis que le homestead ne le fut que quelques années après (1). En Louisiane, le homestead ne date que de 1852, tandis que l'exemption mobilière était réglée par la loi du 29 mars 1826. Nous avons même fait remarquer, dans un chapitre précédent, que dans cette ancienne colonie française, le débiteur jouissait de certaines immunités mobilières garanties par l'ordonnance de Louis XIV, en date de 1667.

Les codes américains fixent en général une limite de la valeur des objets mobiliers couverts par l'exemption. Mais, dans un certain nombre d'Etats, la loi se borne à donner l'énumération des objets insaisissables. Nous reproduisons plus loin celle du code de New-York, que d'autres Etats ont adoptée.

Dans les Etats exclusivement agricoles, l'exemption mobilière comprend en outre divers objets indispensables pour la culture des terres. Le code de Virginie dispose (2), que si le chef de famille est un cultivateur, il pourra réclamer l'exemption pour les objets suivants : une paire de bœufs ou une paire de chevaux de labour, ou une paire de mules, avec les harnais, une voiture ou un chariot, deux charrues, une herse, un chariot à moissons, une fourche à foin, un râteau, deux coins en fer.

---

(1) Statutes of Mississipi 1841 et code of Mississipi, § 680.
(2) The code of Virginia, 1887, titre 51, § 3651. Exemption of property of householder.

L'exemption mobilière dans les divers Etats.

ÉTATS	VALEUR des objets exemptés	ÉTATS OU TERRITOIRES	VALEUR des objets exemptés
Alabama.........	5000 francs.	Minnesota........	6000 francs.
Arkansas.......	2500 au père de famille 1000 au célibataire	Mississipi	Valeur non désignée.
		Missouri	1500 francs.
Californie........	1000 francs.	Montana	3500 »
Caroline du Nord.	2500 »	Nebraska.........	2500(1) »
Caroline du Sud..	2500 »	Nevada	7500 »
Colorado.........	1500 »	N. Hampshire....	2250 »
Connecticut......	1500 »	N. Jersey........	1000 »
Dakota..........	7500 »	N. York..........	Valeur non désignée.
Delaware........	1000 »	Ohio.............	2500(2) »
Floride..........	5000 »	Oklahoma........	(3) »
Géorgie.........	8000 mobilier ou immobilier.	Orégon	4000(4) »
		Pensylvanie......	1500(5) »
Idaho...........	5000 francs.	Rhode Island....	1250 »
Illinois..........	1000 »	Tennessee........	2500 »
Indiana.........	1500 en valeur mobire ou foncière.	Texas............	2500 »
		Vermont.........	2000 »
		Virginie	1250 »
Iowa............	6500 »	Virginie occ......	2500 »
Kansas..........	6000 »	Washington......	2250 »
Kentucky.......	500 »	Wisconsin........	3250 »
Louisiane........	Valeur non désignée.	Wyoming........	4000 »
Maine...........	2500 francs.		
Maryland	Valeur non désignée.	**TERRITOIRES**	
Massachusetts....	1250 francs.	Arizona	
Michigan........	3250 »	N. Mexico........	Valeur inconnue.
		Utah.............	
		Alaska...........	

Ce qui frappe dans ce tableau, c'est le chiffre élevé, excessif même de la limite d'exemption dans

(1) Si le débiteur n'a pas d'immeubles.
(2) Si le débiteur n'a pas d'immeubles.
(3) Territoire érigé en Etat en 1890. Nous ignorons s'il existe une loi d'exemption mobilière, et quelle est sa valeur.
(4) Et en outre 250 fr. pour chaque membre de la famille.
(5) En valeur mobilière ou immobilière.

un certain nombre d'Etats ; dans l'Arkansas, le débiteur peut conserver dix mille francs d'objets mobiliers ; nous verrons que la loi de homestead lui garantit en outre 25,000 fr. en immeubles, soit au total 35,000 fr. ; en combinant les lois du homestead mobilier ou immobilier, avec celles du douaire et de l'année de subside, la presque totalité des débiteurs échappe à la saisie. Nous reviendrons plus loin sur ce point.

Une remarque qu'il importe de faire ici, c'est que les Cours fédérales comme les tribunaux d'Etats donnent aux lois d'exemption mobilière une interprétation libérale. C'est là règle, avons-nous dit plus haut, pour le homestead proprement dit ; mais la magistrature américaine a pris soin préalablement d'établir que l'exemption de saisie immobilière n'est pas une dérogation à l'ancienne coutume anglaise ; tandis que par cette même coutume, les meubles et les marchandises du débiteur sont le gage de ses créanciers ; la loi d'exemption devait donc recevoir une interprétation de rigueur ; mais des considérations d'ordre politique ont fait fléchir la rigueur des principes juridiques.

M. Seymour Thompson (1) a réuni un certain nombre de cas de décisions judiciaires sur ces questions d'exemptions mobilières ; je vais en rapporter deux qui montreront dans quel esprit le magistrat interprète la loi du homestead mobilier.

Le code de New-Hampshire, comme du reste tous les autres codes, exempte de la saisie les vêtements usuels. Un créancier prétendait limiter la saisie aux seuls vêtements actuellement portés par le débiteur et les membres de sa famille. « Ce serait, disait le juge chargé de donner l'avis de la Cour, rétrécir le sens de la loi, que de régler pour

(1) Thompson. — On homesteads, § 786-791.

ainsi dire les exemptions sur les indications du thermomètre et d'établir plusieurs catégories de vêtements qui seraient tour à tour saisissables, suivant qu'il ferait chaud, qu'il ferait froid, ou qu'il ferait humide. L'exemption doit comprendre tous les vêtements de mise pendant chaque saison ; elle doit s'appliquer aux habits de travail comme aux habits de fêtes, à ceux qu'on porte dans la semaine, comme à ceux du dimanche ; en conséquence, le débiteur est fondé à réclamer l'exemption pour les vêtements qu'il porte en tout temps et en toutes saisons. » (1) En résumé, l'exemption que la loi applique aux vêtements nécessaires (*wearing apparel necessary*), la Cour du New-Hampshire l'étend à tous les vêtements.

L'autre cas, c'est celui qui, dans les recueils de décisions judiciaires, porte le titre de Frazier contre Barnum (2). Parmi les objets dont le demandeur réclamait la saisie devant la Cour de New-Jersey, figurait un châle de dentelle fourni par un magasin de Paris et qui avait coûté sur facture trois cents dollars (1,500 francs) ; Frazier faisait valoir que ce n'était pas là un vêtement nécessaire au sens de la loi, mais un objet de luxe, et d'un prix trop élevé pour que le débiteur put s'en servir comme d'un vêtement habituel. La Cour estima que le seul point à éclaircir, c'était celui de savoir si le châle avait été acquis de bonne foi ou dans l'intention de frauder le créancier, qu'il n'y avait pas lieu de rechercher si un article de toilette était ou non en rapport avec la fortune ou la condition sociale du débiteur, qu'il suffisait qu'il eût été porté, ce qui n'était pas contesté, et ce qui établissait la bonne foi du débiteur ; et la Cour repoussa la demande en validité de saisie.

---

(1) Peverly c. Sayles 10, N. H. 356.
(2) Frazier c. Barnum, 19 N. J. 316.

Dans tous les Etats, la loi assure l'immunité de saisie de biens mobiliers, sans exiger de formalités préalables à remplir par le débiteur. Si une saisie est faite, ce dernier, en vertu de son droit de sélection, désigne les objets qu'il entend se réserver, à la condition que ces objets figurent dans la nomenclature des articles jouissant de l'exemption et que la valeur n'excède pas celle qui est fixée par la loi. A cet effet, le sheriff désigne en général deux experts assermentés chargés de l'évaluation des biens. Quand la valeur des effets mobiliers n'atteint pas la limite statutaire, il n'y a pas lieu à procéder à la vente et le débiteur, ce qui arrive souvent, est remis en possession de la totalité des objets saisis.

Les lois d'exemption mobilière contiennent certaines dispositions destinées à renforcer le privilège d'insaisissabilité, dans l'intérêt de la famille; ainsi, de même que pour le douaire, le *chattel* ne passe pas aux mains du syndic ou de l'administrateur, en cas de faillite ou de décès du chef de famille; il est simplement soumis à leur contrôle et à cette seule fin, qu'ils puissent s'assurer, dans l'intérêt du créancier, que le *chattel* mis en réserve ne contient que des objets expressément déclarés insaisissables par la loi.

Dans les anciens codes, il était interdit au débiteur de vendre les objets composant le chattel insaisissable. Mais on comprend quelle entrave une pareille interdiction apportait au mouvement des affaires, à la libre circulation des biens mobiliers. Une partie considérable de la fortune des particuliers se trouvait ainsi immobilisée : les plaintes furent telles que les Etats où s'était établi ce régime furent les premiers à en demander la fin.

C'est une règle admise dans la généralité des Etats, qu'un débiteur ne peut vendre ou aliéner le bien mobilier, sans le consentement de la femme ; nous retrouverons cette disposition dans la loi du homestead. Le débiteur peut également l'engager, le soumettre à une sorte d'hypothèque mobilière, pour le paiement d'une dette ; mais le nantissement pas plus que l'hypothèque pour le homestead, ne saurait constituer une renonciation au privilège.

Le droit d'exemption mobilière se transmet *ab intestat*. Dans l'Etat de Pensylvanie, la transmission peut également se faire par testament ; on a voulu ainsi donner au père de famille la faculté de désigner par testament ceux des objets qui lui semblent les plus nécessaires et les plus profitables à la famille. Mais la femme a toujours le droit de réclamer l'exemption conformément aux prescriptions de l'*act* de 1851 sur les transmissions *ab intestat*. Dans aucun cas, le mari ne peut priver par testament sa veuve et ses enfants du chattel et du privilège d'exemption dont il jouit. Nous retrouverons toutes ces dispositions dans les lois qui régissent le homestead.

C'est une disposition reproduite dans la généralité des codes, que pour réclamer le droit d'exemption, il suffit d'être domicilié dans l'Etat où se produit la réclamation. La loi des Etats s'est montrée plus libérale que celle du homestead fédéral, laquelle n'accorde l'exemption qu'aux seuls citoyens des Etats-Unis, ou à ceux qui prennent l'engagement de se faire naturaliser ; mais dans beaucoup d'Etats, le droit d'exemption n'est pas transmissible à la famille du débiteur, si elle réside dans un autre Etat ; le *chattel* passe aux héritiers dans les mêmes conditions que les biens ordinaires.

Pour réclamer le bénéfice de l'exemption mobilière, il faut être chef d'une famille ; c'est là une règle qui ne souffre que bien peu d'exceptions. Le code de Virginie, définissant le droit d'exemption attribué au débiteur, désigne celui-ci sous le nom

de *householder*; mais pour qu'il n'y ait pas équivoque, il prend soin d'indiquer que par ce terme il
faut entendre un chef de famille (1). C'est bien
dans ce sens également que la Cour suprème de
Kentucky a jugé en l'absence d'indication précise
dans le texte de la loi de l'Etat. En Géorgie, toutefois, le droit d'exemption appartient à tous les
citoyens, qu'ils soient célibataires ou chefs de
famille (2).

Il y a constitution du homestead mobilier du
vivant du mari, s'il devient insolvable et que sa
fortune mobilière soit saisie ; mais le droit
d'exemption mobilière ne s'éteint pas après sa
mort ; nous avons dit que la veuve et les enfants
en sont investis et l'exercent avec la même plénitude que pouvait le faire le mari. La femme étant
le chef de la famille peut prélever sur la masse
des biens mobiliers tels objets qui seraient à sa
convenance, à la condition qu'ils n'excèdent pas
en valeur la limite statutaire, et elle reste investie
de ce droit sa vie durant ou tout au moins pendant
la durée de son veuvage.

On voit tout de suite la différence qui existe
entre le subside de la veuve et l'exemption mobilière. Dans les deux cas il s'agit bien d'une provision légale ; mais dans le premier cas, elle est
limitée à la durée d'un an et destinée à parer aux
premiers besoins, aux nécessités urgentes du
veuvage, tandis que l'exemption constitue une provision viagère que le convol de la veuve peut inter-
rompre, mais qui se continue sur la tète des enfants, même après qu'ils ont atteint leur majorité.
Il n'est pas inutile de faire remarquer que l'exemption mobilière de la veuve porte non seulement
sur les dettes du mari, mais encore sur celles

(1) Code of Virginia 1887, sect. 3657.
(2) Code of Georgia 1882, p. 495.

bien mobilier, sans le consentement de la femme ; nous retrouverons cette disposition dans la loi du homestead. Le débiteur peut également l'engager, le soumettre à une sorte d'hypothèque mobilière, pour le paiement d'une dette ; mais le nantissement pas plus que l'hypothèque pour le homestead, ne saurait constituer une renonciation au privilège.

Le droit d'exemption mobilière se transmet *ab intestat*. Dans l'Etat de Pensylvanie, la transmission peut également se faire par testament ; on a voulu ainsi donner au père de famille la faculté de désigner par testament ceux des objets qui lui semblent les plus nécessaires et les plus profitables à la famille. Mais la femme a toujours le droit de réclamer l'exemption conformément aux prescriptions de l'*act* de 1851 sur les transmissions *ab intestat*. Dans aucun cas, le mari ne peut priver par testament sa veuve et ses enfants du chattel et du privilège d'exemption dont il jouit. Nous retrouverons toutes ces dispositions dans les lois qui régissent le homestead.

C'est une disposition reproduite dans la généralité des codes, que pour réclamer le droit d'exemption, il suffit d'être domicilié dans l'Etat où se produit la réclamation. La loi des Etats s'est montrée plus libérale que celle du homestead fédéral, laquelle n'accorde l'exemption qu'aux seuls citoyens des Etats-Unis, ou à ceux qui prennent l'engagement de se faire naturaliser ; mais dans beaucoup d'Etats, le droit d'exemption n'est pas transmissible à la famille du débiteur, si elle réside dans un autre Etat ; le *chattel* passe aux héritiers dans les mêmes conditions que les biens ordinaires.

Pour réclamer le bénéfice de l'exemption mobilière, il faut être chef d'une famille ; c'est là une règle qui ne souffre que bien peu d'exceptions. Le code de Virginie, définissant le droit d'exemption attribué au débiteur, désigne celui-ci sous le nom

due d'une lieue, s'il est chef de famille, et d'un tiers de lieue s'il est célibataire (1) : ce n'est là, disons-nous, qu'une ébauche du homestead sur concession de terres, comme celui que devait organiser la loi fédérale de 1862.

Trois ans plus tard, l'Assemblée législative du Texas vote une loi aux termes de laquelle, le privilège d'exemption de saisie est accordé à tout citoyen chef de famille, résidant sur le territoire de la République texienne. Le privilège s'étend à une superficie de terrain de cinquante acres à la campagne, et dans les villes à une parcelle comportant une maison d'habitation, le tout d'une valeur de 500 dollars au maximum (2).

Enfin, la Constitution texienne de 1845 (3), votée un peu après l'annexion du Texas aux Etats-Unis contient l'article suivant : « La législature devra protéger par une loi contre la vente sur saisie une certaine portion de terrain appartenant au chef d'une famille. L'immeuble protégé ne doit pas excéder en étendue deux cents acres, s'il est à la campagne, ni en valeur plus de deux mille dollars, s'il consiste en un lot de terre avec habitation, et s'il est dans une ville. La garantie contre la vente forcée est accordée pour toute dette contractée postérieurement au vote de la loi. Le homesteader, s'il est marié, ne pourra aliéner le bien garanti que du consentement de sa femme, et dans les formes à déterminer par la loi. » Ces dispositions se trouvent reproduites dans la Constitution de 1876.

Nous devons signaler dans un Etat voisin, le Mississipi, un essai d'organisation du homestead presque contemporain de celui du Texas. Dès l'an-

---

(1) Texas civil Statutes, vol. IV, p. 169.
(2) Digest of the laws of Texas, § 3798.
(3) Texas civ. Stat. Constitution of 1845, art. VII, sect. 22.

née 1841, l'Assemblée du Mississipi (1) votait une loi aux termes de laquelle tout citoyen libre blanc de l'un ou de l'autre sexe et chef d'une famille, a le droit de posséder 160 acres de terre garantis contre toute vente par jugement rendu en Cour de justice ou en équité, pour dettes ou obligations contractées postérieurement à la promulgation de la loi, pourvu que le terrain garanti ne fût point situé en totalité ou en partie dans l'enceinte d'une ville ou agglomération organisée ; dans ce dernier cas, la garantie était limitée à un simple lot d'une valeur maximum de 1,500 dollars, non compris les améliorations apportées au lot, ou les constructions élevées sur le terrain réservé.

Dans la même année 1841, l'Etat de Géorgie (2) assurait l'exemption de saisie immobilière à tout citoyen blanc, chef d'une famille, jusqu'à concurrence de vingt acres de terre ; s'il avait des enfants, l'exemption s'étendait à un lot additionnel de cinq acres par enfant, sous la réserve que le terrain fût situé hors d'une ville industrielle, et ne servît qu'à une exploitation agricole. En 1843, l'exemption fut étendue à cinquante acres pour toutes dettes, sauf celles contractées en vue d'acquérir le fonds. La mesure, comme on le voit, avait surtout pour but de protéger l'agriculture.

A la suite du Texas, du Mississipi et de la Géorgie, le Vermont entra dans la voie ouverte par les Etats du Sud ; le *homestead act* de ce dernier Etat est de 1849. La même année, le Wisconsin (3) et la Californie (4) inscrivent le principe du homestead dans leurs Constitutions. Un an plus tard, les Chambres de New-York passent des lois de homestead. A partir de 1850, cette législation

(1) Statutes of Mississipi, 1841.
(2) Code of Georgia, t. I, p. 495, § 2040.
(3) Constitution of the State of Wisconsin, art. I, § 17.
(4) Constit. of Calif. 1849, art. XI.

se propage dans le reste de l'Union. Elle est aujour-
d'hui en vigueur dans 38 Etats sur 44 ; nous en
donnons la liste un peu plus loin. Dans 21 Etats,
le principe et souvent les détails essentiels du
homestead figurent dans la Constitution, ce sont :
L'Alabama, l'Arkansas, la Californie, la Caroline
du Nord et celle du Sud, la Floride, la Géorgie,
l'Illinois, Indiana, le Kansas, la Louisiane, le
Michigan, le Mississipi, le Nevada, l'Ohio, le
Tennessee, la Virginie, la Virginie occidentale, le
Wisconsin. Dans les autres Etats, l'exemption est
réglée par des lois organiques. Cinq Etats seulement n'ont pas encore organisé le homestead : le
Connecticut, le Delaware, le Maryland, l'Orégon,
Rhode-Island ; c'est à tort qu'on range la Pensylvanie parmi les Etats où le régime du homestead
n'existe pas ; nous verrons tout à l'heure qu'il y a
une exception très précise qui porte, à la volonté
du débiteur, sur ses biens fonciers ou mobiliers.

Conclusion sur l'origine du homestead.

Il nous faut résumer les considérations qui
précèdent et formuler les conclusions qui en
découlent en ce qui concerne l'origine du homestead.

Et tout d'abord, il y a lieu d'envisager séparément le homestead fédéral qui diffère notablement
de celui que nous étudions en ce moment. Le
homestead prévu par la loi fédérale du 20 mai 1862
est une concession de terre faite par l'Etat aux
colons qui viennent s'y établir ; l'Etat, dans la
plénitude de son droit et de son pouvoir, ajoute à
cette concession le privilège d'insaisissabilité pour
dettes antérieures à la concession.

Il est à remarquer qu'il y a eu aux Etats-Unis,
comme au dehors, des objections juridiques contre

le droit de homestead ordinaire, tel qu'il est organisé par les lois des Etats; nous verrons même la
Cour suprême des Etats-Unis déclarer inconstitu-
tionnelle la loi de homestead de la Géorgie; on
n'a jamais élevé d'objections contre la loi fédérale
de 1862, au moins contre la clause d'insaisissabilité; le privilège d'exemption qu'elle consacre n'est
en contradiction avec aucune loi ancienne ou
moderne, la concession gratuite des terres constituant une véritable donation que le donataire,
qui est l'Etat, peut faire aux citoyens sous certaines conditions.

Il n'est donc pas nécessaire de remonter aux
anciennes coutumes pour expliquer le homestead
fédéral. C'est une pure création statutaire, qui est
née du besoin d'ouvrir les terres désertes à la
colonisation, d'appeler à la propriété les citoyens
pauvres de l'Union, et qui est devenue une loi de
l'Etat, le jour où il s'est trouvé au Congrès une
majorité favorable à cette réforme sociale.

Pour le homestead proprement dit, il n'en est
pas de même; c'est une opinion couramment
admise dans le monde et dans la littérature judiciaire aux Etats-Unis, que le privilège d'insaisissabilité se rattache par une filiation naturelle au
droit féodal anglo-normand. On est ainsi amené
à se demander si en instituant le homestead, les
législateurs du Congrès et des Etats se seraient
inspirés d'une réminiscence du droit féodal, étant
donné surtout que les avocats et les hommes de loi,
qui constituent un élément considérable dans tous
les Parlements, sont encore plus nombreux qu'ailleurs dans les Assemblées législatives des Etats-
Unis (1).

---

(1) Dans le Congrès de 1888, on comptait à la Chambre des
représentants 198 légistes sur 331 membres: la proportion des
hommes de loi est encore plus forte au Sénat: 58 légistes sur 76 membres (*Official Congress Directory*. — Wash. 1888).

C'est là une manière de voir qui se présente naturellement à l'esprit et qui paraît assez vraisemblable ; mais en étudiant la question de plus près, on voit qu'elle n'est pas fondée. En effet, ni dans les comptes rendus des séances du Congrès, ni dans l'exposé des motifs des projets de loi, ni dans aucun des documents législatifs, concernant le homestead, on ne trouve la preuve de cette infiltration de la coutume anglaise dans le droit américain. Pas une allusion n'est faite à la tradition féodale, ni dans les discours des orateurs, ni dans les rapports des commissions parlementaires. Si les magistrats des Cours suprèmes des Etats et des Cours fédérales de circuit ont quelquefois invoqué le principe féodal de l'insaisissabilité, uniquement pour justifier l'interprétation libérale constamment donnée au droit d'exemption, il est bien certain que les assemblées républicaines aux Etats-Unis qui ont établi le homestead, ne se sont jamais préoccupées de remettre en vigueur une législation dont le principe était emprunté au droit féodal, mais qu'elles ont obéi à des considérations d'un autre ordre ; et il faut reconnaître que ni le droit anglo-normand, ni la Grande Charte du treizième siècle ne peuvent être invoqués comme source originaire du homestead. Ce sont des précédents historiques que la critique doit recueillir et signaler, mais à titre de curiosité seulement.

Dans cette recherche des origines du homestead, une réflexion se présente d'elle-même à l'esprit. Du moment que dans la généralité des Etats, une loi antérieure à celle du homestead exemptait de la saisie le mobilier du débiteur, il est vraisemblable d'admettre que le législateur s'est trouvé naturellement amené à étendre le privilège d'exemption aux biens immobiliers, et que l'exemption du *chattel* a ainsi servi de point de départ et de modèle à l'exemption du *home*. Ce qui dépose en faveur de cette idée d'une évolution de l'immunité de saisie, c'est qu'elle s'est faite par étapes d'un Etat à l'Etat voisin; que dans quelques uns, comme le Maryland, Rhode-Island, etc., l'évolution n'est pas encore faite, et que le privilège d'exemption y reste limité à la fortune mobilière; ce qui le prouve encore, c'est que dans la loi du homestead on retrouve les dispositions principales du homestead mobilier : le bénéficiaire doit être père de famille, les biens exempts ne peuvent être aliénés que du consentement simultané des deux époux, le droit d'exemption passe à la veuve et aux enfants après le décès du mari; si la veuve meurt ou se remarie, il passe de plein droit aux enfants.

Ainsi, le homestead procède historiquement de l'exemption du *chattel*, cela résulte de l'ensemble des faits que nous avons exposés plus haut. Mais ce serait méconnaître le caractère et la portée philosophique de cette institution et méconnaître du même coup la pensée du législateur américain, que de faire du homestead une simple imitation, une adaptation vulgaire de l'exemption mobilière aux immeubles. La loi d'exemption du *chattel*, depuis longtemps en vigueur, a bien pu fournir quelques détails pour la rédaction de la loi de homestead; mais il est permis de croire, qu'en créant ce privilège exorbitant, sans analogue dans aucun autre code, le législateur américain a obéi à une autre pensée plus élevée; cette pensée, quelle est-elle? Sur ce point, le doute n'est pas possible; c'est de la famille que le législateur s'est préoccupé; c'est la famille qu'il a voulu protéger contre les accidents imprévus de la vie, contre les malheurs immérités, bien souvent contre l'imprévoyance et l'inconduite de son chef, tantôt en lui donnant la terre qu'elle n'a pas, tantôt en garantissant celle qu'elle possède contre la saisie; cela ressort de l'exposé des motifs des projets de loi présentés aux législatures des divers États ; cela ressort également des décisions de la magistrature. Nous avons rapporté l'opinion du juge Dick dans la Caroline du Nord ; la Cour suprême de New-York n'est pas moins explicite (1) : « L'intention du législateur, porte la sentence, a été de conférer le privilège de l'immunité de saisie à chacune de ces communautés primaires que nous appelons familles. » Et la Cour suprême du Kentucky (2) : « Il entrait bien dans la pensée du législateur de créer le privilège de l'insaisissabilité pour la sauvegarde de la famille plus encore que pour le débiteur. Il a rendu insaisissable une partie de l'avoir familial, pour mettre la femme et les enfants à l'abri des conséquences de la mauvaise conduite ou des mauvaises spéculations du mari. »

Rappelons enfin pour être complet, qu'une autre pensée, pensée politique et sociale, répond à l'institution du homestead fédéral, c'est la distribution des terres publiques aux citoyens nécessiteux et la création d'une démocratie de propriétaires dévoués aux libres institutions des États-Unis ; il suffit de rappeler le programme des *Free soilers* de 1850, la longue campagne du sénateur Benton et les significatives paroles qu'il prononçait devant le Sénat : « C'est la politique des Républiques de multiplier le nombre des propriétaires, comme aussi c'est celle des monarchies de développer le fermage. Le libre détenteur du sol est l'appui naturel d'un Gouvernement libre. »

---

(1) Wodward c. Murray 18 Johns. 400.
(2) Moxley c. Rayan 10 Bush.

VII

Fonctionnement du homestead. — Le bénéficiaire doit
être chef d'une famille. — Condition des étrangers. —
Constitution du homestead dans les divers Etats. —
Déclaration. – Résidence. — La limite statutaire
d'exemption.

Privilège du chef de famille.

Les codes et les Constitutions des Etats sont à
peu près unanimes à n'accorder l'exemption de
saisie qu'aux seuls chefs de familles.

Mais les termes sous lesquels on désigne le
chef d'une famille, varient suivant les Etats, ce
qui a donné lieu à des divergences d'interprétation
et à de nombreux procès.

Le code général du Colorado (1) porte : Chaque
chef de ménage (*householder*) ayant une famille,
etc.

Les statuts révisés de l'Illinois (III, 497) portent
la même désignation.

On lit dans le code (2) du Kansas : Toute per-

___

(1) Gener. Laws of Colorado, art. 1343.
(2) Statutes of the stat of Kansas, § 2123.

sonne résidant dans cet Etat et étant chef d'une famille, etc.

Dans la Louisiane (1), le bien qu'on place sous le régime du homestead doit être possédé de bonne foi par un débiteur ayant une famille, etc.

Dans l'Etat de New-York (2), l'exemption de saisie n'est accordée qu'au chef de ménage (*householder*) ayant une famille.

Au Texas, la Constitution de 1845 assurait le privilège au chef de famille, disposition maintenue dans la Constitution de 1866. La Constitution de 1876 ne prévoit que le homestead familial (*homestead of family*) (3), qui s'applique évidemment au chef de famille. Une autre section de ce même article établit l'exemption de saisi pour le *chattel* en faveur du chef de famille et du célibataire adulte.

Il n'existe qu'un très petit nombre d'Etats où la condition de chef de famille ne soit pas obligatoire pour l'établissement du homestead : l'Arkansas, la Caroline du Nord, le Michigan, le Minnesota; il suffit d'être résident dans l'Etat.

La Constitution californienne de 1849 n'accordait l'exemption qu'aux pères de famille; le nouveau code de Californie révisé en 1885 reconnaît le droit de homestead au célibataire comme au père de famille (4); mais, dans le premier cas, il limite l'exemption de saisie à mille dollars, et dans le cas du père de famille à cinq mille dollars.

Pour prévenir les difficultés et les contestations judiciaires dérivant de l'ambiguité des termes, le législateur dans quelques Etats a pris le parti de donner une définition légale de l'expression chef

(1) Louisiana, Constitut. 1879, art 219.
(2) Revised statutes of the state of New-York, § 1397, 1882.
(3) Constit. of Texas 1876, art. XVI. sect. 50.
(4) The code of Calif. as amended, § 1260.

de famille. L'article 1261 du code révisé de Californie dispose ce qui suit :

1° L'époux, quand le homesteader est une personne mariée ;

2° Toute personne qui garde avec elle à son foyer, à sa charge ou sous sa protection :

(a) Son enfant mineur, ou l'enfant mineur du conjoint décédé ;

(b) Un frère ou une sœur en minorité ; ou l'enfant mineur d'un frère ou d'une sœur décédés ;

(c) Un père, une mère, un grand-père ou une grand'mère ;

(d) Le père, la mère, le grand-père, la grand'mère du mari ou de la femme décédés ;

(e) Une sœur non mariée, ou un des enfants mentionnés dans cet article, qui aurait atteint l'âge de majorité et serait incapable de subvenir à ses besoins.

Mais ces dispositions réglementaires ne sont en vigueur que dans l'Etat de Californie, ou devant les Cours d'Etats voisins qui admettent cette définition du chef de famille ; il y a des interprétations contradictoires. Nous résumons quelques règles que la jurisprudence a établies.

Une femme non mariée vivant avec un enfant naturel, ou bien encore un homme vivant avec un enfant illégitime, constituent une famille au regard de la loi et peuvent réclamer le homestead (1).

Le mari et l'épouse vivant en état d'adultère ne constituent pas une famille au sens de la loi du homestead et ne sont pas admis à réclamer l'exemption (2).

Un homme non marié, faisant vivre de son tra-

(1) Américan State reports V 41.
(2) American State reports, vol. V, p. 41. — San Francisco, 1889-90.

vail sa mère et ses sœurs indigentes, est regardé
comme chef de famille et comme tel admis au
bénéfice du homestead.

Un groupe comprenant une femme mariée,
vivant avec ses sœurs qu'elle soutient de son travail, ne constitue pas une famille au sens étroit et
juridique du mot, l'assistance légale ne peut être
invoquée ici. Mais les juges américains en admettant une simple obligation morale, ont fait entrer
cette association dans le cadre de la famille et lui
reconnaissent le droit au homestead. « Dans ce
cas et dans d'autres analogues, dit la Cour suprème de Géorgie (1), l'obligation de nature bien
qu'elle existe sans aucune sanction légale, est au
regard du juge plus étroite encore que celle qui
astreint le débiteur au paiement de sa dette. »

Mais un groupe composé du maître et de ses
domestiques, ou du patron et de ses employés
vivant dans la même maison, et en général un
groupe formé de personnes réunies par un contrat
autre que celui du mariage ne constitue pas une
famille. Le chef de ce ménage ne saurait prétendre
au droit de homestead.

Situation légale des étrangers.

La loi fédérale du 20 mai 1862 exige des demandeurs en concessions de homestead qu'ils
soient citoyens des Etats-Unis, et s'ils sont étrangers, qu'ils prennent l'engagement de devenir
citoyens de l'Union en demandant leur naturalisation.

Les législations des Etats sont conçues dans
un esprit plus libéral. Les lois sur le homestead
n'exigent en général du requérant que la condition

(1) Blackwell c. Broughton, 56; Ga 390.

d'être résident de *bonne foi* dans l'Etat. A la vérité, un certain nombre de codes portent comme la loi fédérale de 1862 : l'exemption de saisie est accordée à tout *citoyen,* etc. Mais, par une jurisprudence constante, le terme de citoyen a toujours été interprété dans son sens le plus large et pris comme l'équivalent d'habitant ou résident. Le juge comme le législateur se sont laissé guider par cette considération que si l'étranger était exclu du droit de homestead et qu'il arrivât que la totalité de son bien fût saisie et vendue, il tomberait avec sa famille à la charge de la communauté, Etat, comté ou commune ; en sorte que l'intérêt bien entendu de la République, autant que le sentiment d'humanité faisaient un devoir au législateur d'étendre aux étrangers établis sur le sol des Etats-Unis le bénéfice des lois d'exemption.

Au début de ce travail, à propos du régime de la propriété aux Etats-Unis, nous avons fait la remarque que, dans la généralité des Etats, sauf de très rares exceptions, il n'existait pas de distinction entre les citoyens de l'Etat et les étrangers, en ce qui concerne la possession, la jouissance et la transmission de la propriété. Cela est vrai de la propriété soumise ou non au régime du homestead. Nous relevons dans un arrêt de la Cour suprême de Californie (1) les paroles suivantes : « La loi de homestead n'est pas limitée dans ses applications à une classe de personnes ; elle s'étend à toute la population de l'Etat et toutes les classes sont admises à en réclamer le bénéfice, sans distinction de nationalité, et sans avoir égard à la capacité de devenir citoyen ; du moment que l'intéressé réside dans l'Etat, nul ne peut lui dénier le bénéfice intégral du homestead. »

---

(1) Dawley c. Ayers, 23 Cal. 108.

9

Mode de constitution du homestead.

Quelles formalités doit remplir une personne qui veut constituer un homestead à son profit et au profit de sa famille ? Comment une maison et une terre peuvent-elles acquérir le droit d'exemption de saisie ? C'est ce que nous allons examiner dans les pages qui suivent.

Dans un certain nombre d'Etats, le requérant est tenu de faire une déclaration devant l'autorité compétente : dans d'autres, et c'est le plus grand nombre, nulle formalité n'est exigée du propriétaire ; l'exemption est, pour ainsi dire, d'ordre public ; elle est un droit que la loi reconnaît à tout possesseur de terre ou de maison, qu'il peut revendiquer à son gré et opposer à ses créanciers, en toute occasion, à toute époque, quand il est menacé de saisie. Mais, dans le premier cas comme dans le second, la condition de résidence dans l'Etat et d'occupation permanente des lieux, est exigée de celui qui veut bénéficier du privilège de l'exemption.

Occupons-nous de la déclaration. Le code du Massachusetts (1) dispose : « Pour constituer un état de homestead, il sera énoncé dans l'acte de transmission qui a fait passer la propriété aux mains du titulaire actuel, qu'elle est acquise en vue de l'exemption de homestead ; et après l'accomplissement de cette formalité, une déclaration conforme sera faite par écrit, signée du *homesteader,* scellée et transcrite sur le registre des actes du comté ou district sur le territoire duquel la propriété est située. Mais l'acquisition d'un

---

(1) The public statutes of the CommonWealth of Massachusetts. — Boston, 1882, ch. cxxiii, sect. 2.

nouvel homestead aura pour effet d'annuler le premier. »

Dans l'Etat de New-York, la déclaration et inscription au bureau d'enregistrement ne suffit pas; il y faut joindre une note descriptive des lieux. Les statuts révisés de cet Etat portent : « Pour constituer valablement le homestead visé par la précédente section, l'acte de transmission devra constater en substance que la propriété est tenue à titre de homestead; il sera enregistré conformément à la loi. Une déclaration contenant une description détaillée de la propriété et la volonté de la soumettre au régime du homestead sera rédigée par le propriétaire, certifiée et légalisée dans les formes prescrites pour les actes ordinaires, et enregistrée dans le comté où se trouve la propriété, au bureau des actes, sur un registre spécial appelé le *livre du homestead* (1). »

Le code d'Iowa a ajouté à l'obligation de l'enregistrement de la déclaration, celle de la délimitation du homestead sur place : « Le homestead sera déterminé par des bornes ou poteaux visibles établis à demeure sur le sol; dans la description qui sera jointe à la déclaration, on indiquera la position et la distance de ces points de repère au coin de la maison d'habitation de la famille. La description et le plan seront annexés au registre spécial dénommé le *homestead book* (2). »

D'après le nouveau code de Californie, le requérant doit faire, dans les formes prescrites pour un transport de propriété, une déclaration énonçant, que le requérant est chef de famille; et si la déclaration est faite par la femme, que le mari n'a pas fait de déclaration semblable, et qu'en conséquence elle remplit cette formalité pour le profit

(1) Revis. stat., vol. IV, § 1398. — New-York, 1882.
(2) New revised code of Iowa, sect. 1999. — Des Moines, 1882.

de la communauté ; que le requérant réside sur la propriété, et qu'il veut en faire son homestead. Enfin, la déclaration contiendra une description détaillée des lieux, et une estimation précise de la valeur de la propriété que l'on place sous le régime du homestead (1).

Le code de Californie contient en marge la note suivante : « Une déclaration qui porterait une indication ainsi conçue : « Le homestead est évalué à » cinq mille dollars et plus », serait déclarée insuffisante. » C'est la conséquence d'un arrêt rendu par la Cour suprême de Californie (2).

Dans quelques Etats où la déclaration du homestead est de rigueur, elle se fait non au bureau d'enregistrement de la localité, mais au greffe de la Cour du *probate*, comme dans l'Alabama (3), ou devant le *juge de l'ordinaire*, comme en Géorgie (4). Voici la procédure suivie maintenant dans cet Etat : Toute personne voulant bénéficier de l'exemption de saisie immobilière prévue par la Constitution de cet Etat (article 8, sect. 1), adressera une demande au juge de l'ordinaire du comté qu'il habite, ou dans lequel résident les enfants mineurs au profit desquels la requète est présentée. Elle constatera au nom de qui l'exemption est réclamée. Si c'est le chef de famille, la demande énoncera le nom et l'àge des membres de la famille ; si elle est faite par le tuteur ou l'administrateur, le nom et l'àge des enfants mineurs ; si elle est faite par ou pour des personnes infirmes, il sera fait mention de l'àge de ces personnes, de la nature de leur infirmité. Si le requérant est le soutien de personnes vivant avec lui, il donnera le nom

(1) The code of Calif. 1885, § 1263.
(2) Amas c. Eldred 55, Cal. 136.
(3) Code of the St. of Alabama 1876, § 2828.
(4) Code of the State of Georgia revised. — Atlanta 1882.

et l'âge de ces personnes, et fera connaître à quel titre il en a la charge légale ou morale. Il indiquera la consistance et la situation exacte de l'immeuble pour lequel on réclame le droit d'exemption. Il devra satisfaire à toutes les prescriptions de la loi pour l'établissement et l'évaluation du homestead, au moment de la ratification de la Constitution du 11 mars 1868.

Enfin, le requérant joindra à sa demande un état détaillé de toutes les propriétés immobilières ou mobilières des personnes au nom desquelles le homestead est constitué, de façon que les tiers intéressés puissent savoir, ce qui est garanti contre la saisie et ce qui ne l'est pas ; il fera connaître aussi les noms des créanciers et leur adresse postale, ladite liste certifiée exacte sous la foi du serment par le requérant.

Nous venons de rappeler les conditions essentielles sous lesquelles se fait la déclaration du homestead, dans les Etats où la loi en fait une obligation. Voici les noms de ces Etats : la Californie, le Colorado, l'Iowa, la Louisiane, le Maine, le Massachusetts, le Missouri, le Minnesota, le Texas, le Vermont, la Virginie, la Virginie occidentale ; dans tous ces Etats la déclaration est reçue au bureau de l'enregistrement des actes. Il faut joindre à cette liste l'Alabama, où elle est faite au greffe de la Cour du *probate*, et la Géorgie, où elle est portée devant le juge de l'*ordinaire*.

Il y a lieu de s'étonner que pour un fait aussi important que celui de la constitution du homestead, un tiers à peine des Etats exigent la formalité d'une déclaration authentique, qui n'intéresse pas moins le débiteur que les créanciers. Mais à propos du régime de la propriété aux Etats-Unis, nous avons fait la remarque que l'enregistrement des actes est une des lacunes de la législation des Etats-Unis ; cette lacune existe même pour les

actes de l'état civil, au moins dans les campa-
gnes ; au Michigan (1), 61 pour 100 des nais-
sances et des décès ne sont pas enregistrés et
échappent à tout contrôle ; ce qui, dans les successions, ajoute aux difficultés de l'établissement de
propriété, celles de l'établissement de l'état civil.
Mais je me borne à relever ici le fait, me proposant d'y revenir, quand nous traiterons des avantages et des inconvénients du homestead.

Il est à peine besoin de faire remarquer qu'en
l'absence de toute disposition législative, prescrivant la déclaration dans cet Etat, l'enregistrement
d'un acte constitutif de homestead au bureau du
receveur du comté, serait absolument illusoire et
dépourvu de sanction tant à l'égard du débiteur
que des créanciers. Mais alors on se demande
quelles conditions doit remplir la propriété pour
être garantie contre la saisie, et à quel signe on
reconnaît un homestead, dans les Etats où la déclaration n'est pas de rigueur.

Partout où existe l'institution du homestead, la
condition de résidence et d'occupation des lieux se
trouve inscrite dans la loi ; c'est là une règle qui
ne souffre pas d'exception. Le débiteur doit habiter les lieux en personne ; s'il ne réside pas effectivement, il ne peut acquérir le droit d'exemption,
et s'il vient à abandonner les lieux et à s'établir
ailleurs, il perd *ipso facto* son droit à l'insaisissabilité.

Dans les Etats désignés plus haut, le débiteur
doit donc remplir les deux conditions suivantes :
il doit faire une déclaration au bureau d'enregistrement ou au greffe du tribunal spécial et il doit
habiter les lieux. Dans les autres Etats, la résidence seule est nécessaire, et elle est suffisante

---

(1) Sixth annual report. — Vital statistics of Michigan, p. 158.

pour donner à la propriété le caractère légal du homestead. De quelle nature doit être la résidence ou l'occupation des lieux, c'est ce que nous allons examiner.

La condition de résidence.

Nous avons vu, à propos du homestead établi par la loi fédérale du 20 mai 1862, que le requérant doit prendre l'engagement de résider pendant cinq années consécutives sur le terrain qui lui est concédé par les Etats-Unis, à peine de déchéance. Le Congrès, par un amendement (1) voté en 1891, a apporté un adoucissement à la rigueur de cette clause de la présence obligatoire continue. Si par suite d'un déficit dans la récolte, ou d'une maladie prolongée, ou d'un événement de force majeure déjouant toutes les prévisions, le concessionnaire se trouve dans l'impossibilité d'assurer sa subsistance et celle de sa famille, il peut obtenir du chef du bureau du *land office* un congé de un an, tout en conservant ses droits de homestead.

Mais lorsque, après cinq années d'occupation de culture et de mise en valeur des terres, le concessionnaire a obtenu son titre de propriété, la création du homestead se trouve assurée, le but de la loi est atteint, le propriétaire n'est plus astreint à résider sur sa propriété tout en conservant le droit d'exemption.

S'il s'agit du homestead proprement dit défini par la législation des Etats, la condition de résidence devient plus rigoureuse et persiste aussi longtemps que dure le homestead.

Si l'on excepte les cinq Etats où le régime du homestead est encore inconnu, tous les codes

---

(1) *Suppl. to the revis. Stat. of the U. S.*, p. 682. — 1891.

reproduisent la clause d'occupation des lieux exempts par le propriétaire, sous des formes qui ne diffèrent pas sensiblement les unes des autres. Dans l'Etat de New-York, le homestead doit être possédé et habité comme résidence par le requérant (1).

Dans la Louisiane (2), le homestead doit être possédé et occupé *de bonne foi* par le débiteur.

Dans le Michigan, le Wisconsin, le Minnesota, etc., les lieux exempts de saisie doivent être la propriété d'un résident de l'Etat et lui servir d'habitation.

Dans le Kansas, le homestead doit être occupé comme résidence par la famille du propriétaire.

Dans la Floride et le Texas (3), l'exemption ne s'étend pas à d'autres bâtiments que ceux qui servent d'habitation au propriétaire, ou qui lui permettent d'exercer sa profession (4).

Ainsi, le homestead, pour jouir de l'exemption, doit être la propriété du débiteur, et il doit être occupé par lui. Nous examinerons plus tard à quelles formes de propriété l'exemption s'applique valablement; pour le moment nous ne retenons que la condition de l'occupation.

Mais l'occupation peut être affectée par des circonstances incidentes qui en modifient le caractère et que les indications sommaires de la loi ne prévoient pas; c'est au juge qu'il appartient de résoudre les difficultés que soulève, sur ce point spécial, le fonctionnement du homestead. Nous allons faire connaître quelques-unes des décisions les plus importantes rendues par les Cours.

Et d'abord, l'occupation des lieux doit être anté-

(1) Revised Stat., § 1307.
(2) Constitution, § 219.
(3) Constitution of Florida, sect. 1, art. 9.
(4) Constitution de 1876, § 51.

rieure à l'époque où a été contractée la dette, à propos de laquelle se pose la question de saisie, ou tout au moins, elle doit être contemporaine de la dette. Dans l'Etat d'Iowa, la loi ne fixait pas de limites (1) à la valeur du homestead. Un banquier de Des Moines, capitale de cet Etat, s'était fait bâtir un hôtel estimé 500,000 francs. Il fit de mauvaises affaires, et ses créanciers firent saisir l'hôtel et en demandèrent la mise en vente. Le banquier s'opposait à la vente disant que c'était son homestead. La Cour suprème d'Iowa ordonna la vente, en se fondant sur ce fait qu'au moment où il contractait les dettes pour lesquelles il était poursuivi, le débiteur n'habitait pas son hôtel, laissant croire ainsi aux créanciers que cet immeuble n'était pas couvert par l'exemption et qu'ils pouvaient prêter en toute sécurité.

L'arrêt des juges d'Iowa se justifie de lui-même; en effet, dans les Etats comme l'Iowa, où la formalité de déclaration n'existe pas, l'occupation des lieux est le seul signe visible par lequel le public puisse juger si un immeuble est ou non couvert par l'exemption. « Tant que le débiteur ne réside pas dans les lieux, disait le juge Wright (2) dans une affaire de cette nature devant la même Cour d'Iowa, tant qu'il n'a pas fait acte d'habitation, les créanciers ne peuvent savoir quelle est la propriété ou partie de propriété pour laquelle le débiteur réclamera le privilège d'exemption de saisie. Ils ne le savent que du jour où il a fixé sa résidence. »

La loi exige la présence du chef de famille; dans quelques Etats, comme le Kansas, le homestead doit être occupé par la famille du débiteur.

---

(1) Le nouveau code révisé fixe une valeur de 2,500 francs pour les homesteads urbains.
(2) Christy c. Dyer, 14 Iowa, 441.

Le contraire arrive très souvent; voici la jurisprudence suivie par les Cours. Un propriétaire avait
acquis une ferme dans l'Arkansas (1) et en avait
fait son homestead. Sa femme vivait dans l'Etat
voisin du Kentucky avec sa mère et ses enfants;
le mari allait souvent les visiter, et la famille devait
bientôt venir s'établir tout entière dans la ferme
de l'Arkansas; mais le mari mourut avant que le
projet fût réalisé. L'immeuble fut saisi par les
créanciers du mari; la veuve le réclama à titre de
homestead pour elle et pour ses enfants; la Cour
d'Arkansas fit droit à sa demande, en se fondant
sur ce principe que le domicile du mari entraîne
celui de la femme et de toute la famille. La Cour
suprême de Louisiane a rendu un arrêt tout à fait
semblable (2) en faveur d'une veuve, dont le mari
vivait retiré dans son homestead de Louisiane, la
veuve et les enfants habitant un autre Etat.

Dans les recueils de décisions judiciaires, on
relève un jugement en sens opposé rendu par la
Cour d'Alabama (3). Un habitant de cet Etat faisait valoir seul un homestead qu'il y possédait; sa
femme et ses enfants vivaient dans l'Etat voisin.
A sa mort, la veuve et les enfants réclamaient le
homestead que les créanciers avaient fait saisir. La
Cour suprême se fondant sur les termes de la loi
d'exemption, que le homestead était créé *au profit
des familles de cet Etat*, jugea qu'il n'y avait pas
lieu d'étendre le privilège d'exemption aux familles
établies hors des limites de l'Alabama et adjugea
l'immeuble aux créanciers.

Un autre point bien établi par la jurisprudence
des Cours, c'est que l'occupation est personnelle
et effective, et qu'il n'y peut être suppléé par une

---

(1) 29 Ark. 280.
(2) Succession Christie, 20 La. an. 383.
(3) Allen c. Manasse. — 4 Alab. 554.

location à des tiers. D'après la législation de l'Alabama, le homestead est constitué *pour l'usage de la famille, et son profit personnel*. Un débiteur qui avait loué son homestead, prenait texte des termes de la loi pour réclamer l'exemption, en disant que le revenu qu'il tirait de la location était une source de profit qui lui aidait à soutenir sa famille ; la Cour répondait qu'au sens de la loi, il ne s'agissait pas d'un profit résultant de locations, mais de l'usage et de la jouissance personnelle des lieux par la famille (1).

La loi américaine assure partout l'exemption au propriétaire d'un homestead, soit qu'il l'habite en entier avec sa famille, soit qu'il y exerce une profession et fasse servir une partie des locaux occupés par lui à l'exercice de sa profession ; mais si le local industriel ou commercial est séparé de la maison d'habitation, le bénéfice d'exemption en cas de saisie ne peut être réclamé que pour la maison occupée par la famille. Un négociant vivait à la ville sur un lot de trois acres. A une certaine distance de sa maison, il possédait un autre lot d'un demi hectare sur lequel il fit bâtir un magasin pour le dépôt et la vente de ses marchandises. Une saisie ayant été pratiquée, il fut jugé que le magasin ne pouvait être considéré comme l'habitation personnelle de la famille, et que la saisie était valable.

Un propriétaire qui vit dans sa maison, dont il a fait son homestead, peut-il en affecter une partie à un usage commercial ou industriel, et la louer à un tiers, sans perdre le droit d'exemption sur la partie louée? La question a été diversement jugée.

Un habitant de Milwaukee (Wisconsin) (2) avait vu saisir, pour dettes hypothécaires, la mai-

(1) Kaster c. Mc Williams. — 41 Alab. 302.
(2) Phelps c. Rooney. — 9. Wisc. 70.

son qu'il occupait dans cette ville à titre de homestead et dont une partie était louée à un commerçant. Ce dernier occupait le rez-de-chaussée et le
premier étage, moyennant un loyer annuel de
1,500 dollars ; le propriétaire occupait les deux
étages au-dessus, dont la valeur locative était de
200 à 250 dollars. Le débiteur saisi réclamait
l'exemption pour le tout.

Deux juges sur trois décidèrent, conformément
aux conclusions du défendeur, que l'exemption
couvrait la totalité de l'immeuble. Le président
Dixon exprima un avis contraire et soutint que la
partie seule occupée par le propriétaire se trouvait
garantie contre la saisie. A son avis, l'habitation
n'avait qu'un rôle secondaire, l'usage de la maison
étant surtout commercial, ce qu'établissait bien
l'aspect extérieur de la maison et la distribution
intérieure et la valeur locative des deux étages
inférieurs représentant les 6/7 de celle de l'immeuble. En généralisant la règle admise par la majorité des juges, il pourrait arriver que dans cet Etat
où la loi n'a fixé aucune limite à la valeur du homestead, des sommes énormes placées sur des
maisons commerciales pouvaient être soustraites
aux créanciers de bonne foi.

A quelque temps de là, la Cour suprème du
Wisconsin eut à juger un autre cas peu différent
du précédent (1). Il s'agissait d'une propriété d'un
quart d'acre située dans la ville de Sparte. Le
terrain comprenait une maison d'habitation, que
le propriétaire occupait avec sa famille, et quelques autres bâtiments contigus loués comme
magasins, boutiques, etc. ; le propriétaire réclamait l'ensemble de ces bâtiments comme formant
son homestead ; les juges de circuit lui donnèrent

(1) Casselman v. Packard 16 Wise. 114.

raison ; mais, sur appel, la Cour suprème révisa le jugement limitant l'exemption à la seule maison d'habitation occupée par le propriétaire et à ses dépendances immédiates.

Le président Dixon siégeait aussi dans cette affaire : « La seule différence, disait-il, que j'aper- çoive entre la cause actuelle et celle de Rooney, c'est que dans le premier cas, les diverses parties de l'immeuble étaient séparées par des plans hori- zontaux passant par les étages, tandis que dans la propriété de Casselman, elles le sont par des divisions verticales entre les divers locataires. Je n'ai pas à modifier l'avis que je donnai dans l'af- faire de Phelps. La doctrine que je soutenais alors est aujourd'hui admise par la Cour, nonobstant la distinction des plans verticaux et horizontaux..... Ne serait-ce pas le comble de la déraison, de sou- tenir que Casselman dépouillé d'une partie de sa propriété, parce qu'il a jugé à propos d'en répartir les constructions sur divers points de son lot sépa- rés par des lignes verticales, aurait gardé le tout, s'il avait eu l'idée de réunir dans un même bâti- ment à étages multiples le magasin, le bureau et l'habitation, si au lieu de bâtir à côté, il avait bâti au-dessus, s'il avait suivi l'ordre vertical, au lieu de suivre l'ordre horizontal. Mais alors, le malheu- reux a été bien mal inspiré, au moment de cons- truire ses bâtiments, lorsqu'il fit venir son archi- tecte, au lieu de mander son avocat ; ce dernier lui eût certainement glissé dans l'oreille une re- cette très simple pour garantir sa propriété tout entière contre la saisie, quelque affectation qu'il eût donnée aux diverses parties de l'immeuble. » Et après ces observations quelque peu ironiques à l'adresse des juges de la première affaire, la Cour suprème à l'unanimité repoussa la demande d'exemption totale.

C'est la doctrine qui a prévalu dans la généralité des Etats ; la garantie de saisie couvre seulement la partie des immeubles occupée par le propriétaire et sa famille, ainsi que les dépendances servant aux usages de la famille. Et par ce mot, les Cours n'entendent pas seulement les usages domestiques, mais aussi les usages professionnels du ménage. « L'exemption, disait le juge Hemphill (1), devant la Cour suprème du Texas, ne garantit pas seulement le local où la famille boit, mange et dort, mais encore celui où le chef de ménage seul ou avec ses enfants exerce un métier qui lui permet de nourrir et d'élever sa famille. »

Les Cours sont également d'accord sur ce point que l'occupation doit être permanente ; mais il n'est pas nécessaire qu'elle soit continue ; exiger la continuité, serait une tyrannie insupportable, contraire aux vues du législateur ; ce serait même une atteinte sérieuse au droit de propriété. Il est donc admis que le propriétaire, ou seul ou accompagné de sa famille, peut quitter le homestead, s'éloigner pendant plusieurs mois ou pendant un temps indéterminé ; s'il marque son intention de revenir, s'il prend des arrangements en conséquence, l'absence ne saurait être qualifiée d'abandon et le homestead conserve son caractère légal. Mais si, sans avoir marqué aucune intention de retour, le propriétaire s'établit dans un autre Etat, surtout s'il y réclame un nouvel homestead, il ne peut plus invoquer l'insaisissabilité pour le premier, nul ne pouvant avoir à la fois deux homesteads. Mais entre ces deux cas bien tranchés, de l'éloignement temporaire et de l'éloignement sans esprit de retour, il peut se présenter des nuances à l'infini, que les tribunaux ont souvent à trancher et sur lesquelles ils ne sont pas toujours d'accord.

---

(1) Pryor c. Stone 19 Texas, 371. .

Et d'abord, la durée de l'absence, sur laquelle les créanciers s'appuient volontiers pour réclamer la saisie, n'est pas un *criterium* d'une valeur absolue. Dans une affaire jugée par la Cour fédérale de circuit en Iowa (1), le juge Dillon disait : « Au bout de combien de temps, l'absence du propriétaire entraîne-t-elle la perte des droits de homestead, cela dépend des circonstances concomitantes du départ, des raisons qui l'ont motivé. Si un homme, par exemple, ferme à clef son homestead, ou encore s'il y installe un locataire, pour faire un voyage d'agrément en Europe, ou pour tout autre motif, mais avec l'intention clairement manifestée de revenir, il est bien évident que dans ce cas une absence de cinq ans ne suffirait pas pour entraîner la déchéance du droit. »

En Illinois, un ménage composé du mari et de la femme seuls exploitait un homestead ; le mari meurt, la femme réclame son douaire, puis se retire dans une autre localité où elle fait construire une maison à son usage personnel, les créanciers du mari font saisir le homestead où vivait le ménage ; la veuve fait opposition ; mais la Cour déclare qu'il y a abandon (2).

Dans le Wisconsin (3) un propriétaire abandonne avec toute sa famille une maison qu'il habitait à titre de homestead, la loue à un tiers et va s'établir dans une autre maison lui appartenant, située sur un autre point de la ville ; c'était, disait-il, pour tenir un hôtel dans sa nouvelle résidence. Il y était depuis dix-huit mois, lorsque son homestead abandonné fut saisi à la requête des créanciers. La Cour jugea qu'il y avait lieu de

---

(1) Eyffe c. Baers. 18, Iowa I.
(2) Wright c. Dunning 46. Illin, 271.
(3) Jarvais. Moe 38, Wisc, c. 440.

regarder le défendeur comme ayant pris une nouvelle résidence et abandonné la première.

Nous empruntons à la collection des décisions
judiciaires de l'Illinois (1) l'affaire suivante. Un
propriétaire de la campagne abandonne la ferme
qu'il exploitait à titre de homestead et vient s'établir dans la ville voisine. Il loue sa ferme d'abord
pendant trois ans, puis à la fin de l'année il passe
un nouveau bail pour cinq années. Il résidait dans
la ville depuis dix-huit mois, s'était fait inscrire
sur les listes électorales et avait pris part à deux
élections locales. A la suite d'une inscription hypothécaire prise sur son bien rural, il revient
s'établir sur sa ferme. La Cour décide que son
retour sur les anciens lieux n'a pu lui rendre son
droit de homestead et la saisie est déclarée valable.

L'exercice des droits politiques hors de la localité d'origine figure dans les considérants comme
constituant une preuve de l'abandon; ce n'est
pourtant pas une règle absolue. Un artiste photographe du Texas (2) exerçait sa profession en
allant de ville en ville, traînant avec lui deux
voitures de matériel. Il avait fait avant de partir
une déclaration d'absence avec l'intention de revenir. Ses créanciers réclamèrent la saisie de son
homestead se basant sur ce fait que malgré sa déclaration, il avait établi sa résidence dans une
autre localité où il exerçait son industrie, et où il
avait pris part au vote dans les élections politiques.
La Cour jugea que les faits allégués ne consti-
tuaient pas un abandon du homestead et maintint
le photographe dans son droit.

Les juges américains prennent surtout en considération la question de bonne foi, les motifs qui
amènent l'absence ou l'abandon, ainsi que l'inten-

(1) Titman c. Moore, 43. Ill. 169.
(2) Gouhenant c. Cockrill, 20. Texas, 98.

tion de l'intéressé. Ajoutons aussi que dans le
doute, il y a une tendance générale des Cours à
interpréter la loi dans son sens le plus libéral.
Une vieille dame de Bastrop (Texas) loue un
jour (1) le homestead qu'elle occupait dans cette
ville, et s'en va habiter Austin, capitale de l'Etat.
Elle dit à qui veut l'entendre qu'elle tient à se
rapprocher de ses enfants, que le séjour de Bastrop lui est devenu insupportable, que ses habitants étaient des sauvages, etc. Quelques mois plus
tard, son homestead est saisi et vendu pour quelques dettes hypothécaires. En appel, le jury du
comté décide que les propos de cette dame dont
les créanciers se faisaient argument ne consti-
tuaient pas une preuve sérieuse de l'abandon du
homestead. La Cour suprême du Texas, devant
laquelle on fit appel, confirma le jugement en première instance, déclarant que les jurés étaient
bien placés pour connaître la cause et les parties ;
que les propos qu'on prêtait à la défenderesse ne
pouvaient être *sérieusement* invoqués contre elle,
qu'ils étaient tout au plus l'expression de sa mauvaise humeur contre certains habitants de Bastrop.

Avant de terminer cette question de l'absence
et de l'abandon et de ses conséquences légales,
nous devons faire remarquer qu'elle se trouve
visée par les codes de certains Etats. Dans les
statuts du Massachusetts, nous trouvons la disposition suivante (2) : La renonciation ou l'abandon
du privilège d'exemption ne sera valable que si elle
est faite et enregistrée dans les formes exigées
pour les actes translatifs de propriété foncière. Le
nouveau code de Californie dispose également : Le
homestead ne peut être abandonné que sur une
déclaration en due forme du mari et de la femme.

---

(1) Shefferd c. Cassiday, 20, Texas. 24.
(2) Mass. stat. chap. 298.

La déclaration d'abandon du homestead n'a son
effet que du jour où elle est faite au bureau même
où a eu lieu la constitution légale du homestead (1).

J'arrive à la question la plus grosse du homestead, celle qui donne à la loi d'exemption son sens
et sa portée, et celle aussi sur laquelle les législations des Etats présentent les différences les plus
considérables ; je veux parler des limites de la
valeur et de l'étendue du homestead en chaque
Etat, quelle est, en d'autres termes, la valeur estimative ou la superficie des immeubles que la loi
exempte de la saisie. Nous réunissons dans le
tableau suivant les données que nous avons recueil-
lies dans les divers codes des Etats.

LIMITE STATUTAIRE DE LA VALEUR OU DE LA SUPERFICIE
DU BIEN EXEMPTÉ.

1° Avec distinction de homestead urbain ou rural.

	A LA CAMPAGNE	A LA VILLE
Alabama	80 acres avec maison.	Un lot et une maison de 2000 dollars.
Arkansas	160 acres.	Un lot et une maison de 5000 dol.
Dakota du Nord	id.	1 acre.
Dakota du Sud	id.	id.
Floride	id.	1/2 acre et une maison.
Iowa	40 acres.	1/2 acre et une maison de 500 d.
Kansas	160 acres.	1 acre.
Michigan	40 acres.	Un lot et une maison de 1500 d.
Minnesota	80 acres et une maison.	Un lot et une maison.
Mississipi	80 acres.	Homestead de 2000 d.
Missouri	160 acres d'une valeur de 1500 d.	Homestead de 1500 à 3000 d.
Montana	160 acres.	1/4 acre 2400 d.
Nebraska	id.	20 acres.
Texas	200 acres et maison.	Homestead de 5000 d.
Wisconsin	40 acres et maison.	1/4 d'acre et maison.

(1) Revis. stat. of Calif.

2° Sans distinction de homestead rural ou urbain.

Californie..........	Homestead de 5000 dollars.
Caroline du Nord...	id. 1000 id.
Caroline du Sud....	id. id. id.
Colorado..........	id. 2000 id.
Connecticut........	Pas de homestead.
Delaware..........	id.
Géorgie..........	Homestead de 1600 dollars (meubles ou immeubles).
Idaho..............	id. 500 id.
Illinois............	id. 1000 id.
Indiana............	id. 300 id.
Kentucky..........	Terre et maison valant 1000 dollars.
Louisiane..........	id. 2000 id.
Maine.............	id. 500 id.
Maryland	Pas de homestead.
Massachusetts......	Homestead de 800 dollars.
Nevada............	id. 5000 id.
N. Hampshire......	id. 500 id.
N. Jersey.........	id. 1000 id.
N. York...........	id. 1000 id.
Ohio..............	id. 1000 id.
Orégon............	Pas de homestead.
Pensylvanie.......	Homestead foncier ou mobilier de 300 dollars.
Rhode-Island......	Pas de homestead.
Tennessee.........	Homestead de 1000 dollars.
Vermont...........	id. 500 id. avec récoltes sur pied.
Virginie..........	id. 2000 id.
Virginie occ.......	id. 1000 id.
Washington........	id. 1000 id.
Wyoming..........	id. 1500 id.

Nous sommes sans renseignements sur les Territoires d'Arizona, New-Mexico, Oklahoma, Utah, Arkansas.

Ce tableau complète celui que nous avons donné plus haut pour le homestead mobilier. Dans les deux Etats d'Ohio et de Nebraska, si le débiteur ne possède pas d'immeubles, la loi lui accorde une exemption mobilière de 2,500 francs.

En Californie, si le débiteur est père de famille, il a droit à un homestead de 25,000 francs à la ville ou à la campagne ; s'il est célibataire, l'exemption est limitée à une somme de 5,000 francs.

Le homestead, d'après le tableau qui précède, existe dans 38 Etats sur 44. Les cinq Etats où il n'est pas organisé sont : le Connecticut, Delaware,

Maryland, Orégon et Rhode-Island. Quelques ouvrages ajoutent à cette liste la Pensylvanie, mais c'est à tort. Le code de cet Etat contient la disposition suivante : « Au cas où la propriété saisie consisterait en un immeuble d'une valeur supérieure à trois cents dollars, et où le débiteur déclarerait vouloir garder une part de ce bien représentant cette valeur, les experts détermineraient quelle part du bien doit leur être attribuée (1). » C'est donc bien là une exemption foncière, telle que la définissent les lois de homestead.

Dans 22 Etats, la quotité non saisissable est évaluée en dollars ; dans 16 autres, elle est exprimée en acres ; cette dernière catégorie comprend surtout les Etats de l'Ouest, où il y a encore beaucoup de terres publiques disponibles, et où la propriété n'a pas encore atteint une grande valeur. Mais il est une remarque intéressante qui trouve ici sa place. Les bulletins du *Census* américain de 1890, publiés jusqu'à ce jour nous font connaître que la valeur moyenne des fermes américaines (2) recensées serait de 3,420 dollars, c'est-à-dire inférieure à la valeur du homestead dans certains Etats, comme la Californie, le Nevada. Nous ne connaissons pas encore les résultats définitifs du recensement des propriétés rurales, mais on peut affirmer dès à présent, comme nous l'avons fait pressentir plus haut, que dans beaucoup d'Etats, un grand nombre de fermes sont couvertes dans l'intégralité de leur valeur par la loi de homestead et absolument insaisissables.

Dans le tableau qui précède, nous nous sommes bornés à inscrire parmi les objets exempts la terre et la maison, ou le lot urbain et l'habitation;

(1) A digest of laws of Pensylv. by Purdon. — Philad. 1873, on the exempt. from execut. § 22.
(2) Dans 21 Etats dont les bulletins statistiques avaient paru à la date du 1er octobre 1893.

il faut y joindre les appartenances ou dépendances des maisons qui figurent expressément dans tous les codes américains, comme jouissant de l'immunité de la maison d'habitation ; ces mots désignent l'écurie, la grange, l'étable, la buanderie, le hangar qui abrite les voitures, en un mot, ce qu'on appelle dans notre langue les *communs* de la maison d'habitation et de la ferme.

Mais l'intérèt du tableau que nous avons dressé réside surtout dans les différences entre les homesteads de la ville et ceux de la campagne ; la question mérite de nous arrêter quelques instants.

VIII

Les homesteads ruraux et urbains. — Quelles formes de
propriété admettent le homestead. — Les créances privilégiées, la date d'exemption. — Transmission du homestead. — Evaluation. — Vente. — Renonciation. —
Hypothèque.

Reprenons notre tableau des limites statutaires
de l'exemption. Nous observons d'abord que dans
six Etats, le Dakota, la Floride, le Kansas, le
Minnesota, le Nebraska et le Wisconsin, il n'existe
aucune limite pour la valeur du homestead, ni à
la campagne ni à la ville; le propriétaire peut élever des constructions coûteuses sur les terrains
formant le homestead, les bâtiments jouissent
comme le sol d'une immunité illimitée ; c'est un
point que nous avons touché dans le chapitre précédent et sur lequel nous reviendrons un peu plus
loin.

Dans les villes, la superficie exempte est réduite
à un acre (40 ares), 1/2 acre (20 ares) ou 1/4 d'a-
cre (10 ares). On ne pouvait évidemment songer à
maintenir les limites de 160, 80 ou 40 acres établies pour les homesteads situés à la campagne.

Rappelons-nous, en effet, que le *township* ou com·
mune comprenant légalement 36 sections, dont
deux réservées aux constructions scolaires, si l'on
eût fixé pour les villes une superficie d'exemption
d'un quart de section, soit 160 acres, on n'eût pu
constituer dans chaque ville que 136 homesteads
de 160 acres chacun. En outre, dans l'intérieur
des villes, les terrains ont ou acquièrent rapidement une valeur bien supérieure à celle des propriétés rurales, en sorte qu'on eût été amené à
n'exempter que des terrains ou des immeubles
d'une valeur considérable, ce qui était contraire à
la pensée du législateur.

Les homesteads ruraux.

Pour les homesteads situés à la campagne, la loi
exempte 40, 80 ou 160 acres de terres, superficies
répondant à une des subdivisions légales adoptées
par le service du cadastre; ces chiffres qui représentent 16, 32 et 65 hectares correspondent à ce
que nous appelons la petite et la moyenne propriété.
La pensée du législateur est ici bien évidente; on a
voulu protéger les petits propriétaires ruraux.
Dans la majorité des Etats, la formule d'exemption est la suivante, qui s'applique aussi bien
aux homesteads agricoles qu'à ceux de la ville :
l'exemption de saisie est assurée à un homestead
d'une valeur de 500, 800, 1,000,... jusqu'à 5,000
dollars. Cette formule d'exemption est celle qui
prête le moins à l'équivoque; l'observation montre
que les contestations sont beaucoup plus rares
dans le cas où le homestead est défini par sa
valeur.
Mais, dans un grand nombre d'Etats, le homestead rural est défini par l'étendue seule du terrain
exempté. La formule généralement employée est

la suivante : Un homestead de 40, 80, ou 160 acres avec la maison d'habitation et ses dépendances est garanti contre la saisie. Il arrive quelquefois que le code ne mentionne que l'étendue du terrain sans autre désignation ; mais comme le terrain doit être habité, que le chef de famille doit y résider, il va de soi que le homestead comprend également les bâtiments d'habitation et d'exploitation.

Les codes des Etats ne contiennent aucune disposition relative à la constitution matérielle, à la consistance du homestead rural. Cette lacune est la cause de nombreuses contestations, et il faut bien dire que les Cours ne sont pas toujours d'accord.

Une personne de l'Etat d'Iowa vivait à la campagne, où elle exploitait une ferme de 120 acres consistant en un lot de un acre et un quart de terrains supportant la maison d'habitation, les autres terres étant placées à quelque distance de ce lot. A sa mort, sa veuve réclama comme homestead, le lot d'un acre un quart avec la maison et en outre 39 acres à choisir sur l'ensemble des terres séparées du lot, soit en tout 40 acres et un quart, formant la limite de l'exemption statutaire. Encore qu'il fut établi que, du vivant du mari, la propriété était cultivée de bonne foi par le ménage, la Cour suprème jugea que les terres étant séparées de la maison d'habitation, il n'y avait pa lieu de les rattacher au homestead, l'exception ne fut accordée que pour le petit lot et la maison d'habitation (1). Nous devons ajouter que l'arrèt de la Cour d'Iowa visait un texte précis du code de l'Etat ainsi conçu : « Le homestead comprend la maison habitée par le propriétaire ; et si ce dernier possède deux ou un plus grand nombre de mai-

(1) Reynold c. Hull 36 Iowa 394

sons où il réside tour à tour, il lui sera loisible
de choisir celle qu'il prend pour son homestead...
En aucun cas, le homestead ne doit comprendre
plusieurs lots, à moins qu'ils ne soient contigus et
que le propriétaire ne les exploite de bonne foi
comme partie intégrante de son homestead (1). »

Mais le plus souvent le code ne fournit aucune
indication, aucune règle qui puisse guider le juge ;
nous devons constater, non sans surprise, que dans
le silence de la loi, les Cours sont allées encore
plus loin dans cette voie de l'interprétation restric-
tive. Voici deux cas que nous relevons dans les
recueils de décisions judiciaires :

Dans l'Etat d'Illinois (2), une veuve réclamait
comme homestead un corps de biens composé de
deux parties, la première comprenant la maison
d'habitation avec les terres attenant, d'une contenance de 72 acres, la seconde d'égale étendue
située à 1,500 mètres de la première, consistant
en bois et taillis pour les usages de la maison. La
Cour suprême d'Illinois jugea qu'aux termes de
l'acte de homestead, l'exemption de 1,000 dollars
ne pouvait être accordée qu'à la maison habitée
par le débiteur et au terrain attenant; et en conséquence la surface boisée fut déclarée non comprise
dans le homestead.

La jurisprudence qui semble prévaloir, c'est que
les parcelles doivent être contiguës, le homestead
doit être d'un seul tenant. Nous devons constater
toutefois que quelques décisions, dans un sens
libéral, ont été rendues notamment par les cours
suprêmes du Texas (3), du Missouri (4), et du
Vermont (5).

---

(1) Revis. Stat. Iowa 1860, § 2282 et code 1873, 1994.
(2) Walters c. le Peuple. 18 Ill. 194.
(3) Willams c. Hull 33 Texas 212.
(4) Perkins c. Quigley 62 Mo. 498.
(5) La Banque de Weet. River c. Gale 42 Vt. 27.

Les homesteads urbains.

La plupart des codes définissant le homestead des villes portent : « L'exemption est assurée à un lot de un acre (40 ares), un demi-acre (20 ares), un quart d'acre (10 ares), avec maison d'habitation et dépendances. »

Toutefois, dans un certain nombre d'Etats, la limite d'exemption est étendue à plusieurs lots, mais la valeur des lots avec la maison d'habitation ne doit pas dépasser une certaine somme fixée par la loi. La Constitution du Texas porte : « Un ou plusieurs lots d'une valeur ne dépassant pas 5,000 dollars sont déclarés exempts de saisie, etc. (1). » La Constitution du Michigan porte : « Un lot ou un ensemble de lots avec l'habitation et ses dépendances, le tout n'excédant pas 1,500 dollars (2). »

C'est surtout dans les villes, que l'indication de la valeur estimative est nécessaire pour prévenir les contestations et surtout les fraudes des débiteurs de mauvaise foi. Par exemple, la Constitution du Kansas assure l'exemption à un lot d'un acre avec les constructions qui y seront élevées. A ce compte on peut construire un palais d'un million sur le lot de terre exempt, et opposer ensuite le privilège d'insaisissabilité aux créanciers ; il suffit de rappeler l'aventure racontée plus haut du banquier failli de Des Moines, en Iowa.

La généralité des codes n'admet cependant l'exemption que pour un lot unique avec la maison d'habitation qu'il supporte. Si le propriétaire possède sur le même lot et à plus forte raison

---

(1) Constit. of Texas 1876, art. XVI, section 51.
(2) Constit. of Michigan 1850, art. XVI, sect. 2.

sur des lots séparés des maisons d'habitation ou magasins de rapport pour l'industrie et le commerce, nous avons vu à propos de la formalité d'occupation ou résidence,* qu'il ne peut réclamer comme homestead que la seule maison qu'il habite avec sa famille et où il exerce sa profession. Si le propriétaire exerce une profession dans une autre maison, et à plus forte raison s'il loue à des tiers les autres immeubles construits sur le même lot, il ne saurait réclamer l'exemption que pour la maison qu'il occupe personnellement; c'est là une jurisprudence admise par la généralité des Cours.

Les homesteads mixtes.

On appelle ainsi aux Etats-Unis, les homesteads constitués d'abord à la campagne, et qui deviennent urbains par suite d'une incorporation ou annexion municipale. L'expression n'est pas exacte, car on va voir tout à l'heure que le homestead rural ne perd pas nécessairement son caractère légal par le fait de l'annexion.

Le rapide développement que prennent les centres de population, en englobant dans l'enceinte agrandie des villes des terrains qui étaient primitivement à la campagne, a soulevé une question intéressante qui a divisé les législateurs et les juges.

Un colon obtient de l'Etat, à titre de homestead fédéral, une concession de 160 acres sur une section alternée au voisinage d'une gare. La station devient le noyau d'une agglomération qui va sans cesse croissant et qui finit par embrasser le homestead. Ou bien encore, un propriétaire est possesseur d'un immeuble situé à la campagne, dans la banlieue d'une commune en voie de formation. Ce propriétaire place sa propriété sous le régime du homestead, prévu par la législation de l'Etat qu'il habite. La commune se peuple et grandit, les maisons débordent hors de l'enceinte du *township* primitif. La législature de l'Etat porte une loi qui élargit l'enceinte municipale, de telle sorte qu'une partie ou la totalité du homestead rural se trouve englobée dans la nouvelle enceinte : la partie incorporée conserve-t-elle le caractère du homestead, et si les 160 acres sont annexés, jouiront-ils de l'exemption comme avant ? Nous ne pouvons mieux faire que de rapporter ici une affaire de cette nature survenue en Iowa et la décision de la Cour suprème de cet Etat.

Un résident de cet Etat avait acquis un homestead dans le voisinage d'une agglomération municipale constituée (*incorporated city*) (1) ; puis il avait contracté une dette : quelques années plus tard, la législature de l'Etat avait étendu par une loi les limites de l'enceinte municipale, de telle sorte qu'une partie du homestead agricole s'y trouvait comprise.

Aux termes des statuts d'Iowa, la limite d'exemption à la campagne est de quarante acres, et à la ville de un quart d'acre. La nouvelle enceinte urbaine englobait six acres du homestead rural, pour lesquels le propriétaire réclamait l'exemption. Au contraire, son créancier prétendait réduire l'exemption à la limite statutaire de un quart d'acre. La Cour d'Iowa, par deux voix contre une, donna raison au propriétaire du homestead. Le juge Baldwin chargé de formuler l'arrêt de la Cour disait : « Avant la promulgation de la loi qui étendait les limites municipales de Dubuque (c'est le nom de la ville), le privilège d'exemption était acquis au propriétaire pour la totalité de son ter-

---

(1) Finley c. Dietrick, 10 Iowa 516.

rain, qui n'excède pas la limite statutaire, quarante
acres. L'acte législatif peut-il limiter ou restreindre le droit du défendeur ? Nous ne le pensons
pas.

» Le propriétaire d'un homestead, avec le
consentement de sa femme, peut disposer de sa
propriété comme il l'entend ; mais le droit de
homestead, ayant été une fois attaché à la terre,
ne peut plus en être séparé sans son aveu. Le
propriétaire pourrait, si bon lui semble, partager
son homestead en lots *municipaux* d'un quart
d'acre ; quand le terrain serait ainsi alloti, déclaré
et enregistré, le propriétaire ne pourrait plus réclamer l'exemption pour ces lots multiples ; mais
l'autorité municipale n'a pas plus le droit que la
législature de leur imposer un plan de lotissement.

» La valeur du homestead ne peut changer le
droit du propriétaire à l'exemption de son terrain.
C'est une faveur que la loi accorde à tous, pauvres
ou riches. Le créancier a fait crédit au propriétaire
en pleine connaissance de la loi, et quand l'exemption s'appliquait à la totalité du terrain. Elle s'y
applique encore après l'extension de l'enceinte
municipale, et le créancier ne saurait prétendre à
réclamer la saisie et la vente d'une fraction de
l'immeuble, la totalité étant couverte par l'exemption. »

Ce jugement a longtemps fait autorité ; mais,
dans ces dernières années, il y a eu des décisions
en sens contraire rendues par les Cours fédérales
de circuit. Une nouvelle jurisprudence semble
vouloir s'établir, en vertu de laquelle les homesteads ruraux, incorporés dans les limites municipales agrandies, suivraient le sort des homesteads
urbains, c'est-à-dire que le privilège d'exemption
ne serait assuré qu'à un lot de un acre, un demi
ou un quart d'acre, suivant les cas, et que le

surplus de la parcelle incorporée serait soumis au droit commun. Les homesteads ruraux, au voisinage des villes seraient ainsi grevés d'une sorte de servitude, analogue à celle qui pèse en France sur les propriétés situées au voisinage des zones militaires.

Quelles formes de propriétés admettent le homestead ?

Nous avons énuméré au chapitre premier de ce travail les formes diverses que revêt la propriété foncière aux Etats-Unis. Nous allons examiner si toutes ces formes sont susceptibles de recevoir le homestead, si à propos de chacune d'elles la loi permet de réclamer le droit d'exemption.

Tout d'abord, nous ferons ici une observation générale, c'est que la plus grande partie, les neuf dixièmes au moins des homesteads qui existent aux Etats-Unis sont constitués sur la propriété *en fief,* la propriété ordinaire, soit qu'elle appartienne au mari, soit qu'elle appartienne à la femme, à la communauté, ou à des mineurs. Quand le homestead est établi sur les *propres* de la femme, il ne peut l'être qu'avec son consentement exprès.

Il est admis également que la nue propriété d'un immeuble comprenant une maison d'habitation avec des terres peut être soumise au régime du homestead. La Cour suprème de Californie (1) a jugé qu'une personne peut réclamer pour cette propriété incomplète le bénéfice de l'exemption contre tout créancier autre que l'usufruitier.

Le droit de homestead a été étendu par voie d'interprétation à d'autres cas qui ne sont pas

---

(1) Spencer c. Geissman, 37 Cal. 99.

prévus par les textes législatifs. Par exemple, une personne loue un lot inoccupé de terrain dans une ville et fait construire sur ce terrain une maison d'habitation qu'il occupe avec sa famille; grâce au système d'interprétation des Cours, le locataire est admis au bénéfice du homestead, comme s'il était investi d'une propriété complète. « Le chef d'une famille, dit la Cour d'Iowa (1), qui peut, comme propriétaire d'un homestead, réclamer le droit d'exemption prévu par la loi, n'est pas assujéti à le constituer sous une forme particulière de propriété, définie dans son caractère ou sa durée, il est certainement aussi rationnel, aussi conforme à l'esprit de la loi et aux intentions du législateur d'admettre le bénéfice de l'exemption pour le locataire qui a, en vertu d'un bail, la possession d'un terrain pendant un temps limité, qu'a celui qui l'a en toute propriété, *in fee simple.* »

Enfin, dans ces dernières années, la législature de l'Ohio, pour couper court aux difficultés et aux contestations soulevées à propos de cette forme spéciale de homestead, a inséré dans le code de cet Etat la disposition suivante (2) : « Toute personne possédant la superstructure d'un immeuble qu'il occupe avec sa famille, aura droit à réclamer le bénéfice de la loi de homestead au même titre que le propriétaire du sol, pourvu que la présente disposition ne soit jamais interprétée de manière à faire obstacle à la vente du fonds qui supporte l'immeuble. »

Si l'occupation temporaire, si le bail limité à quelques années, suffit pour assurer au locataire le droit de homestead, à plus forte raison en doit-il être ainsi, s'il s'agit d'une propriété viagère. On a objecté que le homestead viager était en opposi-

---

(1) Phelan c. De Bevard. 13 Iowa, 53.
(2) Revis. Stat. Ohio. 1519, § 5.

tion avec le homestead légal, qui est essentiellement transmissible après la mort du chef de
famille. La réponse à cette objection était facile; il
y a ici limitation du droit, mais non contradiction.

On a rappelé également que la loi du homestead dans tous les Etats faisait au débiteur une
obligation d'habiter les lieux et d'en avoir la possession (*owner, owning, owned*), que l'expression
own était détournée de sa signification naturelle
et usuelle, quand on prétendait l'appliquer au propriétaire viager. La Cour suprème d'Illinois répond
comme il suit à ces objections (1) : « Les termes
de la loi sont- ils tellement clairs, tellement expli-
cites, qu'ils interdisent toute interprétation ? Est-il
certain que le législateur en employant l'expression *owner* n'ait eu en vue que la personne qui a
la possession pleine et entière de la propriété? La
loi reconnaît plus d'une forme de propriété, soit
mobilière, soit immobilière. A la vérité, la propriété en *fief simple* est la forme la plus complète;
encore est-il que celui qui la possède n'est pas
plus favorisé, au regard de la loi, que celui qui
détient un bien substitué. L'objet de la loi est
évidemment de garantir au chef de famille la possession et la jouissance des lieux, de lui réserver
à lui et à tous les siens un abri en cas d'accident,
sans se préoccuper de la forme ou de la nature de
la propriété. Le homestead viager répond comme
toute autre forme d'exemption immobilière aux
intentions du législateur, et a droit à la mème protection. »

Propriété en commun.

Quand une propriété indivise appartient à plusieurs personnes de la mème famille ou étrangè-

<hr>

(1) Deere c. Chapman, 25. III. 610.

res les unes aux autres, un des propriétaires a-t-il
le droit de se constituer un homestead à son profit
personnel et exclusif? Voici comment la Cour suprême du Kansas envisage la question (1) : « Un
homme possédant en commun un terrain ne saurait prétendre à un homestead dans des conditions
qui compromettraient les droits ou les intérêts de
ses co-propriétaires; mais c'est là raisonnablement la seule limitation qu'on puisse apporter à
son droit de réclamer le homestead, et parce que
ce propriétaire *pro parte* ne peut prétendre exercer le droit d'exemption dans des conditions qui
préjudicieraient au droit des autres intéressés, il
ne serait ni logique ni juste de lui dénier absolument le droit de homestead. » Telle est aussi la
jurisprudence suivie dans les Etats d'Arkansas,
d'Iowa, Texas, Vermont, etc.

Mais, dans d'autres Etats en aussi grand nombre, notamment la Californie, la Louisiane, le
Massachusetts, le Michigan, etc., la doctrine
opposée a prévalu, et c'est un dicton juridique
que la terre indivise n'admet pas le homestead.
Et il faut bien convenir que cette pratique se justifie par des raisons sérieuses et des textes de lois
précis. Conçoit-on, en effet, qu'il soit possible de
constituer un homestead, de fournir, conformément aux lois de ces Etats, une note détaillée sur
la contenance, les limites, la valeur actuelle du
homestead ; et au cas où l'immeuble indivis aurait
une valeur ou une contenance supérieure à celle
que la loi exempte, comment on pourrait procéder
à la saisie et à la vente de l'excédent, sans
que les droits et les intérêts des co-propriétaires
fussent non seulement menacés, mais lésés et
sacrifiés ?

---

(1) Tarrant c. Swain, 15. Kansas. 169.

Les créances privilégiées.

L'exemption de saisie inscrite dans les lois de homestead n'est pas absolue ; il existe un certain nombre de dettes énumérées dans les codes, pour lesquelles le bénéfice d'exemption ne peut être réclamé ; c'est ce qu'on appelle dans la langue juridique des Etats-Unis les *dettes privilégiées* ; mais toute dette correspond à une créance qui en est la contre-partie. En France, nous disons créance privilégiée ; c'est de cette expression que nous nous servirons, pour ne pas changer les usages.

Les codes des Etats mettent en première ligne des créances privilégiées les taxes publiques ; on comprend sous ce nom l'impôt fédéral du revenu intérieur (*internal revenue*), qu'il ne faut pas confondre avec l'impôt sur le revenu (*income tax*), supprimé du reste en 1878, les impôts de l'Etat (*general State tax*), enfin les impôts du comté et les impôts municipaux (1).

Pour justifier l'exception admise en faveur des taxes publiques, on a invoqué la vieille maxime de droit normand : *Roy n'est lié par ascun statut, si il ne soit expressement nomé* (2). Mais il ne

---

(1) C'est une opinion communément répandue en France qu'aux Etats-Unis la terre ne paie pas d'impôts. Cela est vrai, si l'on entend parler des contributions fédérales ; le budget des Etats-Unis n'admet ni impôts directs, ni droits de mutation ou transmission sur la propriété foncière. Mais, en revanche, il y a des impositions établies par les assemblées électives de l'Etat, du comté et surtout du *township*. La charge est tellement lourde dans certains Etats que M. Maine a pu dire devant la Société d'agriculture du Wisconsin, que les fermiers de cette région paient plus d'impôts qu'aucune classe de contribuables sous le soleil. Il n'est pas rare de voir des communes ruinées par la folle extravagance des autorités municipales. Il y a quelques années, le *township* de Mont-Vernon (New-York), pliant sous le faix des charges municipales, fut déclaré en faillite et placé sous le coup d'une saisie du mobilier et des édifices municipaux.

(2) Jenkins Centuriæ, 307.

paraît aucunement nécessaire de faire intervenir
ici le droit féodal. L'exception se justifie d'elle-
même, comme mesure d'ordre public, par la
nécessité où se trouve le Gouvernement fédéral ou
local, remplaçant le souverain, de percevoir l'impôt à défaut duquel la communauté serait mise en
péril ; c'est bien plutôt la vieille formule du droit
romain qu'il faudrait invoquer : *Salus populi
suprema lex*.

Les codes de la plupart des Etats font entrer
dans la catégorie des taxes publiques recouvrables,
nonobstant exemption, les amendes encourues
pour délits ou quasi-délits, tels que refus de travailler sur les chemins, vente de liqueurs sans
licence, port d'armes prohibées, etc. Toutefois,
dans les Etats où la loi de homestead n'a pas
prévu la non-exemption, on relève assez souvent
les décisions en opposition avec la règle précédente. Les Cours d'Illinois et de Missouri ont
refusé la vente du homestead pour amendes et frais
de poursuite exercés au nom de l'Etat (1).

La même Cour d'Illinois, dans une affaire en
diffamation, a émis l'avis qu'il n'y avait pas lieu
de saisir le homestead pour le paiement des frais,
qu'une pareille saisie serait contraire à la pensée
du législateur, qui avait voulu faire du homestead
un asile assuré pour la femme et les enfants, et
le mettre à l'abri des imprudences ou des torts du
chef de la famille (2).

Rappelons aussi une décision rendue à propos
d'un homestead sur concession de terres publiques
par la Cour suprême de Nebraska. Le concessionnaire, jusqu'à l'expiration du délai des cinq
années de résidence et jusqu'au moment où il a
reçu son titre de propriété, n'est pas tenu du

---

(1) Hume c. Gossett, 43 Ill. 397.
(2) Conroy c. Sullivan, 44 Ill. 451.

paiement des taxes et ne peut être légalement saisi (1).

Continuons l'énumération des créances privilégiées ; l'exemption n'est pas admise pour les engagements contractés à propos de l'achat, de l'agrandissement, de la mise en valeur du homestead. Sont également privilégiés, les salaires ou gages des ouvriers qui ont été employés aux travaux d'installation ou d'amélioration du homestead, les dépenses faites en vue de l'acquisition de matériaux.

L'exemption n'est pas opposable aux honoraires des officiers ministériels et aux frais de justice, ni aux jugements rendus contre le débiteur avant la constitution du homestead et créant une obligation sur l'immeuble du débiteur.

L'exemption ne peut pas davantage être opposée à une créance hypothécaire reposant sur le homestead, quand l'hypothèque est prise avant la déclaration du bien familial ou même après la constitution du homestead, du consentement simultané du mari et de la femme.

On voit, par cette énumération, que les créances privilégiées sur homesteads correspondent assez exactement aux créances privilégiées du code civil sur immeubles. D'après l'article 2103, sont réputés créanciers privilégiés : 1° le vendeur de l'immeuble pour le paiement du prix ; 2° ceux qui ont fourni les deniers pour l'acquisition de l'immeuble ;... 4° les architectes, maçons et autres ouvriers employés pour édifier, reconstruire ou réparer les bâtiments, ou autres ouvrages quelconques ; 5° ceux qui ont prêté les deniers pour payer ou rembourser les ouvriers, etc.

---

(1) Bellinger c. White, 5 Neb. 309.

Date de la créance ou de la création de la dette.

Quand on rapproche la loi du homestead fédéral de 1862, de celles qui règlent l'exemption immobilière dans les Etats, on constate tout de suite une différence capitale relativement à la date de la dette que l'exemption doit couvrir.

La section IV de la loi du 20 mai 1862 porte que le homestead ne répondra en aucun cas des dettes contractées avant la délivrance du titre de propriété ; le code révisé de 1874 a reproduit littéralement cette disposition. Or, dans la généralité des Etats, le code stipule que le homestead ne peut être saisi pour des dettes contractées après une date déterminée, qui coïncide avec la déclaration du homestead, ou avec la promulgation de la loi, ou toute autre date remarquable.

Nous n'avons trouvé, ni dans l'exposé des motifs de la loi fédérale du homestead, ni dans les discussions fort longues et fort confuses du Congrès, rien qui put nous éclairer sur les motifs qui ont fait inscrire dans la loi fédérale cette disposition spéciale de l'exemption de saisie pour les dettes antérieures à la constitution définitive du homestead concédé par l'Etat.

Reconnaissons d'abord que, du moment qu'il s'agissait d'un acte de munificence, l'Etat avait le droit incontestable de faire la donation dans la forme et sous la condition qui lui paraîtrait la plus propre à en assurer le maintien aux mains du donataire.

Or, il est de notoriété, qu'un grand nombre des étrangers qui émigrent aux Etats-Unis pour avoir des concessions, ont préalablement contracté des emprunts dans leur pays ou même aux Etats-Unis auprès de leurs compatriotes, pour subvenir aux frais de premier établissement.

Si le législateur n'avait pas pris la précaution
d'accorder aux colons concessionnaires le privilège
de l'insaisissabilité pour dettes antérieures à la
délivrance du titre, il serait arrivé que le plus
grand nombre de ces propriétés gratuitement
accordées par le Gouvernement, eussent été saisies et vendues au profit de créanciers étrangers,
ce qui eût été à la fois un mauvais calcul et une
mauvaise politique.

Mais les colons concessionnaires n'étaient pas
tous étrangers ; il y avait aussi et il y a encore
en grand nombre des concessionnaires indigènes ;
c'étaient pour la plupart des ouvriers des villes sans
travail et sans avances, ou des cultivateurs endet-
tés, pour qui la faveur d'une concession gratuite
n'eût été qu'un leurre, si le Gouvernement n'eût
pris la précaution de leur assurer l'insaisissabilité
pour les dettes contractées avant la concession.
C'est cette considération que le juge Dillon faisait
ressortir dans l'affaire Seymour contre Sandos (1) :
« La pensée évidente du législateur a bien été de
faire bénéficier des dispositions de la loi les citoyens malheureux de ce pays, les débiteurs incapables d'acheter les terres publiques au prix
d'adjudication des ventes ; à ceux-là on décida de
faire remise gratuite de leur titre ; mais n'était-il
pas à craindre que les créanciers n'opérassent
aussitôt la saisie de ces terres que le débiteur
tenait de la munificence de l'Etat, et qu'il ne fût
dépouillé au m   ent même où il croirait son existence et celle de sa famille assurées contre les
coups du sort, ce qui eût été un double mécompte ?
Il y avait indication évidente à protéger le débiteur
contre cette spoliation éventuelle, et cette considération dicta la quatrième section. »

_____

(1) 8 Dillon. 437.

Tout au contraire, les codes des Etats s'accordent presque unanimement à ne reconnaître l'exemption qu'après une date fixée par la loi.

Le code du Kentucky (1) porte expressément que le droit d'exemption n'existe pas pour les dettes contractées avant l'achat du terrain et la construction des bâtiments faisant partie de l'immeuble.

Dans le Vermont (2), l'exemption de saisie n'est admise que pour les dettes contractées après la déclaration du homestead au bureau d'enregistrement ; c'est la disposition qui prévaut dans les Etats où la déclaration est de rigueur.

Mais, on sait que, dans la majorité des Etats, la loi n'exige aucune déclaration. Dans ce cas, l'exemption, comme nous l'avons fait pressentir, date du jour de la promulgation de la loi ou de la ratification de la constitution qui règle le régime du homestead dans l'Etat ; dans le Delaware, à partir du 6 juillet 1851 (3), date de la promulgation de la loi ; dans l'Alabama, à partir du 13 juillet 1868, date de la ratification de la Constitution de cet Etat par le peuple.

Mais, dans ce dernier Etat, il s'est passé un fait qui a mis quelque confusion dans les dates. La Constitution d'Alabama a été revisée en 1875 et ratifiée le 16 mai de la même année. La nouvelle Constitution porte que l'exemption est accordée aux dettes contractées après la date du 16 mai 1875. Il semblerait, d'après ce dernier texte, que la saisie pourrait être pratiquée pour dettes antérieures au 16 mai 1875. Mais la Constitution de 1868 dispose que l'exemption est acquise pour dettes constituées à partir du 13 juillet 1868. La Constitution de 1875 ne pouvant avoir d'effet rétroactif, il s'ensuit que

---

(1) Gen. Statutes of Kent. 1873, p. 434, § 16.
(2) Gen. Stat. of Ut. 1870, ch. 68, § 7.
(3) Revis. Stat. 1852. 111. § 2.

l'exemption existe pour toutes les dettes contractées de 1868 à 1875, aussi bien que pour celles
contractées après cette dernière date. Il y a ici une
confusion apparente résultant d'un défaut de
rédaction; et cette incorrection de forme se
retrouve dans tous les codes ou Constitutions qui
ont subi une révision et où le législateur n'a pas
pris soin de faire concorder le nouveau texte avec
l'ancien. Au surplus, il n'existe qu'une formule
rationnelle et irréprochable pour la fixation de la
date d'exemption, c'est celle qui déclare le homestead insaisissable pour dettes contractées après la
déclaration et l'enregistrement de l'immeuble.

Le Texas mérite une mention particulière. La
Constitution de 1845 (1) porte que l'exemption est
assurée pour toutes dettes contractées par la suite
(*here after*), c'est-à-dire postérieurement au vote
de la Constitution.

Deux révisions du pacte fondamental ont eu lieu
depuis cette époque, l'une en 1868, l'autre en 1876.
Le législateur a fait disparaître la clause de la
date dans la nouvelle rédaction. La Constitution
de 1876 (2) porte : « Le homestead d'une famille
est exempt de vente forcée pour toute espèce de
dettes, sauf l'argent emprunté pour payer le
homestead, les taxes régulièrement établies, les
salaires des ouvriers ayant travaillé sur le homestead, etc. »

Transmission héréditaire du homestead.

La liberté de tester étant, comme nous l'avons
vu, absolue au Etats-Unis, on comprend que les

(1) Texas Constit. 1845, art. VII, sect. 22.
(2) Texas Constit. 1868, art. XII, sect. 15, et Constit. 1876,
art. XVI, 50.

garanties dont la loi a entouré le homestead seraient illusoires, si le père de famille usant de cette liberté pouvait par une disposition testamentaire priver la veuve et les orphelins du homestead établi de son vivant.

Aussi les codes des Etats-Unis s'accordent-ils unanimement, en réglant la transmission du homestead, à maintenir intact pour la veuve et les orphelins le droit de propriété et d'exemption créé tout exprès en vue de la famille.

Quand le propriétaire et occupant du homestead meurt, laissant une veuve et des enfants mineurs, ce homestead avec son droit d'exemption passe à la veuve sa vie durant ou si elle meurt jusqu'à la majorité des enfants (1).

Le code d'Arkansas dispose que le homestead de la famille, après la mort du chef, restera exempt de saisie pour les dettes contractées par le défunt, durant la minorité des enfants ou tant que l'épouse survivante restera veuve.

Dans l'Arizona, où la déclaration du homestead n'est pas obligatoire, la loi dit que le homestead et les autres propriétés (mobilières) exemptes de vente forcée seront, à la mort du chef de famille, mis à part par la Cour du *probate,* au profit de l'épouse survivante et des enfants légitimes; et au cas où le défunt ne laisserait pas de veuve ni d'enfants légitimes, au profit des héritiers désignés par la loi.

En Géorgie (2), la propriété déclarée exempte par la loi, revient à la veuve; et après sa mort ou en cas de convol, la totalité du bien exempt est également partagée entre tous les enfants du premier lit.

Cette dernière disposition diffère de la pratique

_____

(1) Code of Alabama 1876, § 2881.
(2) Code of Georgia 1873, § 2048.

suivie dans les autres Etats, où le partage du homestead n'a lieu qu'à la majorité de tous les enfants.

Le code révisé d'Illinois porte (1) : « L'exemption se continuera après le décès du chef de la famille, au profit de l'époux survivant, aussi longtemps qu'il continuera à habiter le homestead et que le plus jeune des enfants n'aura pas atteint sa majorité. »

Dans la généralité des Etats, la veuve remariée est exclue du droit de homestead. La loi est, comme on voit, muette sur ce point en Illinois, l'époux survivant peut convoler tout en conservant le droit au homestead.

Le code d'Iowa dispose (2), que s'il n'y a pas de survivants, le homestead passe aux héritiers du mari ou de la femme, conformément aux règles de la dévolution et à moins de dispositions testamentaires contraires. Mais dans le premier cas, les héritiers reçoivent le homestead exempt de toutes les dettes des époux décédés.

Nous devons noter sur cette dernière disposition qu'elle est en désaccord avec la pratique constante admise dans les autres Etats. Après la mort du mari et de la femme, s'il n'y a pas d'enfants, la famille au sens de la loi n'existe plus, le homestead n'a plus sa raison d'être, et dès lors il devient passible de toutes les dettes et peut être vendu comme les autres biens non sujets à l'exemption. En attribuant le droit d'exemption aux simples héritiers, la législature a donné une extension déraisonnable à la loi de homestead.

Nous avons vu dans le chapitre précédent que l'occupation par la famille ou tout au moins par son chef est la condition indispensable pour don-

(1) Revis. Stat. 1877, chap. 52, § 2.
(2) Revised Stat. 1882, § 1400-1401.

ner à l'immeuble le caractère du homestead. Après
la mort du propriétaire, la clause de résidence
reste obligatoire pour les membres survivants de
la famille.

Le code de l'Etat de New-York contient la disposition suivante (1) : « L'exemption se continuera
après la mort de la personne en faveur de laquelle
l'exemption était prononcée, dans les conditions
suivantes : Si la femme meurt, l'exemption profi-
tera à ses enfants survivants, jusqu'à la majorité
du plus jeune ; si c'est le mari qui meurt, l'exemption se continuera au profit de la veuve et des enfants survivants, jusqu'à la majorité du plus jeune
des enfants et jusqu'à la mort de la veuve. »

Mais l'exemption cesse de produire son effet, si
à un moment donné la propriété n'est plus occupée comme résidence par une des personnes au
profit desquelles elle se continue, sauf l'exception
indiquée dans la section qui suit : le droit d'exemption n'est point affecté par le fait d'une interruption
de résidence dans la propriété déclarée exempte,
si la vacance des lieux n'excède pas une année et
se justifie par la destruction ou le mauvais état de
la maison d'habitation.

Nous devons dire toutefois que la clause de résidence est en général moins rigoureuse pour la
veuve et les orphelins que pour le mari. Le code
de Massachusetts (2) porte : « L'état de homestead
existant à la mort d'un propriétaire se continuera
au bénéfice de la veuve et des enfants mineurs,
tant que les bénéficiaires ou l'un d'entre eux rési-
deront dans la propriété. »

Nous devons ajouter aussi que les Cours se
montrent en général très libérales dans l'interpré-

_____

(1) Revised Stat. 1882, § 1400-1401.
(2) Gen. Statutes of the Commonwealth of Mass. — 1881,
ch. 123, sect. 8.

tation de la clause d'occupation par la veuve et les orphelins. En ce qui concerne ces derniers, au cas du décès de la mère, tant qu'ils sont mineurs, ils sont incapables de renoncer valablement au droit de homestead ; l'occupation effective des lieux n'est donc pas nécessaire et le tuteur a tout pouvoir pour occuper les lieux ou les louer au profit des enfants. La veuve pourrait même abandonner les lieux, soit pour s'établir ailleurs, soit pour se remarier, les enfants conserveraient intact le droit de homestead.

Quand un chef de famille meurt, aux États-Unis, sa succession est soumise à la Cour du *probate*, qui est chargée de procéder à la liquidation et qui désigne un administrateur. Le homestead reste aux mains de la veuve et des enfants qui en ont la possession et la jouissance, dans les conditions où le mari l'exerçait. La chose va de soi, dans les États où le homestead est soumis à la formalité de la déclaration ; si la délimitation n'a pas été faite du vivant du père de famille, la Cour du *probate* intervient pour déterminer ce qui revient à titre de homestead à la veuve et aux enfants ; mais là se borne son rôle, et quand ce partage est fait, elle a épuisé sa juridiction.

Le homestead déroge à la loi commune d'hérédité.

Il n'est pas hors de propos de faire remarquer ici que le homestead est une dérogation au droit commun de transmission héréditaire. Et tout d'abord, le droit de tester est, comme nous l'avons vu, sans réserve aux États-Unis. La transmission obligée du homestead à la veuve et aux enfants, qui est inscrite dans tous les codes, constitue une limitation sérieuse à la liberté absolue de tester qui est de droit pour tout le reste.

Mais il y a plus ; dans les transmissions *ab in-*

testat qui sont fréquentes aux Etats-Unis, la loi
règle l'ordre de succession, comme nous l'avons
indiqué à propos du régime de la propriété; sur ce
point encore, la loi d'exemption fait exception à la
règle commune d'hérédité. Le code général du
Massachusetts (1) dispose ce qui suit : « L'état
de homestead existant à la mort du propriétaire
se continuera au bénéfice de la veuve et des enfants mineurs, tant que les bénéficiaires ou l'un
d'eux résident dans la propriété, jusqu'à ce que le
plus jeune des enfants ait atteint l'âge de vingt et
un ans et jusqu'à la mort de la mère, tant qu'elle
restera veuve. Tous droits, titres et intérêts du
défunt sur les propriétés qu'il lègue, sauf l'état de
homestead, seront soumis à la loi commune de la
dévolution héréditaire, et pourront être vendus
pour le paiement des dettes. »

Or, que dit la loi de dévolution héréditaire du
Massachusetts? Nous en avons donné le résumé
au chapitre du régime de la propriété? C'est que
l'héritage revient aux enfants; à défaut d'enfants,
au père, puis à la mère et aux collatéraux par
parties égales. La veuve n'entre pas en ligne ; il
n'existe que dans deux Etats, la Caroline du Sud
et la Géorgie, où la veuve vienne en concurrence et
en première ligne avec les enfants.

Vente du homestead. — Sélection. — Hypothèque.

Les statuts des Etats reconnaissent au propriétaire le droit d'aliéner le homestead, avec le consentement de la femme ; nous ne nous occuperons
que de la vente judiciaire. Quand un créancier
obtient contre son débiteur un jugement ordonnant la saisie et la vente des biens de ce dernier,

(1) Gen. Stat. of Mass. Homestead Laws, chap. 123, sect. 8.

ce dernier ne manque pas de réclamer l'exemption pour son homestead. Si la législation de l'Etat rend obligatoire la déclaration du homestead et la désignation précise des biens qui le constituent, il n'y a pas de difficultés, et c'est cette propriété déclarée et enregistrée qui est couverte par l'exemption.

Mais il n'en va pas ainsi dans les Etats, — et ils sont nombreux, — où la déclaration préalable n'est pas obligatoire, et où il suffit d'invoquer le droit de homestead en cas de saisie. Dans ce cas, le code reconnaît généralement au débiteur le droit de désigner, au moment de la saisie, ceux des biens qu'il entend garder, à titre de homestead. Si la limite statutaire est fixée en dollars, le droit de sélection n'a pas grande importance, pourvu qu'il soit procédé à une évaluation impartiale des lieux, et nous reviendrons tout à l'heure sur ce point. Mais il n'en est pas de même si la limite est fixée en acres de terres, sans restriction quant à la valeur du sol, ce qui a lieu dans les quatorze Etats.

Ici, le droit de sélection a une importance capitale pour le débiteur comme pour le créancier. Voici un chef de famille qui possède un domaine de 120 acres de terres avec bâtiment d'habitation et dépendances, dans le Minnesota. Comme dans cet Etat la limite statutaire d'exemption est de 80 acres avec maison, le débiteur saisi peut choisir à son gré 80 acres avec la maison pour son homestead légal ; puis il abandonne à ses créanciers l'excédent de sa propriété, 40 acres de terres sans valeur, quand son lot réservé peut valoir cent mille francs. La Cour d'Arkansas a jugé également (1) qu'un débiteur qui possède deux maisons d'habitation à sa disposition, peut en cas de saisie récla-

(1) Tumlinson c. Swiney 22. Ark. 400.

mer l'exemption pour celle qu'il lui convient de choisir.

La Cour d'Alabama est même allée plus loin dans cette voie, en déclarant que l'existence (1) du homestead n'est même pas nécessaire pour assurer l'exemption, qu'un débiteur peut choisir dans sa propriété telles parties qu'il lui plaira de mettre en réserve, pourvu qu'elles n'excèdent pas la limite légale (80 acres), et que la sélection ne paraisse pas déraisonnable !

Revenons sur l'évaluation qui est le point important et délicat de l'opération. Voici la pratique suivie en Californie, conformément d'ailleurs aux dispositions du nouveau code révisé de 1885 (2) : Le créancier peut s'adresser à la Cour supérieure du comté où le homestead est situé et demander la désignation d'experts. S'il résulte de l'estimation des experts, que l'immeuble saisi a une valeur supérieure à la limite d'exemption, et qu'il n'est pas susceptible de partage, le juge peut ordonner la mise en vente. Si elle est effectuée, on prélève sur le produit une somme égale au montant de la valeur d'exemption, soit cinq mille dollars, qui sont remis au débiteur; la différence revient aux créanciers. La loi ajoute que cette somme de cinq mille dollars reste insaisissable pendant six mois entre les mains du débiteur, ce qui lui permet de reconstituer un nouvel homestead.

C'est un principe admis par les législations des Etats que le débiteur peut, avec le consentement de sa femme, vendre le homestead et le livrer à l'acheteur, nonobstant les créanciers, à moins que l'un d'eux n'ait une créance reconnue par la loi comme créant un droit réel.

(1) Melton c. Andrews, 45, Alab. 454.
(2) The code of Calif., § 1254-1257.

Si le débiteur peut vendre son homestead, à plus forte raison peut-il l'hypothéquer, l'hypothèque n'étant en somme qu'une vente conditionnelle. L'hypothèque comme la vente doit être consentie par le mari et la femme.

La Cour suprême de Louisiane (1) a rendu un jugement qui s'inspire de principes différents et qu'il faut rappeler. Aux termes de l'ancienne loi de cet Etat, le homestead est déclaré exempt de saisie et vente forcée; mais il n'existe aucune disposition sur le pouvoir d'hypothéquer l'immeuble. La Cour de la Nouvelle-Orléans a jugé qu'une hypothèque établie sur une propriété jouissant de l'exemption n'était pas valable, et en conséquence a reconnu au débiteur le droit de vendre à un tiers l'immeuble hypothéqué, libre de l'hypothèque. La Cour de la Louisiane estimait que l'hypothèque consentie par le débiteur constitue une sorte de renonciation tacite au droit d'exemption et doit être déclarée nulle et de nul effet, au même titre qu'un contrat usuraire, ou comme le serait en France un engagement de jeu. Nous allons retrouver tout à l'heure la même doctrine dans d'autres Etats, à propos de la renonciation au homestead.

L'arrêt de la Cour de la Louisiane fut l'objet de vifs commentaires à l'époque où il parut. La Constitution de cet Etat, ratifiée en 1879, contient la disposition suivante relative à l'hypothèque : « Le homestead n'est pas susceptible d'hypothèque, si ce n'est pour le prix d'achat de l'immeuble, le travail des ouvriers et les matériaux fournis pour la construction ou la réparation des bâtiments (2). » En somme, l'hypothèque n'est admise que pour les créances privilégiées.

(1) Van Wickle c. Landry, 29, La. An. 330.
(2) Constit. of La. 1879, art. 222.

Renonciation au privilège d'exemption.

Les premières législations des Etats sur le privilège d'exemption édictaient l'insaisissabilité rigoureuse pour dettes; mais le législateur comme le juge ont été amenés par la force des choses à corriger la rigueur de l'interdiction, et cela dans l'intérêt du chef de famille, à qui tout crédit était fermé.

Aujourd'hui, dans un certain nombre d'Etats, là surtout où le mouvement industriel et commercial est le plus actif, et où le besoin de crédit se fait le plus sentir, il est admis que le mari et la femme peuvent renoncer au privilège d'exemption, et s'assurer ainsi la possibilité de contracter un emprunt. Dans l'Etat d'Iowa, l'engagement ci-dessous a été tenu pour valable par la Cour suprême (1) :

« Pour valeur reçue en espèces, nous nous engageons à payer à W... 817 dollars, avec intérêts à 10 0/0 à partir de ce jour. Nous renonçons expressément à l'exemption de saisie sur notre homestead pour cause de vente judiciaire à l'occasion de ce contrat; nous consentons à ce que ledit homestead soit vendu sur jugement, comme toute autre propriété, pour remplir le présent engagement, en suite d'un jugement rendu. 31 décembre 1870. — Francis COOPER ; Mary COOPER, épouse. »

C'est la même doctrine qui prévaut en Pensylvanie, et elle s'applique aux meubles et aux immeubles. D'après la loi de l'Etat, l'exemption de saisie est un privilège personnel du débiteur, mais qui, à aucun moment ni à aucun degré, ne saurait

_____

(1) Fooley c. Cooper, 43, Iowa, 376.

enchaîner sa liberté, et qu'il peut à son gré et suivant son intérêt ou abandonner pour l'avenir ou maintenir intact.

Mais il est un certain nombre d'Etats où la doctrine de l'insaisissabilité a été poussée jusqu'à l'absolu, et où la renonciation est jugée incompatible avec l'exercice du droit de homestead. La Cour suprême de New-York, par l'organe de son président Denio, s'exprime ainsi (1) : « Les lois qui permettent au débiteur, chef d'une famille, de conserver, en cas de saisie, des objets de première nécessité pour le ménage, ont été faites dans un sentiment évident d'humanité et dans des vues de politique prévoyante. Les intentions du législateur seraient méconnues, si, par un moyen quelconque, on pouvait éluder la disposition tutélaire de la loi; on ne saurait admettre qu'on puisse annuler un texte de loi précis par une déclaration convenue entre les parties de renoncer aux effets de cette loi. Avant qu'on eût créé dans notre pays des lois d'exemption, les contrats impliquaient la conséquence que le bien tout entier du débiteur répondait de sa dette. Par la loi d'exemption, le législateur a entendu limiter cette responsabilité et mettre à l'abri de la saisie une certaine portion de la propriété du débiteur. Les parties n'ont pas le droit de stipuler que la totalité des biens reste responsable, comme avant, du paiement de la dette; c'est la négation pure et simple d'une loi fondamentale de l'Etat.

Comment le homestead prend fin.

Il résulte des observations qui précèdent que le homestead peut prendre fin de plusieurs façons

---

(1) Kneetle c. Newcomb, 22, New-York, 250.

différentes. Le plus souvent il se termine par la disparition du groupe familial, par l'extinction naturelle des membres qui le constituent. A la mort de l'un des époux, le homestead passe à l'époux survivant et aux enfants; après le décès de l'époux, aux enfants; l'état de homestead dure jusqu'à la majorité du plus jeune, après quoi il est partagé entre les héritiers.

Le homestead peut finir par abandon. Quand le chef de famille abandonne la résidence avec sa famille et qu'il marque son intention de ne pas revenir, la propriété perd son caractère de homestead et peut être vendue pour dettes comme toute autre propriété, suivant les règles du droit commun.

Le domicile du chef de famille entraînant celui de la femme et des enfants, l'abandon du homestead par le mari a pour conséquence légale la perte du droit d'exemption, puisque la maison d'habitation n'est plus occupée. Toutefois, si le mari déserte le toit familial sans motifs, abandonnant sa femme et ses enfants (1), le homestead ne prend pas fin pour cela, il se continue au profit de la femme et des enfants, à moins que le mari n'ait acquis un nouveau domicile ou créé ailleurs un établissement.

Le homestead prend fin également par l'acquisition d'un nouvel homestead, la loi américaine n'admettant pas deux homesteads pour la même famille. Par conséquent, si le chef de famille vient à un moment donné à constituer soit dans le même Etat, soit dans un Etat différent, un homestead nouveau où il s'établit avec sa famille, celui-là seul jouira du privilège d'insaisissabilité.

La vente amiable de l'immeuble a pour effet de

(1) Moore c. Dunning 29, Ill. 135.

faire disparaître le homestead, en le faisant passer à d'autres mains. La vente judiciaire ne produit pas nécessairement le même effet, excepté dans le cas de vente pour créances privilégiées. Si le homestead a une valeur inférieure à la limite légale d'exemption, la famille ne peut être dépossédée. Au cas où l'immeuble saisi a une valeur supérieure à cette limite, nous avons vu que la loi californienne autorise la vente, tout en réservant sur le produit de cette vente une somme égale à la valeur de la limite statutaire, en faveur du chef de famille, ce qui lui permet d'acquérir un nouvel homestead.

La dissolution naturelle du mariage a pour conséquence de mettre fin au homestead. Si le mari et la femme viennent à mourir sans laisser d'enfants, après la mort du survivant, le homestead est réuni à la masse des autres biens laissés par les défunts et partagé entre les héritiers, suivant la loi en usage.

Qu'arrive-t-il si la communauté est dissoute par le divorce ? Il est digne de remarque qu'en ce cas, le homestead se continue tantôt au profit de la femme, tantôt au profit du mari. Les codes des États ne contiennent aucune disposition à ce sujet; on relève de nombreuses contradictions dans les jugements des Cours au sujet de l'attribution du homestead; on peut dire cependant d'une manière générale que le homestead est maintenu à celui des deux époux divorcés qui a la garde des enfants. On cite l'arrêt de la Cour suprême du Kansas qui attribua le homestead à l'épouse avec la garde des enfants et une provision alimentaire de 25 dollars par mois, encore que le divorce eût été prononcé contre la femme, pour ivrognerie habituelle (1).

---

(1) Brandon c. Brandon, 14 Kans. 342.

La femme divorcée ainsi pourvue du homestead, doit y résider avec les enfants. Mais le homestead prend fin à la mort du mari, le divorce ayant en effet rompu le lien matrimonial, la femme ne peut plus invoquer le titre de veuve pour réclamer le titre de homestead (1).

(1) Cowper c. Cowper, 24 Ohio 489.

IX

Le homestead devant les tribunaux. — Décisions contradictoires. — Conflits de pouvoirs. — Questions constitutionnelles. — Résultats statistiques de l'application
des lois de homestead.

Qui terre a, guerre a; le proverbe se vérifie
aussi fréquemment aux Etats-Unis qu'en France,
et il n'est pas moins vrai du homestead que des
autres formes de la propriété foncière; il semble
même que le privilège de l'insaisissabilité n'ait
d'autre effet que de rendre la guerre encore plus
acharnée.

Quand on parcourt un recueil de décisions judiciaires rendues par les Cours des Etats-Unis, on
est frappé du nombre considérable d'affaires relatives au homestead; on n'exagère pas en disant que
dans certains Etats, ceux de l'Ouest principalement,
les procès en exemption figurent pour un quart ou
un cinquième sur le rôle des Cours.

Et ce qui n'excite pas moins la curiosité que la
multiplicité des procès en exemption, c'est la
divergence des opinions, souvent même les con-

tradictions des décisions rendues, suivant les
Etats, suivant qu'elles sont soumises à la juridiction des Cours fédérales, ou à celles des tribunaux
de l'Etat, suivant aussi que la magistrature est le
résultat de l'élection populaire, ce qui est le cas le
plus fréquent (1), ou qu'elle est élue par le pouvoir
législatif ou exécutif. Nous avons eu l'occasion
dans le cours de ce travail de rapporter d'assez
nombreux exemples de ces divergences de vues
des magistrats à propos des questions d'exemption; il nous serait facile d'en allonger la liste;
mais nous n'insistons pas.

Ces divergences, comme nous en avons déjà fait
la remarque, tiennent surtout aux contradictions
des codes des Etats. Si les décisions des Cours diffèrent si souvent, c'est que les législateurs n'ont pas
toujours pris soin de se mettre d'accord, et ont
admis dans la rédaction des textes législatifs sur
le homestead des dispositions absolument contradictoires.

Mais ce qui a contribué aussi pour une bonne part
à la confusion des arrêts, c'est la liberté d'interprétation laissée aux juges américains. C'est un principe généralement admis partout, que la loi de
homestead ne dérogeant pas au droit commun doit
recevoir une interprétation libérale. Il faut bien
reconnaître que, dans un certain nombre d'Etats,
on a dépassé la mesure et qu'on est allé jusqu'à la
fantaisie et même jusqu'à l'arbitraire; par exemple, lorsqu'on en est venu à placer le privilège de
l'exemption de saisie au-dessus des engagements
existants, ou qu'en Louisiane la Cour suprème a
interprété un texte obscur ou incomplet en autorisant un débiteur à vendre son homestead hypothéqué, libre de toute hypothèque, en fraude par

---

(1) Les juges sont élus par le peuple au moins dans trente Etats
ou Territoires.

conséquent du créancier qui, de bonne foi, avait prêté son argent.

Mais ce n'est pas de ces cas singuliers, d'ailleurs fort nombreux, que je veux entretenir le lecteur; je veux parler des incidents qui ont été parfois soulevés à propos du pouvoir d'interprétation et qui ont mis le pouvoir judiciaire en conflit avec le pouvoir législatif, ou en opposition avec la Constitution.

Conflits de pouvoirs.

La Constitution de Géorgie dispose que chaque chef de famille, tuteur ou administrateur d'enfants mineurs peut réclamer le privilège du homestead. Amenée à interpréter cette disposition, dans l'année qui suivit le vote de la Constitution, la *Cour suprême pour le redressement des erreurs* jugea que le célibataire vivant sans enfants ou autre personne dont il eût la charge légale, n'avait pas droit au privilège du homestead.

L'Assemblée des représentants de Géorgie estima que la Cour suprême avait donné une interprétation erronée de la Constitution de 1868 et vota en 1870 une loi aux termes de laquelle, une personne célibataire de l'un ou de l'autre sexe, ou mariée et vivant en état de séparation, et qui au moment de l'acceptation de la Constitution ou antérieurement était chef de maison, devait être considérée comme chef de famille au regard de la loi de homestead.

La Cour suprême eut à juger une affaire tout à fait semblable à la première. Il était permis de croire que les juges s'inspireraient de la pensée qui avait dicté la nouvelle disposition. Non seulement la Cour ne le fit pas, mais elle se laissa aller à attaquer la loi et le législateur avec une vivacité qu'on est bien étonné de trouver dans un arrêt judiciaire. Voici l'avis du juge Lochrane, président de la Cour suprème (1) :

« Aux termes de la Constitution de cet Etat, chaque chef de famille, administrateur ou tuteur d'enfants mineurs, aura droit à un homestead... et ce sera le devoir de l'Assemblée législative de régler aussitôt que possible par une loi le mode de constitution de ce privilège et d'assurer par des dispositions appropriées la protection et la sécurité des familles.

» La Constitution en employant le terme de chef de famille a laissé ouverte à l'interprétation la question de savoir quels éléments constituent la famille, et les Cours seules ont le droit de faire cette interprétation et de dire ce qui, dans les termes et dans l'esprit de la loi, constitue le chef de famille. Et quand cette interprétation a été donnée, la Cour peut-elle admettre que l'Assemblée législative est investie du pouvoir de changer la loi ainsi définie par la Cour ?

» La Cour a jugé qu'une personne seule, n'ayant pas d'enfants ni d'adultes à sa charge, n'est pas chef de famille au regard de la Constitution ; mais si nous professons un grand respect pour le pouvoir législatif, il nous est impossible d'accepter l'interprétation qu'il fait de la Constitution ou des lois : c'est l'attribution exclusive du pouvoir judiciaire, et il ne nous paraît pas nécessaire d'invoquer les autorités pour établir un principe qu'il suffit d'énoncer, et que tout essai de démonstration ne ferait qu'affaiblir.

» La seule question qui se pose est celle-ci : les pouvoirs conférés à l'Assemblée des représentants par la Constitution, en ce qui touche la réglemen-

_____

(1) Calhoun c. Mc. Landon 42. Ga. 406.

tation du homestead, l'autorisent-elle à édicter
les dispositions législatives de 1870? Elle a simplement reçu mandat de régler par une loi spéciale
la constitution de la propriété exempte. Les termes
de ce mandat lui donnent-ils le droit de légiférer
sur le point de savoir qui est le chef de famille ? Il
est bien vrai qu'en le faisant l'Assemblée n'est pas
en opposition avec la Constitution, mais elle l'est
certainement avec la Cour suprème.

» Mais dans les conflits en matière d'interprétation, les Cours, nous venons de le dire, sont
souveraines. Dans le cas jugé la semaine dernière
de Walker contre Walker, j'ai constaté, en
donnant l'avis de la Cour, que la décision que
nous étions amenés à prendre était d'ordre législatif et non judiciaire; que c'était un acte de législation et non pas seulement d'interprétation. Nous
ne saurions ajouter une ligne à la loi, et de son
côté l'Assemblée est impuissante à étendre ou à
restreindre la portée de la loi par voie d'interprétation. Il y a des cas où l'intention du législateur
peut guider le magistrat dans l'interprétation de
ce qui est la loi, et les tribunaux, quand ils ont été
conduits à interpréter la loi, se sont toujours
préoccupés de savoir quelle était la pensée du législateur. Mais, quand c'est la Constitution même
qu'il s'agit d'interpréter, l'autorité de la Cour est
souveraine ; et, dans l'espèce, nous n'hésitons pas
à déclarer que le pouvoir législatif ne peut pas, par
voie de loi ou de décret, faire qu'une personne
vivant seule soit chef d'une famille, bien qu'il
puisse exempter de la saisie le bien appartenant
à une personne jouissant de cette qualité. »

C'est dans ces termes qu'on croirait empruntés
à un réquisitoire politique et non à un arrêt judiciaire, que la Cour suprème de Géorgie accusait
la Chambre des représentants d'usurpation et d'ex-
cès de pouvoir, et lui déniait le droit d'interpréta-

tion des lois. Ce jugement eut un retentissement énorme et causa une grande surprise partout, même dans le monde judiciaire ; de ce côté-ci de l'Atlantique, il ne nous semble pas moins étonnant.

En nous reportant à la Révolution de 89 qui a inauguré le pouvoir nouveau des Assemblées et réglé ses rapports avec les pouvoirs exécutif et judiciaire, nous voyons que la loi du 24 août 1790 enjoint aux tribunaux de s'adresser au Corps législatif toutes les fois qu'il y a lieu d'interpréter une loi ; et en créant la Cour de Cassation, la Constituante disposa (1) que lorsqu'un jugement aurait été cassé deux fois et qu'un troisième tribunal aurait jugé en dernier ressort de la même manière que les deux premiers, la question ne pourrait plus être agitée au tribunal de Cassation et qu'elle serait soumise au Corps législatif. Ce dernier porterait un décret déclaratoire de la loi, auquel le tribunal de Cassation serait tenu de se conformer dans son jugement.

Malgré les changements opérés dans les Constitutions de notre pays, et les précautions qu'on a prises pour séparer les pouvoirs publics et leurs attributions, on ne conteste plus au Parlement le droit d'interpréter, le cas échéant, les lois qu'il a faites. Ce n'est d'ailleurs que l'application du vieil axiome juridique : *Ejus est legem interpretari, cujus est condere*. L'interprétation se fait par voie d'amendement ou même d'article additionnel qui est annexé au titre primitif (2).

---

(1) Archiv. parlementaires. — *Constituante*, tome XX, page 538.

(2) Nous en citerons un exemple tout récent, au sujet de la nouvelle loi sur le recrutement militaire de 1889. Des contestations s'étaient élevées sur le paragraphe 5 de l'article 21 relatif à la présence simultanée de deux frères sous les drapeaux. Il fut fait d'abord une interprétation à la tribune de la Chambre par le ministre de la guerre ; mais comme elle n'avait que le caractère d'un commentaire ministériel, les contestations continuèrent ; c'est alors que la Chambre se décida à voter deux paragraphes nouveaux qui furent incorporés dans la loi.

Nous devons ajouter d'ailleurs, avant de clore le récit de l'incident de Géorgie, qu'au moment où il se produisit, cet Etat n'était pas encore remis de la secousse violente de la guerre de Sécession. Comme dans tous les Etats du Sud, l'opinion publique était encore fort agitée. Les pouvoirs publics étaient divisés et en lutte les uns avec les autres. Les élections de 1868 en Géorgie avaient donné, à côté d'un Sénat et d'un pouvoir exécutif républicains, une Chambre de démocrates, où l'élément séparatiste était en forte majorité ; de là surtout le conflit que nous avons exposé; mais il faut bien convenir que la Cour suprême avait quelque peu excédé son droit et dépassé la mesure.

Le dernier mot dans cette affaire est d'ailleurs resté au pouvoir législatif. La nouvelle Constitution de Géorgie a fait disparaître l'équivoque en indiquant quelles personnes sont aptes à réclamer le bénéfice de l'exemption. D'autres Etats ont suivi ce exemple et nous avons vu que le nouveau code det Californie contenait une définition très explicite et très claire du chef de famille.

Questions constitutionnelles.

Mais l'incident de la Cour de Géorgie n'est pas le seul qu'ait provoqué le fonctionnement du homestead. Nous allons voir que des questions constitutionnelles se sont posées plusieurs fois devant les Cours à propos de certains articles de la loi organique du 20 mai 1862, ou même de certaines dispositions des Constitutions d'Etat.

Un habitant du Wisconsin avait acquis un homestead sous le régime de la loi fédérale de 1862, et contracté un emprunt, avant d'avoir reçu son titre définitif de propriété. Comme il n'avait pas pu rembourser son créancier à l'échéance, ce dernier fit rendre, mais à une époque où le débiteur était déjà pourvu de son titre, un jugement qui ordonnait la vente du homestead par autorité de justice. Le débiteur obtint un bill en équité prescrivant au sheriff de surseoir à la vente.

L'affaire fut portée devant la Cour suprème du Wisconsin (1) ; à l'encontre du bill en équité, le créancier disait : « Soutenir que la section IV de la loi de 1862 assure l'exemption de saisie pour toutes les dettes contractées avant la délivrance du titre, c'est étendre la portée de l'acte au delà des pouvoirs légitimement accordés par la Constitution aux législateurs du Congrès; c'est de la part de l'Assemblée une tentative pour établir deux catégories de droits entre les citoyens d'un même Etat, tentative de laquelle il résulterait que tel citoyen pouvait posséder 160 acres de terres garanties contre toute saisie, tandis que tel autre ne jouirait de l'exemption que pour 40 acres, limite fixée par la loi de l'Etat; que le Gouvernement fédéral n'avait pouvoir que pour distribuer la terre, et que l'Etat seul avait qualité pour régler les droits des citoyens. »

Le juge Dixon, président de la Cour suprème, chargé de prononcer l'arrèt, répondait à cette objection constitutionnelle du demandeur : « Nous nous sommes référés à l'article IV, sect. 2, § 2 de la Constitution des Etats-Unis (2), qui est ainsi conçu : « *Le Congrès aura le pouvoir de disposer du territoire et des autres propriétés appartenant aux Etats-Unis et d'adopter à ce sujet tous règlements et ordonnances qu'il jugera nécessaires, et rien dans la présente Constitution ne pourra être interprété de manière à porter atteinte aux droits des Etats-Unis, ou d'aucun Etat particulier.*

---

(1) Giles c. Hallock. 33, Wisc. 523.
(2) Dareste, *Les Constitutions modernes.* —\Constit. des Etats-Unis.

» Nous nous sommes également référés au § 2 de l'article VI : *La présente Constitution et les lois que les Etats-Unis se donneront en conséquence, ainsi que tous les traités faits ou à faire sous l'autorité des Etats-Unis, seront la loi suprême du pays; les juges de chaque Etat seront tenus de s'y conformer, nonobstant toute disposition contraire dans la Constitution ou les lois particulières d'un Etat.* »

Le président rappelait ensuite le langage de la Cour suprême dans une affaire analogue (1) : « En ce qui concerne le Domaine public, la Constitution a reconnu au Congrès le droit de disposer, et d'édicter tels règlements ou mesures qui seraient nécessaires. Et ce droit n'est pas sujet à limitation ; c'est un pouvoir absolu de prescrire le moment, les conditions, le mode de transfert de cette propriété ou partie de propriété, et de désigner les personnes à qui elle sera concédée. Nulle législation d'Etat ne peut s'immiscer dans l'exercice de ce droit. Et c'est précisément pour prévenir toute tentative de ce genre de la part des Etats, qu'il a été inséré dans les traités réglant l'annexion des Territoires aux Etas-Unis une clause spéciale reconnaissant au Gouvernement fédéral un pouvoir absolu sur la disposition du sol des Etats-Unis (2). »

La Cour suprême proclamait ainsi le caractère constitutionnel de la section IV de la loi fédérale du 20 mai 1862 et concluait à la nullité de la saisie.

Mais on est allé plus loin dans quelques Etats. Dans leur désir de protéger le foyer domestique, certaines législatures se sont laissé aller à passer des lois d'exemption rétroactives, et quelques

---

(1) Gibson c. Chouteau, 13, Wall 92.
(2) Voir aussi Ordonnance de 1787, chap. II.

Cours, usant de leur droit d'interprétation libérale
admis dans les questions de homestead, ont fait
une application courante de ces lois dans leurs
arrêts. Cette pratique dura bien quelques années,
non sans exciter dans le pays de vives protestations. Enfin en 1871, la Cour suprème des Etats-
Unis, saisie en appel d'une affaire jugée par la
Cour de Géorgie, dans le sens de la rétroactivité (1),
rendit un arrêt mémorable qui fait loi aujourd'hui
sur tout le territoire de la République des Etats-
Unis, et a eu pour effet de faire disparaître la
rétroactivité des codes des législateurs et des
arrêts de la magistrature.

L'arrêt de la Cour suprème porte en substance
que la Constitution des Etats-Unis (2) interdit aux
Etats de faire aucune loi rétroactive, ou portant
atteinte aux obligations qui résultent des contrats ;
qu'en conséquence toute loi de homestead ou
d'exemption qui aurait pour effet de mettre hors
de l'atteinte du créancier une propriété sur laquelle
il avait un droit établi au moment où la dette fut
contractée, et de supprimer des droits réels existant à l'époque où la loi fut établie, est inconsti-
tutionnelle et nulle. De ce jour, la jurisprudence
sur ce point fut établie définitivement aux Etats-
Unis et n'a plus varié.

Le vrai coupable ici, ce n'était pas, comme on l'a
dit, le législateur. La Constitution de Géorgie
votée en 1868 ne contient aucune disposition
rétroactive; elle dit simplement : Chaque chef de
famille aura droit à un homestead foncier de
2,000 dollars. Nul officier de justice n'aura autorité pour exécuter un jugement de saisie, si ce
n'est pour recouvrement de taxes, salaires d'ouvriers employés au homestead, etc. Mais la Cour

(1) Gun c. Barry 44, Georgia 353.
(2) Constit. des Etat-Unis, art. I, sect. 10.

de Géorgie avait cru devoir s'autoriser du silence
de la loi, pour lui donner une interprétation qui
était en contradiction flagrante avec l'article de la
Constitution fédérale rappelé avec tant d'autorité
par la Cour suprème des Etats-Unis.

Si nous revenons sur l'ensemble des faits qui
précèdent, nous dirons que la magistrature, mais
surtout la Cour suprème des Etats-Unis, qui en est
l'expression la plus élevée, est devenue en fait
l'arbitre de la Constitution et des lois votées par le
Congrès, comme aussi des lois et des Constitutions
particulières des Etats, tout au moins dans les
circonstances où ils sont en désaccord avec la
Constitution des Etats-Unis. « Une pareille juridiction, dit M. Alex. Johnston (1), était sans précédent dans notre histoire, mais on ne saurait dire
qu'elle ait fait courir de dangers à l'Union. Quand
la Cour suprème décide qu'une loi n'est pas garantie
par les pouvoirs conférés au Congrès par la Constitution, les Cours de l'Etat se conforment à cette
décision, et il devient pratiquement impossible de
punir celui qui enfreindrait cette loi. Il est certainement remarquable de voir les pouvoirs législatif
et exécutif, soutenus par une force de soixante
millions d'âmes, acceptant tranquillement les décisions de neuf juges délibérant dans la chambre
de la Cour suprème de Washington ; mais, il n'est
pas exact, comme on l'a dit au dehors et quelquefois ici, que la Cour suprème est l'arbitre final de
toutes les questions constitutionnelles. »

On peut rapprocher de ces réflexions du publi-
ciste américain, celles d'un de nos compatriotes
qui avait étudié sur place le mécanisme de la
Constitution des Etats-Unis et le fonctionnement
de la magistrature. M. de Tocqueville, dans son
célèbre ouvrage sur la *Démocratie en Améri-*

---

(1) *American Encyclop.*, art. Constitution.

13

que (1), fait observer que la Constitution fédérale interdit aux États de faire des lois qui puissent modifier les droits acquis en vertu d'un contrat. « Au moment, dit-il, où un particulier croit voir que la loi de son État blesse un droit de cette espèce, il peut refuser de lui obéir et en appeler à la justice fédérale ; or, la jurisprudence des Cours donne au mot contrat une extension très large ; une concession faite par l'État à un particulier et acceptée par lui est un contrat et ne peut être enlevée par l'effet d'une loi nouvelle. »

Ne semble-t-il pas, en lisant cette phrase, que l'illustre observateur eût la prévision ou, pour me servir d'un mot de M. Thiers (2), l'intuition du homestead ?

Et plus loin, parlant des attributions de la Cour suprême, l'auteur de la *Démocratie* ajoute : « Aux Etas-Unis, les juges sont revêtus d'un immense pouvoir politique qu'ils n'ont pas ailleurs. La cause en est dans ce seul fait que les Américains ont reconnu aux juges le droit de fonder leurs arrêts sur la Constitution plutôt que sur les lois. En d'autres termes, ils leur ont permis de ne point appliquer les lois qui leur paraîtraient inconstitutionnelles. »

M. de Tocqueville se demande ce qui arriverait en France, si les tribunaux pouvaient désobéir aux lois, sur le fondement qu'ils les trouvent inconstitutionnelles. La question nous étonne quelque peu venant d'un homme politique comme M. de Tocqueville, qui était en bonne situation pour faire la réponse lui-même ; car, deux ans avant d'entreprendre son voyage aux Etats-Unis,

---

(1) *De la Démocratie en Amérique*, pp. 1, 224.
(2) M. Thiers n'épargnait pas les railleries au groupe des Doctrinaires, dont M. de Tocqueville était un des membres les plus distingués, et parlait souvent de son éloquence intuitive. Mais je ne prends pas le mot au sens ironique de M. Thiers.

il avait été témoin de la Révolution de Juillet, et il avait vu le juge Ganneron, interprétant lui aussi les célèbres *ordonnances*, les déclarant contraires à la charte, c'est-à-dire inconstitutionnelles, et ordonnant aux imprimeurs cités à sa barre de ne pas leur obéir et d'imprimer les journaux, nonobstant l'arrêté du préfet de police.

Mais Ganneron était un juge du tribunal de commerce, un juge élu par le peuple comme ceux des Etats-Unis. Je me borne à cette simple réflexion que je ne développerai pas, ne voulant pas m'écarter de mon sujet, et je reviens au homestead (1).

Résultats statistiques du fonctionnement du homestead.

Il serait intéressant de savoir, pour juger de l'importance des lois d'exemption, quel est le nombre des homesteads existant aux Etats-Unis. Mais on n'a et on ne peut avoir à ce sujet aucun renseignement précis, par la raison déjà expliquée que pour constituer le homestead dans le plus grand nombre des Etats, il n'est pas nécessaire d'une déclaration au bureau d'enregistrement, mais que la simple occupation des lieux suffit. Les déclarations de homestead, même quand on en aurait fait le relevé complet, ne donneraient qu'une proportion très faible de l'ensemble des patrimoines de famille insaisissables, et là seulement où la formalité de déclaration est exigée. Nous donnerons cependant quelques résultats partiels, que nous emprunterons à une enquête faite il y a quelques années à l'étranger.

Toutefois, pour les homesteads créés en vertu de la loi fédérale de 1862, il est possible de se faire une idée approximative du nombre des ho-

(1) Paragraphe additionnel au texte du manuscrit.

mesteads par le nombre des demandes et des entrées en possession des concessions, d'après les états publiés chaque année dans le rapport du commissaire du Domaine.

Rappelons d'abord qu'il n'existe plus que trente Etats ou Territoires qui soient encore ouverts à la colonisation et qu'un certain nombre de ces Etats, tels que l'Iowa, l'Illinois, l'Ohio, l'Indiana sont à la veille d'être fermés au *settlement*, la réserve du Domaine public étant à peu près épuisée.

Rappelons encore que les Etats dans lesquels ont été faites jusqu'à ce jour les concessions de terres publiques les plus importantes en vue d'y constituer les homesteads, sont les suivants :

Kansas....	90,485	concessions comprenant	12,255,738	acres de 1862 à 1891.
Dakota....	74,794	—	11,580,386	—
Minnesota.	73,762	—	8,901,931	—
Nebraska..	69,056	—	8,849,586	—
Arkansas..	47,975	—	4,495,670	—
Californie..	26,807	—	3,518,545	—

Du 20 mai 1862 au 30 juin 1883, il a été fait 608,677 concessions de homesteads, comprenant 75,215,104 acres de terres dans les divers Etats ouverts à la colonisation, ce qui fait ressortir la concession moyenne à 123 acres, ou cinquante hectares environ.

De 1862 à 1891, il a été concédé 130,480,000 acres de terres publiques, lesquelles représentent, sur la base d'une concession moyenne de 123 acres, un chiffre de 1,068,000 prises de possession de homesteads, constitués sur les terres publiques. En réalité, le nombre des créations définitives est un peu moindre, parce qu'il y a lieu de défalquer de ce total les abandons qui se produisent avant l'expiration des cinq années de jouissance, et les commutations qui sont faites en vertu de la section 8 de la loi du 20 mai 1862.

Il serait intéressant de savoir dans quelles pro-

portions se font les concessions de homestead aux
nationaux et aux étrangers et la répartition de ces
étrangers par pays d'origine. Malheureusement,
les rapports annuels du commissaire des terres
publiques ne fournissent à ce sujet aucun renseignement. Toutefois, en étudiant les données statistiques du *Census* de 1880, la répartition des
étrangers nationalisés et leurs professions, on est
porté à conclure que l'élément étranger figure pour
une part considérable dans les constitutions de
homesteads sur les terres publiques. En voyant le
grand nombre d'Allemands, de Russes, de Polo-
nais, établis dans les Etats agricoles du Missouri,
du Wisconsin, du Minnesota, du Dakota, du
Kansas, on est naturellement conduit à admettre
que ces émigrants sont surtout amenés par l'attrait
de la terre, pour s'établir sur un de ces lots de
160 ou 80 acres que le Gouvernement concède
gratuitement et pour y créer des homesteads.

Si nous consultons les rapports du commissaire
de l'immigration aux Etats-Unis (1), nous constatons par exemple qu'en 1884 (et les proportions
ne changent pas sensiblement d'une année à
l'autre), il est arrivé 43,470 immigrants désignés
sous le nom de *farmers* (cultivateurs); ils se répar-
tissent ainsi par nationalités :

		Report......	35,734
Anglais............	2,873	Français..........	793
Irlandais..........	1,603	Italiens	3,124
Ecossais..........	943	Suisses............	2,204
Allemands........	23,593	Pays-Bas..........	911
Norwégiens........	2,416	Russes.............	517
Suédois..........	4,193	Polonais..........	187
A reporter....	35,734	Total........	43,470

(1) Tables showing arrivals of aliens passengers. — Washington
government printing office, 1880-90.

La statistique de l'émigration au pays d'origine nous fournit aussi des renseignements concordant avec les précédents. Elle nous apprend que les plus forts contingents de cette masse de 24,000 cultivateurs Allemands viennent surtout de la Prusse orientale; or, c'est dans cette région principalement que se trouvent ces majorats, qui immobilisent le sol entre les mains d'un petit nombre de propriétaires, et interdisent l'accès de la propriété au cultivateur; c'est là que la situation du paysan est la plus précaire; c'est de là que partent en masse chaque année ces familles d'émigrants de sept, huit, jusqu'à dix personnes qui vont s'embarquer à Brème sur les paquebots transatlantiques, sachant d'avance qu'en mettant les pieds sur le sol des Etats-Unis, ils y trouveront des terres gratuites et insaisissables. Nous sommes donc autorisés à penser que l'élément étranger joue un rôle important dans la constitution des homesteads fédéraux.

Nous avons fait remarquer au début de ce travail que les terres publiques du Texas ne font pas partie du Domaine public des Etats-Unis, cet Etat au moment de son entrée dans l'Union s'étant réservé la possession et la libre disposition de ces terres. Les citoyens du Texas, ou les immigrants qui vont s'y établir et s'y font nationaliser, peuvent obtenir des concessions de 200 acres de terres publiques; voici le relevé des concessions faites de 1884 à 1889 :

1884-1885........	13,700	homesteads concédés.
1886-1887........	10,584	—
1888-1889........	6,577	—
TOTAL......	18,714	

Nous devons constater que le Domaine public du Texas, par suite des concessions peut-être exces-

sives de terres faites aux compagnies de chemins
de fer, s'épuise rapidement, et que cet Etat qui
est d'un tiers plus étendu que la France, bien qu'il
ne compte pas au delà de deux millions d'habitants, ne possédera bientôt plus de terres publiques disponibles.

Nous avons dit plus haut qu'une enquête avait
été faite il y a quelques années sur le homestead.
C'est une enquête officieuse qui fut prescrite
en 1887 par le ministre des affaires étrangères de
la Grande-Bretagne, à la suite d'une question
posée à la Chambre des Communes. Le Gouvernement anglais s'adressa naturellement à ses
agents, les consuls anglais établis aux Etats-Unis.
Mais l'enquête se heurta aux difficultés que nous
avons signalées plus haut, l'absence de déclaration
dans les deux tiers des Etats, et, pour les Etats où
la déclaration est exigée, la difficulté d'obtenir des
renseignements des bureaux d'enregistrement.
Nous relevons les résultats numériques suivants
dans les rapports des consuls que les documents
parlementaires de la Chambre des Communes ont
reproduits (1).

Le consul de San-Francisco a fait lui-même
un relevé sur le registre du *recorder* de la capitale
de la Californie de 1881 à 1885 : sur 18,293 actes
de toute nature enregistrés, on compte 1,208 actes
de homestead, soit en moyenne 300 par an. Le
consul estime qu'environ 10 pour 100 des propriétaires de San-Francisco placent leurs maisons
sous le régime du homestead. Rappelons que la
limite d'exemption garantie par la loi est en Californie de 5,000 dollars (25,000 francs). Ce sont en
général les petits propriétaires qui recourent à la
loi d'exemption. Les hôtels, les immeubles de

---

(1) House of Commons. — *Accounts and Papers* 1887, tome 81.

valeur ne sont jamais ou que très exceptionnellement déclarés. Recourir à la loi des pauvres gens
(*the poor men law*) nuirait, paraît-il, au crédit et
à la considération du riche propriétaire.

Le rapport du consul anglais de San-Francisco
ne nous donne aucun détail sur le mouvement du
homestead en dehors de la capitale, sur les homesteads ruraux qu'il serait intéressant de connaître.
D'autre part, nous avons déjà fait remarquer, que
la Californie étant ouverte à la colonisation, il s'y
fait des concessions de homesteads fédéraux.
Dans l'espace de trente ans, il a été distribué trois
millions et demi d'acres de terres publiques, comportant 28,000 homesteads d'une étendue moyenne
de 123 acres ou 50 hectares.

Dans l'Etat de New-York, où le homestead
fonctionne depuis 1850, et où la déclaration est
exigée, le rapport du consul anglais ne nous
donne que des relevés incomplets ; dans le comté
de Chemung, on a relevé 490 déclarations depuis
1882 ; dans celui de Saint-Laurence, 300 depuis
1850 ; dans le comté de Seneca, 40 dans les deux
années qui suivirent la promulgation de la loi ;
aucune autre déclaration n'a été faite depuis dans
ce comté.

Pour l'Etat de Massachusetts, nous trouvons
dans le rapport du consul anglais un relevé statistique de M. Carroll Wright, chef du bureau du
travail de cet Etat (1), sur le développement du
homestead.

Dans le Massachusetts, la déclaration est,
comme on sait, de rigueur.

Dans le comté de Barstolle qui compte 29,845
habitants, on a compté 354 déclarations de homestead de 1851 à 1885.

---

(1) M. Carroll Wright est aujourd'hui commissaire fédéral du travail à Washington.

Dans le comté de Bristol, dix personnes seulement ont réclamé le homestead en douze ans.

Dans le comté de Worcester, de 1852 à 1881, il n'y a eu que 2,388 constitutions de homestead.

Au contraire, dans les comtés de Nantucket, de Duke, etc., presque tous les actes prévoient l'exemption du homestead, et la propriété est enregistrée sous le nom de la femme.

En résumé, dans certains Etats, la loi du homestead est très connue, très populaire ; peu de propriétés restent en dehors du régime de l'exemption ; dans d'autres, au contraire, la pratique du homestead est peu répandue, parce que la loi n'est pas connue.

Cette méconnaissance d'une loi essentiellement populaire est signalée dans beaucoup d'Etats. Il résulte aussi des rapports des consuls anglais que les frais d'acte et d'enregistrement du homestead éloignent les petits propriétaires et font obstacle autant que l'ignorance de la loi à la diffusion du homestead. Dans la Louisiane, les frais de déclaration et d'enregistrement s'élèvent à douze dollars, dont dix pour l'acte notarié et 25 cents pour cent mots enregistrés. Ce sont, paraît-il, les frais de la déclaration qui ont rendu la formalité de la déclaration impopulaire et lui ont fait préférer la condition de l'occupation pure et simple, sans enregistrement. C'est à cette intention que la législature du Territoire de Washington, érigé en État en 1889, a inséré dans le code l'article suivant : « Si une personne meurt laissant une veuve ou des enfants mineurs, la veuve ou les enfants ont le droit de garder le homestead et le mobilier de la famille ; et si le chef de la famille, de son vivant, n'a pu remplir les formalités de la loi relatives à la constitution d'un homestead, la veuve et les enfants sont admis à les remplir, et le homestead ainsi constitué sera remis à la veuve et aux en--

fants, sans être placé sous la garde de l'administrateur et libre de toutes les dettes de la communauté (1). »

En somme, l'enquête ouverte par le Gouvernement anglais ne nous fournit que des renseignements incomplets et bien peu concluants sur le développement du homestead dans les Etats où la déclaration est exigée par la loi. Toutefois, nous emprunterons tout à l'heure à cette enquête quelques faits intéressants qu'elle a révélés sur le fonctionnement de l'institution.

Nous avons vainement recherché dans les publications du *Census* de 1890 quelques renseignements au sujet du homestead ; c'est une des lacunes de ce grand travail. Mais nous y relevons une donnée qui semblerait témoigner d'un accroissement dans les locations des fermes jusque là cultivées par les propriétaires et, comme conséquence probable, d'un ralentissement dans le mouvement du homestead.

Les Bulletins du *Census* américain nous apprennent que dans neuf Etats dont les statistiques étaient publiées au mois de septembre 1893, le nombre des fermes mises en location avait notablement augmenté de 1880 à 1890 : en Iowa, de 24 à 30 p. 100 ; dans le Tennessee, de 34 à 41 p. 100 ; dans le Massachusetts, de 8 à 15 p. 100 ; dans la Géorgie, de 45 à 68 p. 100 ; en résumé, de 10 p. 100 pour les neuf Etats. Les publicistes américains avaient déjà signalé cette tendance des propriétaires à louer leurs propriétés à des *tenants*. Le *New-York Times* du mois de juin 1888 disait que ce mouvement rétrograde dénotait un lent passage de l'état de liberté à celui de quasi-esclavage, dans lequel un homme qui exploite une

(1) *Accounts and Papers.* 1887, t. 81, p. 366.

ferme louée devient un vassal du *land lord*. C'est, comme on voit, l'expression sous une autre forme de la pensée du sénateur Benton.

En 1880, sur quatre millions de fermes recensées aux Etats-Unis, on en comptait 1,024,000 tenues à bail, soit une proportion de 25 p. 100 ; il est à présumer que le *Census* de 1890 fournira une proportion de 35 p. 100, soit un tiers des fermes en location.

X

La question mérite d'être étudiée séparément pour le homestead fédéral et pour le homestead proprement dit, inscrit dans le code des Etats. Ils n'ont ni la même origine, ni les mêmes lois, ni la même clientèle ; leurs inconvénients ou leurs avantages sont divers et dérivent de causes différentes. Commençons par le homestead fédéral.

Pour juger d'une loi, d'une institution, il faut savoir comment elle est accueillie par l'opinion publique, quels sentiments elle provoque dans la population qui en fait l'essai. *C'est toujours bien administré quand il n'y a pas de plaintes*, disait Fouché à un préfet du Consulat (1) qui l'entretenait de mesures qu'il avait prises dans son département pour accélérer la vente des biens nationaux. On peut dire en modifiant légèrement le mot de Fouché, c'est toujours bien légiféré quand la loi n'excite pas les plaintes du public. Peu de lois, peu de réformes, après avoir si longtemps passionné l'opinion, après avoir servi dix ans de plate-forme

---

(1) *Mémoires* de Verneilh-Puyraseau, préfet de la Corrèze.

électorale aux partis politiques, ont été accueillies avec plus de calme et de satisfaction et ont fait aussi peu de mécontents. La loi du 20 mai 1862 votée, le calme revint instantanément dans les esprits et la presse cessa de s'occuper du homestead fédéral. De très rares réclamations sont adressées à la commission des terres publiques au Congrès.

Quant aux actions entre particuliers qui se vident devant les Cours, jamais forme de propriété n'a donné lieu à aussi peu de procès : c'est au point que sur cent affaires d'exemption foncière, il s'en trouve à peine quatre ou cinq relatives au homestead fédéral. Si l'on excepte la période troublée de la guerre de Sécession et les années difficiles de la reconstitution des Etats du Sud, on peut dire que le homestead s'est développé régulièrement, sans bruit et sans incidents, prenant faveur chaque année davantage auprès de la population américaine et des émigrants étrangers qui viennent demander des terres, fonctionnant à la satisfaction du Gouvernement et des concessionnaires.

Comment le homesteader pourrait-il se montrer mécontent de la situation nouvelle qu'il doit à la munificence de la République ? Avant de devenir propriétaire, à si peu de frais, il vivait misérablement à la ville, avec sa famille, dans quelque réduit sordide, au fond d'un faubourg, condamné aux privations, souvent expulsé de son logement, quand le salaire se réduisait, à la suite de ces crises commerciales ou industrielles dont les Etats-Unis ne sont pas plus exempts que nos pays d'Europe.

Ou bien il était cultivateur dans une de ces provinces de la Prusse où le régime des majorats, frappant la terre d'inaliénabilité, lui interdisait l'espoir même le plus lointain de conquérir par

son travail cette terre qu'il cultive de père en fils
depuis des siècles. Il a passé la mer avec sa nombreuse famille, et le voilà aujourd'hui propriétaire
d'un *home* et garanti contre l'éviction.

A la vérité, les débuts sont pénibles, car le plus
souvent il n'a pas d'avances, et ne possède que les
outils indispensables de sa profession. Il va dans
la forêt la plus voisine de son lot, coupe quelques
pièces de bois, qu'il dresse deux à deux sur le sol à
angle droit, reliant cette charpente élémentaire
par des pièces transversales, recouvrant le tout de
branchages et de gazon. Le voilà installé dans le
long-house (1), le home rudimentaire qui l'abritera
lui et sa famille pendant quelques années. Il fait
labourer son terrain par un voisin mieux installé,
cela lui coûte cinq dollars qu'il acquittera à la
récolte prochaine. La loi lui permet d'hypothéquer
son homestead avant les cinq ans de résidence. Il
pourra acheter pour quatre cents francs, une paire
de mules ou de bœufs; il étendra sa culture;
chaque année il complétera son outillage et ajou-
tera aux *improvements,* jusqu'à ce qu'il ait une
étable, une grange et un hangar à maïs, et au
bout des cinq ans de résidence, il est possesseur
d'un domaine de six cents à mille dollars; et c'est
ainsi que depuis trente ans, un million de homesteads se sont constitués sur le sol des Etats-Unis,
et que cent trente millions d'acres de terres incultes ont été livrées à la culture et se sont transfor-
mées en fermes productives.

Mais, il y a quelques ombres à ce tableau, et
notre devoir est de faire connaître toute la vérité,
d'autant plus que, s'il y a eu des mécomptes sur
quelques points, ils ne compromettent pas le succès du homestead, et que le Congrès, toujours

(1) *L'Agriculture aux Etats-Unis.* — Rapport de M. Breuil,
consul général à New-York, Paris 1881, Imprimerie Nationale.

attentif à l'œuvre de la colonisation, a pris dans
ces divers temps une série de résolutions et de
mesures qui ont fait disparaître les abus les plus
criants.

Et d'abord, il est d'observation que le nombre
des homesteads constitués définitivement après
cinq années de résidence est notablement inférieur
à celui des demandes de concessions. Dans quelques Etats du Sud et de l'extrème Ouest, l'écart
est considérable. Dans le Wyoming, sur cinq demandes en concession, il n'y en a qu'une qui
aboutisse après cinq ans à la création définitive
d'un homestead ; dans le Dakota, la disproportion
est encore plus forte, un sur huit.

Quelle est la cause de ce phénomène économique que les statistiques officielles de Washington
constatent sans en donner l'explication ? On peut
supposer qu'il y a des commutations, c'est-à-dire
qu'un certain nombre de concessionnaires, qui
pour des raisons diverses, ne pouvant pas attendre l'expiration du délai de cinq ans, usent de la
clause de commutation pour racheter à bas prix
la concession, et pouvoir la revendre. Mais les
rapports des commissaires constatent que la commutation est rarement pratiquée ; il faut bien le
dire, il y a des mécomptes, des rétrocessions et
des abandons.

Il est digne d'observation que les abandons de
homestead se produisent principalement dans les
régions dénudées de l'Ouest, où la sécheresse et
le manque d'eau découragent le cultivateur sérieux
et le poussent à abandonner son établissement et
à aller chercher ailleurs du travail. Dans ces dernières années, le Congrès et les législatures des
Etats se sont préoccupés de cette situation qui
menace de compromettre l'œuvre de la colonisation. La question de la production artificielle de la
pluie est restée plusieurs années à l'ordre du jour

aux Etats-Unis et n'a donné aucun résultat sérieux. Le service météorologique s'est engagé dans une voie plus pratique, en recherchant la relation qui existe en chaque région entre le degré de dénudation du sol et la quantité de pluie qui tombe, et en conseillant le reboisement des parties dénudées en pays de montagnes et même dans les terrains en plaine et actuellement peu propres à la culture.

C'est pour répondre à ces vues pratiques, que le Congrès, dans sa session de 1891, a autorisé le Président des Etats-Unis à mettre en réserve les terres du Domaine public qui sont couvertes de bois et à fixer les limites de cette réserve en chaque Etat par un simple décret.

Par une récente circulaire, M. Carter, commissaire général des forêts, invite les agents placés sous ses ordres à déterminer les parties boisées du Domaine public dont la mise en culture n'est pas absolument nécessaire pour les besoins de la colonisation; il expose qu'il est d'un haut intérêt pour les Etats-Unis de maintenir intacts ces terrains où la présence de la végétation retient les pluies et peut modifier avantageusement le régime des eaux, sans lesquelles la colonisation deviendrait impossible dans certaines régions de l'Ouest et du Sud-Ouest ouvertes au *settlement*. De toutes façons, le Gouvernement fédéral et les Assemblées des Etats sont décidés aux plus grands efforts et aux plus grands sacrifices, pour que l'œuvre de la colonisation et du homestead ne soit ni arrêtée ni compromise.

Mais il y a d'autres causes de mécomptes surtout pour les concessionnaires venus de l'étranger. Les cinq cent mille émigrants qui débarquent chaque année à New-York, sont, en mettant le pied sur le sol américain, l'objet de sollicitations intéressées et même de manœuvres délictueuses que

14

M. Donaldson a relevées dans son ouvrage sur le Domaine public (1). Certains Etats entretiennent, paraît-il, à New-York des agences de recrutement des émigrants, chargées d'attirer les étrangers par toutes sortes de promesses. « Les arides régions du Sud-Ouest, dit M. Donaldson, sont représentées comme des Eden où les moissons poussent d'elles-mêmes en toute saison sous l'action d'un soleil toujours clément ; où le manque absolu d'eau est présenté comme un bienfait de la nature, qui a voulu préserver ces pays des émanations pestilentielles qui déciment les populations des Etats voisins. »

Ce sont, paraît-il, les Territoires nouvellement organisés, comptant à peine quelques milliers d'habitants, et désireux d'atteindre le chiffre de population nécessaire pour passer au rang d'Etats, qui se livrent avec le plus d'activité à cette propagande. Ils y sont aidés, dit M. Donaldson, par tous ceux qui aspirent à occuper des emplois publics dans l'Etat projeté, surtout par les candidats députés et sénateurs de ces Territoires.

Il faut bien dire que ce ne sont pas seulement les Territoires, mais aussi certains Etats qui se livrent par l'intermédiaire d'agences à cette propagande qui aboutit presque toujours à faire des dupes. C'est avec raison qu'un consul Belge des Etats-Unis a signalé (2) à son Gouvernement les les manœuvres employées pour attirer les étrangers dans certains Etats du Sud. De pareils agissements ne peuvent avoir pour effet que de tromper les émigrants et de déconsidérer le homestead ; si vous attirez un groupe d'émigrants dans une plaine desséchée, vous les exposez à mourir de faim ; si vous les installez dans une

(1) *The Public Domain*, p. 585.
(2) Voir rapports consulaires belges pour 1888, p. 502.

plaine fertile, mais sans chemin de fer, sans
cours d'eau pour transporter au loin les produc-
tions de la terre, ils sont condamnés à consommer
sans pouvoir exporter ni importer; ils finissent
par abandonner ce pays sans débouchés ; la colonisation ne peut marcher qu'avec les autres éléments de la civilisation. C'est bien de cette pensée
que s'inspire le Gouvernement fédéral dans les
concessions de homesteads, et c'est pourquoi nous
sommes convaincus, malgré les agissements in-
corrects de quelques Etats, que l'œuvre de la colonisation et du homestead n'est pas en péril.

Mais la grande plaie du Domaine public, l'abus
le plus criant des concessions, c'est l'accaparement des terres publiques, qu'il s'opère sous le
couvert de la loi ou par la fraude. Nous avons
montré dans un chapitre précédent, comment une
même personne, en invoquant successivement les
lois de préemption, de homestead, de culture forestière et de terres désertes, pouvait obtenir du
Gouvernement fédéral un ensemble de concessions
formant une superficie de 1,120 acres ; deux au
moins de ces concessions de terres jouissent du
privilège de l'insaisissabilité : le homestead et la
culture forestière ; elles forment 320 acres.

Le mal n'eût pas été grand, si ces terres avaient
été concédées à des colons sérieux et de bonne foi,
comme l'exige la loi. Mais le plus souvent, les
terres n'étaient demandées que dans des vues de
spéculation, pour les revendre au détail à des particuliers ou en bloc à des syndicats. Ajoutons que
la loi était ouvertement violée, car il était matériellement impossible que le même propriétaire résidât effectivement à la fois sur plusieurs propriétés
qui bien souvent n'étaient pas situées dans le
même comté, ni dans le même Etat.

Mais ce n'est pas tout : la fraude s'est mêlée à
la spéculation, et on a vu des syndicats de capita-

listes, disposant d'un nombre considérable d'agents à leur solde, obtenir, en concessions isolées faites sous le nom de ces agents, jusqu'à cent mille acres de terrains dans un même comté, d'un seul tenant. Il y a quelques années, un groupe de banquiers de San-Francisco, qui convoitait les riches forêts situées dans le comté de Humboldt, enrôla un millier d'individus sans ressources et même sans aveu, à qui on fit les premières avances pour solder les droits, du reste minimes, des demandes individuelles en concession de homestead et de culture forestière dans le comté. Ils alléguaient mensongèrement qu'ils étaient établis sur les lieux depuis plusieurs années. Les concessions obtenues, ils mirent les bois en coupe sombre, pendant que, pour la forme, ils plantaient quelques arbustes sur des surfaces dénudées. L'enquête qui fut ouverte à ce sujet établit que le syndicat financier avait réalisé en quelques années un bénéfice de onze millions de dollars.

Presque à la même époque, une autre fraude plus colossale avait été commise dans le Territoire de New-Mexico. Un spéculateur trouva le moyen de se faire concéder 7,200,000 acres de terres publiques. Il avait enrôlé lui aussi de nombreuses escouades d'individus ; ils avaient pour mot d'ordre de circuler sur les vastes terrains incultes de ce Territoire, poussant devant eux des troupeaux de bœufs ou de moutons, qui parquaient quelques jours sur les terrains ; ils les menaient ensuite sur d'autres terrains inoccupés, suivis de huttes roulantes, qu'ils déclaraient comme leurs *home* ; plus de 40,000 concessions furent ainsi faites dans l'espace de quelques mois. On reconnut plus tard, sur une dénonciation faite au *land office* par des colons sérieux établis dans la région, que les demandes de concessions étaient faites sous des noms supposés et écrites de la même main. La déchéance fut prononcée ; mais combien de spéculateurs avaient par des procédés tout aussi peu corrects, obtenu des concessions de milliers d'acres, et vivaient tranquillement sur leurs terres, garantis contre toute éviction.

Ces accaparements n'étaient pas seulement préjudiciables au Domaine public, ils l'étaient aussi à la propriété privée, surtout aux concessionnaires sérieux, aux colons établis de bonne foi sur les terres publiques à titre de homestead, de préemption ou de culture forestière. Il arrivait bien souvent que des fermes, des homesteads constitués depuis plusieurs années se trouvaient englobés dans le vaste domaine d'un mangeur de terres, d'un *land graber* comme on appelait les accapareurs. Pour obliger le *homesteader* à lui céder son bien, il n'était pas de vexations que le puissant voisin ne lui fît subir ; il brisait ses clôtures en fil de fer et mettait son terrain en paissance ; il allait même jusqu'à lui fermer les voies d'accès qui conduisaient au *township* le plus voisin et l'obligeait à se construire un autre chemin.

Ces faits avaient excité dans tous les Etats qui en étaient témoins une indignation générale : des *meetings* tenus dans plusieurs villes avaient dénoncé à l'opinion publique les méfaits des accapareurs ; quelques orateurs avaient même proposé de lyncher les plus grands coupables. Le Gouvernement s'émut de cette situation et n'hésita pas à mettre un terme aux abus.

La commission des terres publiques de la Chambre (1) était saisie de plaintes nombreuses des

---

(1) Le Congrès américain est partagé en un certain nombre de grandes commissions permanentes, chargées de centraliser, chacune dans sa spécialité, tous les documents, toutes les réclamations, plaintes et pétitions des particuliers et de préparer les solutions conformes ; ces commissions sont au nombre de quarante : Commission des terres publiques, de la revision des lois, des chemins de fer, des dépenses de chaque ministère, des pensions, etc., etc.

particuliers ; elle ouvrit une enquète sur les fraudes commises dans le comté de Humboldt en Californie, et proposa une série de mesures qu'il faut rappeler sommairement :

1° Loi tendant à restreindre l'étendue des terres à acquérir dans les Territoires. Cette loi, votée le 3 mars 1887, contient, entre autres dispositions, un article interdisant le droit d'acquérir aux syndicats ou corporations dont le capital jusqu'à concurrence de 20 pour 100 appartiendrait à des étrangers ;

2° La révision sévère de la loi de homestead du 20 mai 1862 ; les syndicats d'accapareurs et surtout les syndicats d'étrangers visés par des dispositions spéciales ; le délai de commutation porté de six mois à quatorze ; la faculté pour le colon sérieux de s'absenter pendant une année ;

3° Le rappel des lois de préemption et de culture forestière voté dans la session du Congrès en 1891.

Sur ces deux points, nous estimons que le Congrès est allé un peu vite et un peu loin. La préemption et le *timber culture act* ont certainement donné lieu à des abus criants ; mais il ne nous paraît pas qu'il n'y eût d'autre moyen de réformer les abus de la loi, que la mettre à néant.

La préemption a rendu de grands services aux Etats-Unis ; elle a préparé l'œuvre et assuré le succès de la colonisation ; elle ne semble pas moins nécessaire et son action ne serait pas moindre qu'il y a cinquante ans. Le Gouvernement fédéral a distribué près de huit cents millions d'acres de terres publiques ; il lui en reste encore près de six cents millions à cadastrer et à concéder, neuf cent cinquante millions, si l'on tient compte du Territoire d'Alaska, ouvert au *settlement* depuis 1889 ; cela représente environ cinq fois la surface de la France. Mais il faut ajouter que ce sont les plus

mauvais terrains, les plus rebelles à la culture. Il
se trouve néanmoins chaque année des colons qui,
par économie, avant même que les terres soient
cadastrées, viennent s'y établir, y élèvent des
constructions et défrichent les terres incultes,
préparent en un mot l'œuvre de la civilisation.
Pourrait-on refuser à ces hardis pionniers, comme les appelait le président Buchanan dans son
reto, le droit de préemption pour la terre qu'ils
ont mise en culture, pour l'enclos et la maison
qu'ils ont élevée ?

Quant à l'acte du *timber culture,* il est à craindre qu'on ne s'aperçoive dans un avenir prochain
des conséquences fâcheuses de son rappel. Les
forêts des États-Unis, autrefois si étendues et si
riches, disparaissent rapidement sous l'influence de
causes diverses, mais surtout par l'effet de l'auto-
risation accordée par le Congrès aux compagnies
concessionnaires de chemins de fer de prendre sur
le Domaine public les matériaux, pierres ou bois,
nécessaires à l'établissement des voies ferrées.
Les surfaces boisées de l'Union se sont à ce point
rétrécies que, de l'aveu du major Powel (1), on peut
aller aujourd'hui de l'un à l'autre Océan, sur un
parcours de plus de trois mille kilomètres, sans
rencontrer une seule forêt assez grande pour être
figurée par une tache visible sur la carte des
États-Unis.

Le homestead proprement dit.

C'est une pensée politique, le souci de la colonisation, le peuplement des solitudes de l'Ouest, qui
a dicté le homestead que nous venons d'examiner;

---

(1) *American Encyclop.* — Art. *Forestry.*

c'est une pensée plus intime, la protection du foyer domestique, qui a inspiré le homestead des Etats, le privilège d'insaisissabilité dont nous avons à parler.

Ici se pose une question dont nous avons dit quelques mots dans un précédent chapitre : le homestead est-il en dérogation de la loi commune ? Il y a cinquante ans, avant que le régime d'exemption fût établi, la règle admise dans tous les Etats et devant tous les tribunaux américains, c'est que les biens du débiteur étaient le gage de tous ses créanciers. Même après que le homestead se fût introduit dans quelques Etats, c'était encore l'opinion commune des Cours. Le juge Berry, président de la Cour suprême du Minnesota (1), s'exprimait ainsi : « La règle générale, c'est que la propriété tout entière du débiteur doit être appliquée au paiement de ses dettes. Les lois d'exemption ont pour effet de créer des exceptions à cette règle, de façon que le débiteur qui réclame l'exemption pour une portion de sa propriété doit rester strictement dans les termes de la loi qui stipule l'exemption. »

En Louisiane, où s'était perpétuée la tradition de l'ancien droit français, la Cour suprême déclarait (2) « que la loi du homestead passée en 1865 est une dérogation au droit commun, et doit recevoir une interprétation étroite (3). » Dans une autre affaire, la même Cour disait : « La règle générale c'est que la propriété du débiteur est le gage commun de tous les créanciers. Les lois d'exemption créent une exception à cette règle, et ne doivent pas être étendues par voie d'interprétation au delà des termes exprès de la loi. »

---

(1) Ward c. Huhn 16, Minn. 461.
(2) Guillory c. Deville, 21, La. An 686.
(3) Crilly c. le Shériff, 25. La. An 279.

Telle était donc l'opinion des Cours jusqu'à une
période assez avancée du développement du homestead. Mais, vers 1850, le régime de l'exemption se propageait à la généralité des Etats, les
juristes américains se mirent à l'œuvre, compul-
sèrent les vieilles chartes coloniales et les vieux
recueils de droit coutumier de la métropole; ils fini-
rent par découvrir, qu'au temps de la conquête
normande, où le seigneur était maître du sol et des
hommes, la terre était insaisissable aux mains du
tenancier. Grande découverte : on venait de trouver une origine féodale au homestead, comme on
trouve à certains personnages devenus tout à coup
illustres, des ancêtres parmi les croisés. La magistrature pourrait déclarer désormais dans ses
arrêts que le homestead ne déroge pas au droit
commun.

L'opinion des juristes américains est historiquement exacte; mais en fait, elle est une fiction
légale qui n'a été introduite que pour permettre à
la magistrature des Etats-Unis de fonder ses
arrêts et de justifier l'interprétation libérale qu'elle
fait de la loi et de la pensée du législateur. Quant
à ce dernier, il n'a jamais songé à faire revivre
une loi empruntée au régime féodal ; les discussions ouvertes à ce sujet devant les législatures
des Etats ne portent pas trace de cette préoccupation. C'est bien une loi moderne qu'il a faite, une
loi sociale, comme nous dirions en France, une
loi pour les pauvres gens, — *a poor's men law,* —
comme on l'a appelée aux Etats-Unis, une loi de
prévoyance pour la famille et de protection du
foyer, mais une loi prise en dérogation du droit
commun américain lui-même ; cela n'est pas
contestable.

A cette objection juridique de la dérogation qui
a été faite en France, dès l'apparition du homestead,
les partisans de l'exemption aux Etats-Unis répon-

dent : — Comment ! vous nous reprochez d'avoir
soustrait une portion du bien du débiteur à l'action
légitime du créancier; mais, vous-mêmes, faites-
vous autre chose, quand vous déclarez insaisissables les rentes sur l'Etat et les pensions militaires
pour l'intégralité, les traitements civils, rentes
viagères, les pensions civiles pour une partie ?
Vous mettez ainsi hors de l'atteinte du créancier
un revenu annuel de quinze cents millions, soit
un capital de cinquante millards ; vous constituez
ainsi en homestead, contrairement à votre droit
commun, la moitié de la fortune mobilière de la
France.

— Oui, répondent les adversaires du homestead
américain, nous avons établi l'insaisissabilité complète des rentes, l'insaisissabilité partielle des pensions et des traitements civils; mais c'est là simplement une mesure politique que nous avons dû
prendre, aux moments difficiles de notre histoire,
pour rétablir le crédit public éteint, ou pour assurer le recrutement de nos fonctionnaires et relever
le niveau personnel.

— Fort bien ! répond-on de l'autre côté de l'Atlantique; mais à présent que l'heure des difficultés
financières est passée, que votre crédit est le plus
solide qui soit au monde, que vos valeurs d'Etat
font prime sur tous les marchés, que ne revenez-
vous au droit commun entre créanciers et débiteurs ? C'est une haute pensée politique qui vous a
inspiré l'insaisissabilité des rentes ; mais c'est
aussi une pensée politique non moins élevée qui
nous a suggéré le homestead, le besoin de peupler
nos solitudes en y attirant les émigrants étrangers, et le souci non moins légitime de protéger
le foyer domestique. Quant à vos fonctionnaires,
il n'était pas nécessaire de sortir du droit commun
pour en assurer le recrutement ; nous n'avons pas
eu besoin d'établir pour eux ce privilège ; payez-les

bien, comme nous faisons, et vous serez bien servis.

Nous arrivons à des objections d'un autre ordre. Quand on parcourt les codes américains, il est un détail qui frappe tout de suite le lecteur : ce sont les divergences qui se produisent d'un Etat à l'autre, au sujet de la limite statutaire de la valeur immobilière déclarée insaisissable; nous avons donné dans un chapitre précédent le tableau de ces valeurs que nous avons extrait des codes législatifs des Etats : elles varient depuis 300 dollars en Pensylvanie, jusqu'à 5,000 dollars en Californie. C'est surtout dans les Etats de l'Ouest, où la valeur de la propriété est insignifiante, que la limite est le plus élevée ; en sorte que fort souvent il arrive que la propriété tout entière du débiteur est placée hors de l'atteinte du créancier, et qu'un magistrat a pu dire en toute vérité, que si dans certains Etats la terre était partagée également entre tous les chefs de famille, le sol tout entier serait garanti contre la saisie.

Mais il y a plus : il existe un certain nombre d'Etats, toujours dans la région de l'Ouest, dans lesquels la loi de homestead n'établit aucune limite pour la valeur insaisissable ; ce sont le Dakota, la Floride, le Minnesota, le Kansas, le Nebraska, le Wisconsin. Cette omission de limite qui est évidemment intentionnelle et faite à seule fin d'attirer les émigrants, a donné lieu à des abus scandaleux, contre lesquels les partisans eux-mêmes du homestead ont été les premiers à protester. On se rappelle le cas de ce banquier en déconfiture qui réclamait comme son homestead un hôtel qui lui avait coûté cinq cent mille francs ; la loi de l'Etat n'établissait pas de limite à la valeur ; il ne fut débouté de sa demande, que parce qu'au moment où la dette fut contractée, il n'occupait pas son hôtel (1).

(1) Ainsworth Spofford. — Treasury of facts 1879, p. 69.

Une autre source d'abus est celle-ci : en général, les codes des Etats prennent soin d'indiquer que le terrain et la maison d'habitation sont exempts de saisie et que dans l'estimation de ces deux éléments on fait entrer en compte la valeur des améliorations réalisées ou de la plus-value acquise par la propriété. Dans un certain nombre de codes, il n'y a aucune réserve au sujet des améliorations, et comme les tribunaux interprètent la loi dans le sens le plus large, ils ne manquent pas d'étendre le privilège d'exemption aux constructions nouvelles élevées sur le homestead et dont la valeur est parfois supérieure à la propriété primitive. La loi du Texas dit expressément que les *improvements* n'entrent pas en compte dans l'évaluation du homestead, en sorte que le débiteur en bénéficie par surcroit.

Nécessité de la déclaration du homestead.

Aux termes de la loi fédérale du 20 mai 1862, nul ne peut obtenir une concession de terres publiques à titre de homestead, sans avoir fait auparavant devant le commissaire du Domaine ou devant une Cour un *affidavit* certifié par deux témoins dignes de foi. Au bout de cinq années, le concessionnaire est admis à faire la preuve de culture et de résidence continue sur les lieux, devant témoins ; après quoi, il leur est délivré un titre définitif de propriété ; ce sont là des actes, qui établissent l'état civil du homestead et qui ne laissent planer aucun doute sur l'origine de la propriété et sur son caractère d'exemption.

Il n'en est malheureusement pas ainsi du homestead proprement dit. Nous avons expliqué en son lieu quelle incertitude règne encore dans la plupart des Etats sur la question de savoir si une propriété est ou n'est pas placée sous le régime du homestead. On comprend cependant combien il importe au créancier d'être fixé sur ce point. Or, la formalité de la déclaration au bureau d'enregistrement des actes n'est, comme nous l'avons vu, obligatoire que dans un petit nombre d'Etats ; là où l'obligation n'existe pas, l'enregistrement de l'acte n'aurait aucune valeur légale, puisqu'il est dépourvu de sanction. C'est là une lacune fâcheuse dans la législation des Etats, et une lacune qu'il importe de faire disparaître au plus tôt, dans l'intérêt même des parties, débiteur et créancier.

La résidence obligatoire.

Cela est d'autant plus nécessaire que dans les vingt-cinq Etats, au moins, où la déclaration n'est pas de rigueur, l'existence du homestead ne se révèle que par le fait de l'occupation, et que l'occupation obligatoire à laquelle est astreint le détenteur du homestead est un des pires inconvénients qu'il présente.

On ne saurait imaginer à quels ennuis et à quels mécomptes cette condition de la résidence permanente expose le propriétaire de homestead, même dans les Etats où la déclaration est de rigueur. Nous nous bornerons à relever le cas suivant qui s'est plaidé en première instance et en appel devant les tribunaux de l'Arkansas (1).

Un résident de cet Etat, Swiney, possédait en homestead une propriété qu'il habitait avec sa famille et qu'il exploitait depuis quelques années. Il fit l'acquisition d'une minoterie située dans une autre partie de l'Arkansas, à une centaine de kilomètres de sa résidence. Il s'y transporta avec sa

---

(1) Tumlinson c. Swiney, 22. Dick. 400.

famille et son mobilier, après avoir loué son homestead à un voisin, sous la réserve qu'il pourrait plus tard en reprendre la jouissance.

Il avait laissé, paraît-il, quelques dettes à son départ. Deux ans après, un de ses créanciers obtint jugement contre lui. A partir de ce jour, notre industriel fait de fréquentes apparitions dans la localité qu'il a quittée, s'installant ostensiblement dans une des chambres de la maison qu'il avait louée, cherchant, au dire de la partie adverse, à se créer une sorte d'alibi, par sa présence sur les anciens lieux, pour faire croire qu'il n'avait jamais abandonné définitivement le homestead.

La saisie de l'immeuble ayant été opérée, à la suite du jugement, notre homme fit mieux, il ramena une partie de son mobilier et le déposa dans une des chambres du homestead. Puis il revint chercher sa femme et ses enfants et les réinstalla dans la pièce du homestead qu'il s'était réservé et intenta un procès en nullité de saisie à son créancier devant la Cour suprême. Pendant que l'affaire était en cours, il fit à sa minoterie de nouveaux voyages, suivis de nouveaux retours au homestead. La Cour cassa le jugement rendu et autorisa Swiney à rentrer en possession de son bien, jugeant qu'il n'y avait pas eu abandon définitif.

Ce malheureux *homesteader* se condamnant à faire pendant six mois la navette entre ses deux domiciles, transportant tantôt son mobilier, tantôt sa famille sur les grands chemins de l'Arkansas, donne bien, sous une forme un peu comique il est vrai, l'idée des mésaventures auxquelles on s'expose en abandonnant même temporairement son homestead ; il est permis de croire que les juges durent rire au récit de ses tribulations et qu'ils furent désarmés.

Les cas de cette espèce ne sont pas rares aux

Etats-Unis. On se marie, on s'établit dans une localité, où l'on constitue un homestead et où l'on vit tant bien que mal pendant quelques années, avec le revenu assuré au début du mariage. Puis les charges de famille augmentant, on éprouve le besoin de faire autre chose, de tenter la fortune ailleurs ; mais il faut quitter le homestead et l'on ne sait pas si les affaires réussiront ; on craint de perdre par une absence prolongée le bénéfice du bien exempt. Cette déchéance en perspective est une épée de Damoclès suspendue sur la tête du *homesteader* ; elle l'empêche parfois d'exécuter le projet qui l'eût peut-être conduit à la fortune. Aussi arrive-t-il quelquefois qu'on renonce au privilège pour conserver la liberté de ses mouvements. Il est d'observation d'ailleurs que le homestead est moins en faveur dans les classes riches et parmi les négociants que dans les classes moyennes, petits commerçants et rentiers des comtés.

Cette condition de la résidence permanente, que les Cours dans certains Etats appliquent avec une grande rigueur, constitue une sérieuse entrave aux affaires et au train de la vie ordinaire ; elle paralyse l'esprit d'entreprise et se concilie difficilement avec les habitudes d'activité, de mouvement et de vie qui caractérisent le *Yankee*. De toutes façons, elle est une diminution du droit de propriété, *minoratio juris possidendi*. Nous n'hésitons pas à dire qu'elle fournit une des objections les plus sérieuses qu'on puisse élever contre le homestead.

L'enquête anglaise sur le homestead.

L'enquête parlementaire faite par les soins du Gouvernement anglais nous a fourni quelques données statistiques intéressantes que nous avons consignées dans le chapitre précédent. Sur la question des avantages et des inconvénients, nous y relevons quelques observations qui méritent de trouver place ici.

Les rapports des consuls anglais sont confus, souvent même contradictoires ; il arrive le plus souvent que les commissaires ne font que rapporter l'opinion des personnes, presque toujours des négociants, qu'ils ont consultés.

M. Fonblanque (1), consul anglais à la Nouvelle-Orléans, écrit qu'il a pris l'avis d'un négociant en grains. D'après lui, les commerçants estiment que la loi du homestead n'est pas favorable aux hommes d'affaires. Dans le Mississipi, les prix au comptant que la loi d'exemption rend pour ainsi dire obligatoires, sont 40 p. 100 plus élevés que les prix à termes ou à crédit pratiqués par les négociants dont la solvabilité est indiscutable. Par exemple, une barrique de farine est vendue au comptant dix dollars en août ou en septembre ; si, au contraire, le négociant peut acheter à crédit, il paiera en coton et la barrique de farine ne coûtera que six dollars.

Il est indéniable que les lois d'exemption nuisent considérablement au crédit ; on pourrait presque poser en principe que la capacité de crédit d'un propriétaire de homestead est en raison inverse de la valeur limite du bien couvert par l'exemption. Le crédit est certainement plus limité dans le Nevada, par exemple, où la loi exempte vingt-cinq mille francs, que dans le Massachusetts où elle ne garantit que quinze cents francs. C'est là ce qui explique pourquoi le taux de l'intérêt varie dans des limites fort étendues suivant les Etats. Le taux légal est de 6 p. 100 dans le Massachusetts et le

_____

(1) *Accounts and Papers* 1887.— Tome 81, p. 385.

taux couramment pratiqué de 5,51, tandis que dans le Nevada il s'élève à 10 p. 100. Les Bulletins du *Census* (1) de 1890 constatent que dans l'Idaho, on emprunte parfois à 36 p. 100, et dans le Minnesota à 50 p. 100.

Mais revenons à l'enquête anglaise. Celle du Texas n'a certainement pas dû occasionner à son auteur de grands frais de recherches ; il n'a évidemment pas consulté ses voisins, comme l'avait fait le consul de la Nouvelle-Orléans ; il n'a même pas vraisemblablement consulté la loi de homestead du Texas, car il écrit que la limite d'exemption est de 125,000 francs, tandis qu'elle n'est en réalité que de 25,000 francs, chiffre déjà raisonnable. Le Texas est, comme on sait, le premier Etat où le homestead ait été appliqué ; l'enquêteur donne à entendre que le Texas fut dans le principe le refuge des gens condamnés en justice, et que la loi d'exemption n'a été faite que pour protéger les faillis, les banqueroutiers et les locataires insolvables.

Nous ferons remarquer à l'encontre de ces conclusions un peu sommaires et un peu vives, que le régime du homestead au Texas a été réglé par la Constitution elle-même, que cette Constitution a été revisée trois fois, en 1866, en 1868 et en 1876, que les dispositions sur l'exemption inscrites dans le premier pacte constitutionnel ont été maintenues dans les Constitutions révisées, et que les Constitutions soumises chaque fois à la ratification du peuple, ont été votées par d'importantes majorités et n'ont rencontré qu'un chiffre insignifiant de votes contraires.

Le rapport du consul anglais Cridland, pour le district consulaire comprenant la Géorgie, le Tennessee et les deux Carolines contient l'appréciation

(1) *Extra-Census Bulletin*, août et septembre 1893.

15

suivante : « La majorité du peuple dans ces Etats est certainement en faveur de la loi, puisqu'elle a été votée par elle, et nulle tentative n'a été faite jusqu'à présent, pour en demander l'abrogation. Il ne paraît même pas probable qu'elle soit demandée dans l'avenir. Les capitalistes des Etats sont opposés à la loi de homestead ; mais ils sont la minorité. Les gens d'un petit avoir (*the people of small means*) regardent le homestead comme un grand bienfait ; ils savent que pourvu qu'ils acquittent leurs taxes, le homestead leur est garanti, et qu'en cas de mauvaises affaires, ils ne risquent pas d'être jetés sur le pavé. Les capitalistes soutiennent aussi que c'est une loi de fausse philanthropie, qu'elle empêche de traiter les affaires au comptant, qu'elle ferme tout crédit aux petites gens et les jette dans les mains des usuriers ; qu'il en résulte un renchérissement du prix des marchandises et une élévation du taux de l'intérêt. »

L'enquète ne contenant pas d'autres faits dignes d'être notés, nous clorons notre résumé sur ces dernières paroles, qui *témoignent* d'une observation scrupuleuse des faits et d'une appréciation impartiale et sans parti pris de la loi.

Pour compléter ce tableau des inconvénients du régime de l'exemption, nous ajouterons qu'autant le homestead établi sur concession de terres publiques, laisse peu de place aux abus et aux contestations entre particuliers, autant le homestead des Etats est fécond en procès devant les tribunaux ordinaires, les Cours d'Etat et les Cours fédérales. « Le homestead, dit M. Ainsworth Spofford, a été depuis sa création une véritable boîte de Pandore (1), d'où sont sortis ces innombrables procès qui font retentir le prétoire et ne laissent pas chômer la justice. »

---

(1) *American Almanach for 1879*, p. 70.

Certes, c'est là un inconvénient sérieux, mais nous nous garderons bien d'en prendre texte pour condamner le homestead. Quelle est en effet la forme de propriété à laquelle on ne puisse adresser le même reproche, au moins à l'origine, et le homestead en est encore à ses débuts? L'industrie des chemins de fer a donné lieu, chacun le sait, à d'innombrables procès en matière civile, commerciale ou correctionnelle; devons-nous pour cela condamner l'industrie des transports?

J'ai fait remarquer précédemment que cette multiplicité de procès est d'ailleurs moins le fait du homestead que du législateur. Le défaut saillant des lois d'exemption, c'est la discordance des codes et l'imperfection notoire de beaucoup d'entre eux; ils sont en outre trop sommaires. La loi du homestead au Texas tient dans quatre articles de la Constitution. Aussi qu'arrive-t-il? les Cours sont trop souvent dans l'obligation de suppléer par leur appréciation personnelle au silence de la loi; là est le mal; c'est la cause de ces décisions contradictoires que nous avons eu occasion de signaler tant de fois dans le cours de ce travail. Une loi qui laisse trop à l'interprétation du juge est une loi mauvaise; elle appelle une prompte réforme.

La réforme à réaliser est du même ordre que celle qui a été opérée il y a quelques années à propos de la question des chemins de fer, et avec un plein succès. On a créé une commission du commerce entre les Etats (*interstate commerce committee*), composée d'un certain nombre de commissaires nommés par le président des Etats-Unis avec l'assentiment du Sénat, comme les membres de la Cour suprême. Ces nouveaux juges sont chargés de régler les différends qui surviennent entre les nombreuses compagnies exploitant le réseau des Etats-Unis, comme aussi les contestations entre les compagnies et les particuliers; ils ont aussi pour mandat d'établir l'ordre dans le chaos des règlements discordants des compagnies; cette commission qui dispose de pouvoirs très étendus a rendu de grands services à l'industrie et au commerce des Etats-Unis; il y a indication évidente à étendre à la législation confuse du homestead la mesure qui a si bien réussi pour la législation des chemins de fer de l'Union; le jour où le Congrès aura organisé un *interstate homes-tead committee*, il aura assuré le succès de la réforme que tous les partisans du homestead attendent aux Etats-Unis.

Avantages du homestead.

Dans l'exposé qui précède, nous n'avons dissimulé aucune des objections que soulèvent les lois de homestead; nous n'avons omis ni atténué aucun des inconvénients qui résultent de leur fonctionnement. Mais nous ne voudrions pas laisser le lecteur sur cette impression défavorable, et quelques mots nous paraissent ici nécessaires pour compléter notre exposé et répondre aux indications du programme qui nous est tracé.

Et d'abord, les imperfections du régime, les abus et les inconvénients qu'il présente dans la pratique, tiennent surtout, comme nous venons de le dire, à ce que l'œuvre législative est défectueuse dans le plus grand nombre des Etats. J'en juge par ce simple fait que le chiffre des affaires litigieuses a diminué d'une manière sensible dans ceux des Etats qui ont refondu leurs codes primitifs, et les ont remplacés par des textes mieux étudiés. C'est le cas de la Virginie et de la Californie dont les *Statuts récisés*, tenant compte de l'expérience acquise et des *desiderata* de l'opinion, peuvent être proposés comme des modèles d'une

législation sur le homestead. Les questions relatives à la déclaration, à la qualité des personnes
pouvant réclamer l'exemption, à la renonciation, à
l'absence, à la transmission, à la vente, aux hypothèques et créances privilégiées, y sont prévues et
réglées avec une sûreté de vues et un sens pratique qui font honneur à l'esprit politique des législateurs de ces deux Etats.

Tel qu'il est cependant et malgré ses imperfections et ses défauts, le homestead peut être considéré
comme une institution de prévoyance et comme
une institution politique, qui a rendu et rendra de
plus en plus dans l'avenir des services aux particuliers et à l'Etat. Quand on considère l'ensemble
des garanties que la loi américaine accorde au
chef de famille, les exemptions mobilières et immobilières qu'il peut invoquer en cas d'événements
malheureux et de saisie, on est amené à conclure
que nulle part le foyer domestique n'est aussi fortement constitué, aussi efficacement protégé qu'aux
Etats-Unis.

Quand l'imprévoyance, l'imbécillité ou la mauvaise conduite du chef ont dissipé l'avoir qui
faisait vivre le ménage et amené la déconfiture du
mari, la famille trouve dans le homestead un
refuge, à l'abri duquel les époux aidés de leurs
enfants peuvent par l'économie et le travail refaire
leur situation et revenir à l'aisance. Que reste-t-il
en France au ménage victime des fausses spéculations du chef ou sous le coup d'un revers inat-
tendu qui a englouti l'avoir tout entier du ménage ?
c'est bien souvent la fin de la famille, le signal de
la dislocation, de la dispersion du foyer domestique.

Qu'arrive-t-il également après la mort du chef
de la famille ? En Amérique, la loi assure le sort
de la veuve et des enfants, en leur donnant l'abri
du homestead. En France, le bien familial, la

maison et l'enclos, et le bétail et le mobilier sont
bien souvent saisis, vendus à perte et avec des
frais de justice écrasants. A la campagne, cette
situation bien des fois signalée dans les rapports
annuels du garde des sceaux ne fait que s'aggra-
ver d'année en année : en 1879, on comptait 6,805
ventes sur saisies immobilières: en 1885, 9,575;
en 1889, 14,278 ventes. Et ce n'est pas là toute la
vérité. Un président de tribunal civil disait devant
nous il y a quelques années : « Si nous ne modé-
rions pas de toutes nos forces ce mouvement de
saisies, ce n'est pas trois cents affaires qui seraient
portées chaque année à la barre, c'est au moins
quinze cents (1). »

De pareils faits ne sont pas à l'honneur de notre
civilisation et de nos lois démocratiques. Qu'arrive-
t-il le plus souvent en pareil cas ? Le foyer
domestique étant anéanti, des orphelins qui restent, les uns sont recueillis par des parents ou par
des voisins bienfaisants; d'autres sont admis dans
les refuges, dans les orphelinats et retombent à la
charge de la charité publique; le reste, abandonné

---

(1) En Italie, la situation est encore plus mauvaise. L'*Annuario
statistico italiano* pour 1893 nous donne le relevé suivant des
ventes forcées d'immeubles pour non-paiements d'impôts :

1887	10,899
1888	14,195
1889	22,415
1890	13,825
1891	9,414
1892	9,471

Il résulte du document que nous avons sous les yeux, que un
quart des ventes est opéré pour non-paiement d'un impôt de moins
de cinq livres, et plus de la moitié pour non-paiement d'impôts de 5
à 50 livres, preuve évidente des souffrances de la petite propriété.
Ce chiffre des ventes forcées a diminué dans ces dernières années,
parce que le Parlement italien a voté d'urgence une loi qui est un
acheminement vers le *homestead*. Aux termes de la loi du 14 avril
1892, les immeubles expropriés pour dettes d'impôts ne sont plus
vendus aux enchères, mais cédés aux communes et administrés au
compte des propriétaires, qui ont un long délai pour se libérer.
(Note additionnelle.)

à lui-même, sert à recruter ce qu'on a appelé l'*armée du crime* et devient un danger pour la société. Ne vaudrait-il pas mieux par une loi prévoyante leur conserver le foyer ?

C'est bien là la considération décisive qui a créé le homestead. La Cour fédérale de district, siégeant dans la Caroline du Nord, l'a expliqué en un langage élevé qu'il convient de rappeler (1) : « Jusqu'à une période assez récente, les immeubles, le mobilier et même la personne du débiteur étaient sujets à exécution et saisie ; on n'exceptait qu'un petit nombre d'objets de mince valeur que la loi attribuait au débiteur, pour que la famille ne fût pas mise en état de dénûment complet. L'implacable avidité des créanciers aidant, cette législation eut pour effet de remplir le pays de familles ruinées, qui devinrent une lourde charge pour l'Etat, au lieu de contribuer à sa prospérité. La Constitution de cet Etat votée en 1868 fut le commencement d'une politique plus avisée et plus humaine. La guerre de la Rébellion eut pour résultat d'accroître encore la misère et de jeter sur le pavé un plus grand nombre de familles malheureuses. La Convention qui se réunit cette même année prescrivit d'insérer dans notre loi organique une disposition pour mettre hors de toute atteinte la liberté du débiteur honnête et pour garantir un homestead à sa famille. »

A l'appui de ces considérations, il n'est pas hors de propos de rappeler ici que les Etats-Unis sont de tous les pays qui tiennent une comptabilité régulière des faits sociaux, celui qui compte le plus petit nombre d'indigents secourus. Les Bulletins du *Census* de 1890 (2) nous apprennent

---

(1) Vogler *in re* 8, N. B. R. 132.
(2) *Census Bulletin* 1890, n° 90.

qu'on a relevé dans l'ensemble des Etats et des Territoires :

Indigents hospitalisés (*in door*)..........	73,065
— secourus à domicile (*ont door*)..	24.220
TOTAL.	97,265

soit une proportion de 1,6 pour mille habitants.

En Angleterre, on comptait en 1891 (1) :

Indigents hospitalisés (*in door*)...... ...	174,000
— secourus à domicile (*ont door*)..	487,200
TOTAL...............	665,200

soit une proportion de 22,8 pour mille habitants.

Nous relevons les chiffres suivants dans la *Statistique générale de la France* (2) ; ils se réfèrent à l'année 1885 :

Indigents hospitalisés.......	152,386
— libres (bureaux de bienfaisance).	1,478,927
TOTAL............ ..	1,631,313

soit une proportion de 42,9 pour mille habitants.

Il y a certainement de fortes réserves à faire sur ces données numériques, par suite de la manière difficile de classer les pauvres en chaque pays ; mais si on s'en tient seulement aux chiffres des indigents hospitalisés sur lesquels on peut tabler avec certitude, on voit quelle faible proportion de pauvres compte l'Amérique, comparativement aux Etats de l'Europe. Quelque opinion qu'on doive se faire de la cause de ce phénomène social, nous estimons que ceux qui écriront, comme le fit jadis le prince Louis-Bonaparte, sur *l'extinction du*

(1) *54° Annual report of the registrar general*, p. LXVIII, 1891.
(2) Tome XV.

paupérisme en France, pourront utilement étudier cette question dans ses rapports avec le développement du homestead.

Un autre fait social que nous devons signaler à propos du régime du homestead, c'est l'atténuation de la criminalité aux États-Unis. S'il est vrai, comme on l'a répété tant de fois, que la propriété est un puissant agent de moralisation, nous sommes autorisés à croire qu'il en doit être de même et à plus forte raison, quand la propriété est assurée contre la saisie, et que la sécurité du foyer se trouve ainsi garantie contre les accidents de la vie et les coups de l'adversité. Nous ne connaissons encore que les résultats sommaires du *Census* de 1890, mais ils confirment l'observation faite par les moralistes. Soit que l'on considère le nombre des crimes contre la propriété, soit que l'on se préoccupe du nombre des détenus en chaque pays, on constate que les États-Unis se font remarquer par leur faible criminalité, comparée à celle des États de l'Europe (1). Nous devons ajouter que l'élément étranger fournit la plus grosse part du contingent de la criminalité. Nous avons indiqué comment le Gouvernement fédéral a essayé d'enrayer ce mouvement inquiétant, en faisant une sélection sévère parmi les émigrants, et en fermant rigoureusement l'entrée du Territoire aux étrangers disqualifiés par des condamnations de droit commun encourues dans d'autres pays.

On a signalé dans ces dernières années aux États-Unis une tendance à la réduction des petites fermes et à la multiplication des grandes propriétés, et on a voulu voir dans ce mouvement de la propriété un effet du développement du homestead. Nous ne croyons pas que l'observation soit exacte, et encore moins que l'explication soit fondée.

(1) *Census Bulletin,* n° 32.

M. Breuil, dans l'ouvrage que nous déjà cité (1),
cite à l'appui de cette évolution l'exemple suivant :
« Depuis 1875 jusqu'à 1878, le comté de Stenben
dans l'Etat de New-York a gagné 1,712 fermes
de 100 à 500 acres et en a perdu 1,272 de 50 acres
à 100 ; le comté de Lawrence a gagné 1,658 fermes de 100 acres et au-dessus et en a perdu 1,247
de moindre valeur, etc. Cette tendance du reste
n'est pas particulière à l'Etat de New-York. Partout la grande culture prend plus de place ; il semble même que, dans un avenir plus ou moins
éloigné, l'association doive, dans une mesure considérable, s'emparer de l'agriculture comme elle
l'a fait de l'industrie. Déjà on voit les capitaux
s'associer pour traiter une ferme comme une
usine, et des compagnies se fonder quelquefois
sur une vaste échelle. »

Nous ne pensons pas que l'observation rapportée
par notre compatriote soit absolument exacte. Elle
se vérifie peut-être dans l'Etat de New-York et
quelques autres Etats où il n'existe plus de terres
publiques disponibles ; mais nous pensons que
c'est le contraire qui est vrai pour l'ensemble des
Etats. Nous en jugeons par ce fait que la superficie moyenne des fermes ne cesse pas de diminuer
à chaque recensement décennal : elle était de
203 ares en 1850, de 199 en 1860, de 153 en 1870,
de 136 en 1880. Si la surface moyenne ne cesse
pas de diminuer, c'est qu'évidemment la grande
propriété perd du terrain. M. Levasseur, qui a
visité récemment les Etats-Unis, a exprimé, dans
une communication faite à la *Société nationale
d'agriculture*, l'opinion que nous venons de rapporter et qui résulte naturellement de la simple
comparaison des chiffres officiels fournis par les

(1) *L'Agricult. aux Etats-Unis*, p. 9.

recensements. La publication prochaine des documents du *Census* sur la propriété, ne tardera pas à nous renseigner sur ce point ; il serait bien étonnant que le mouvement eût changé de sens dans les dix dernières années.

Mais ce qu'il importe de faire remarquer, c'est que le homestead n'est certainement pas favorable au développement de la grande propriété, dans les Etats où ce développement est réel. Dans l'Etat de New-York, il s'est formé plusieurs sociétés — nous avons le programme de l'une d'elles — pour la construction de homesteads mis à la portée des petites bourses. Ces sociétés achètent d'immenses terrains qu'elles découpent en lots et sur lesquels elles construisent des homesteads ; c'est bien là un travail de morcellement de la propriété.

Dans les vingt-cinq ou trente Etats où l'on compte encore des terres publiques, le Gouvernement joue le rôle de ces sociétés de homesteads. Il partage le terrain de son Domaine en lots de 160 ou 80 acres et les distribue aux concessionnaires qui viennent s'y établir. C'est bien là encore une œuvre de morcellement sur une immense échelle, puisque depuis 1862, 130 millions d'acres de terres, une surface grande comme la France, a été distribuée par le Gouvernement. Remarquons enfin que la superficie moyenne des fermes américaines fournie par le *Census* tend à se rapprocher de l'étendue moyenne des homesteads, que j'ai fixée à 123 acres (50 hectares).

En résumé, il ne nous paraît pas douteux qu'il y a une tendance au morcellement du sol aux Etats-Unis, et le homestead est la cause la plus active de ce mouvement économique ; mais il n'y a pas lieu de s'en affliger, car il indique l'accession d'un nombre de plus en plus grand de citoyens à la propriété ; il est le témoignage d'un accroissement de bien-être et un gage de sécurité sociale.

L'auteur de l'article *Agriculture*, dans l'*American Encyclopedia*, estime que dans l'espace de trente ans, un million d'émigrants ou d'ouvriers à peu près sans ressources sont devenus propriétaires ; et ce mouvement n'est pas près de s'arrêter, étant donnée l'immense étendue des terrains disponibles ; n'est-ce pas là une perspective rassurante et pour la société américaine et, suivant la juste remarque du sénateur Benton, pour l'avenir des institutions républicaines des Etats-Unis ? L'Union pourra subir des crises économiques, commerciales, industrielles ou même agricoles ; elle n'a pas à redouter ces crises agraires qui sont un péril social pour certains pays d'Europe.

Dans un de ces intéressants rapports que M. Wright, commissaire du bureau fédéral du travail (1), publie chaque année, nous constatons que sur 3,902 grèves survenues de 1881 à 1886, on ne compte que trois grèves agricoles ; encore faut-il ajouter qu'elles éclatèrent dans de grandes exploitations assimilables aux établissements industriels, et qu'elles ne s'étendirent pas hors du foyer où elles avaient pris naissance.

Les dernières pages qui précèdent s'appliquent au homestead proprement dit. Quant au homestead fédéral, le bénéfice le plus évident et le plus considérable que les Etats-Unis en ont retiré, c'est qu'il leur a permis de résoudre de la façon la plus heureuse et la plus simple le problème de la colonisation, marqué ailleurs par tant d'insuccès retentissants. Grâce au flot d'émigrants qu'attire la perspective d'une concession gratuite et insaisissable, le peuplement et la mise en culture des solitudes de l'Ouest et du Sud sont aujourd'hui assurés et chaque année le commissaire général du Domaine public peut dire : Cette année, nous

(1) *Strikes and Lock out.*

ferons soixante mille concessions de homesteads :
nous établirons dix mille colons dans le Dakota,
quinze mille dans l'Etat de Washington, etc., et
ramener ainsi pour la première fois peut-être un
phénomène économique essentiellement variable
à la régularité d'un phénomène astronomique.

Aussi les Américains sont fiers de leur homestead, et ce n'est pas sans enthousiasme qu'ils par-
lent de cette institution, sans précédent dans
l'histoire et sans égale (*unrivalled*) dans aucun
pays ; il est à la fois, dit M. Donaldson (1), l'asile
inviolable de la famille et l'appui du Gouvernement
fédéral. Il couvre d'habitations le sol des Etats ; il
fait sortir de terre les communes et les cités ; il
atténue les chances et la gravité des désordres
politiques et des bouleversements sociaux, en
appelant à la propriété les colons indigènes ou
étrangers qui viennent s'établir dans ce pays. Ce
homestead, nous ne l'avons emprunté à aucune
autre nation ; il porte la puissante et originale
empreinte du génie de notre race, et subsiste
comme le témoignage vivant et vivace de la sagesse de ceux qui l'ont établi.

---

(1) Donaldson, *The public Domain*, p. 350.

Institutions similaires en d'autres pays. — Le patrimoine
de famille au Canada. — Le mir russe.

Jusqu'à présent, nous ne nous sommes occupés
que du régime du homestead, tel qu'il est constitué
aux Etats-Unis par les lois fédérales ou par les
codes des Etats. Il nous reste à dire quelques mots
de ses expansions à l'étranger, au Canada et dans
quelques autres colonies anglaises de l'Australie.

Mais nous devons faire ici dès à présent une
observation qui a son importance, c'est que les
essais de homestead qui ont été tentés hors des
Etats-Unis ne ressemblent pas à celui que nous
avons étudié dans les chapitres qui précèdent; nulle
part ailleurs qu'aux Etats-Unis, on ne trouve le
privilège de l'exemption pour dettes jusqu'à une
limite établi pour chaque propriétaire. La seule
forme de homestead que l'on rencontre dans les
colonies anglaises, c'est l'exemption temporaire,
l'insaisissabilité limitée, pour les terrains accordés
aux émigrants qui viennent s'établir dans le pays.
Mais le propriétaire possesseur d'un terrain et
d'une maison n'a pas, comme aux Etats-Unis, le
droit de réclamer, sous la condition de certaines
formalités à remplir, l'insaisissabilité pour tout ou

partie de son immeuble. En somme, le homestead
est une concession faite en vue d'attirer et de fixer
les émigrants ; il n'a pas le caractère familial qui
le distingue aux Etats-Unis.

Nos observations se rapportent à peu près exclusivement au Canada, la seule colonie anglaise sur
laquelle nous possédions des renseignements
authentiques. Rappelons d'abord sommairement,
comme nous l'avons fait pour les Etats-Unis, le
régime de la propriété dans le *Dominion*.

L'étranger qui s'établit dans ce pays devient
sujet britannique par trois ans de résidence, et en
prêtant le serment d'allégeance, il reçoit sa lettre
de naturalisation du tribunal admis à recevoir la
preuve et le serment de l'émigrant.

L'étranger a le droit d'acquérir et de transmettre à titre gratuit ou onéreux, ainsi que par succession ou testament tous biens meubles ou
immeubles dans la province de Québec, au même
titre que les sujets britanniques (1).

L'étranger peut disposer librement par testament de ses biens, de quelque nature qu'ils soient,
en faveur de toute personne capable d'acquérir et
de posséder, sans réserve ni restriction, comme
peuvent le faire les sujets britanniques (2).

A défaut de testament, les enfants du défunt ou
leurs descendants succèdent au père et à la mère,
aïeul ou bisaïeul, sans distinction de sexe ni de
primogéniture, encore qu'ils soient issus de divers
mariages. Ils ont droit à la succession par portions
égales (3).

Le douaire coutumier au Canada consiste dans
l'usufruit pour la femme et dans la propriété pour
les enfants de la moitié des biens immeubles dont

---

(1) Code civil du Canada, art. 25.
(2) *Ibid.*, art. 609, 631 C. c.
(3) *Ibid.*, art. 625 C. c.

le mari était propriétaire au moment du mariage, et de ceux qui se trouvaient dans la succession provenant de ses père et mère ou autres ascendants.

Le Dominion du Canada possède un Domaine public qui est peut-être aussi étendu que celui des Etats-Unis. Il est tout naturel que le Gouvernement métropolitain et les Gouvernements provinciaux se soient préoccupés des moyens de mettre en culture les immenses solitudes de l'Amérique du Nord, et qu'à l'exemple des Etats-Unis, ils aient pris le parti de concéder des terres sur le Domaine public aux colons qui veulent s'y établir.

A cet effet, on a entrepris dans les provinces et Territoires du Canada une cadastration méthodique des terres qui embrasse toute la superficie du Dominion. L'unité de mesure adoptée est celle des Etats-Unis, le *township*, grand carré de six milles de côté représentant 9,308 hectares, superficie un peu plus grande que celle de Paris qui comprend 7,802 hectares. Le *township* est subdivisé en 36 sections dont la 11° et la 29° sont destinées à être vendues pour la création d'écoles publiques. Les autres, subdivisées en quarts de sections de 160 acres, sont concédées aux colons, aussitôt que le *township* est ouvert au *settlement*.

Il existe, disions-nous tout à l'heure, une différence profonde entre les terres publiques concédées par le Gouvernement fédéral et celles que le Gouvernement anglais ou, comme dit la loi Canadienne, la Couronne attribue aux émigrants. Les concessions aux Etats-Unis sont faites sous le régime du homestead, c'est-à-dire qu'elles sont exemptes de saisie pour dettes contractées antérieurement à la concession ou plutôt à la délivrance du titre de propriété après cinq ans de résidence.

Au Canada, il y a simplement concession de terres de la Couronne, sans privilège d'exemption.

Les terres ainsi concédées sont soumises au droit commun anglais, qui autorise la saisie et la vente de tous les biens du débiteur au profit de ses créanciers. Nous faisons cette distinction dès le début pour rectifier une erreur communément répandue sur le homestead au Canada, que l'on assimile volontiers à celui des Etats-Unis. La vérité est que le homestead proprement dit avec droit d'exemption n'existe pas pour les terrains concédés sur le Domaine de la Couronne; on ne le trouve qu'à l'état d'exception dans quelques parties du Dominion, en vertu de concessions faites par le Gouvernement local.

Bien que la loi générale du Dominion ne contienne pas la clause caractéristique du homestead, nous y trouvons toutefois quelques dispositions spéciales prises évidemment dans l'intérêt de la famille; nous croyons qu'elles méritent une mention sommaire.

Le régime des concessions sur le Domaine de la Couronne a été réglé par un acte du Parlement qui remonte à 1879 et qui a codifié les mesures prises antérieurement à diverses époques (1). En voici les dispositions les plus remarquables :

Toute personne de l'un ou de l'autre sexe qui est chef d'une famille, ou tout homme qui a atteint l'âge de dix-huit ans aura droit à recevoir, sur sa demande, la concession d'un terrain de 160 acres, ou une quantité moindre correspondant à une des subdivisions légales adoptées (80 ou 40 acres), à prendre sur le Domaine disponible. Mais il doit être résident de bonne foi et habiter le terrain concédé pendant trois années consécutives, au moins six mois chaque année, sous peine de déchéance.

---

(1) An act to amend and consolidate the several acts respecting the public lands of Dominion, assented to 15 may 1879. — 42 Victoria, chap. 31.

Il lui est rigoureusement interdit de couper des bois pour la vente ou pour la décortication ; il n'en doit user que pour sa consommation personnelle.

Un colon qui a obtenu une concession·peut ajouter d'autres terres à son enclos, mais à la condition que l'ensemble des terres à lui concédées ne dépasse pas 160 acres.

Le concessionnaire, au moment de la prise de possession, doit verser une somme de dix dollars (50 francs) à l'expiration des trois ans de résidence, et il reçoit alors son titre définitif de propriété.

Toute vente ou transfert de la concession avant l'expiration des trois années est nulle et non avenue ; le colon est déclaré déchu de son droit, la terre concédée fait retour à l'Etat, et l'individu qui a encouru la déchéance n'est plus admis à former de nouvelle demande en concession.

Si les demandeurs en concession sont des émigrants réunis en communautés, comme les Mennonites, les Islandais, le ministre de l'intérieur peut modifier ou suspendre à son gré les dispositions énoncées dans la présente loi, en ce qui concerne la culture et l'installation sur le quart de section du *township* qui leur est assigné.

Le colon peut user du droit de commutation analogue à celui dont jouissent les concessionnaires de terres publiques aux Etats-Unis. Il peut avant l'expiration des trois années de résidence exigées par la loi, acquérir le terrain, pourvu qu'il fasse la preuve d'une résidence effective de douze mois et qu'il acquitte le droit de dix dollars. Il reçoit en échange le titre définitif de propriété.

Si les deux époux viennent à décéder laissant des enfants mineurs, et sans avoir pris de dispositions testamentaires, la concession passe aux enfants et le tuteur ou l'administrateur peut avec l'assentiment de la Cour supérieure de la Province ou du Territoire, vendre le terrain au profit exclusif des enfants et non pour un autre motif, et l'acquéreur reçoit le titre de propriété.

Cette dernière clause, qui est la reproduction du § 3 section 2 de la loi fédérale du 20 mai 1862, est la seule qui rappelle les dispositions du homestead des États-Unis en faveur de la famille, encore que la clause d'exemption ne soit pas explicitement formulée. Mais du moment que le bien ne peut être vendu que pour le seul bénéfice des mineurs, il est bien évident qu'il ne saurait être vendu pour les dettes des ascendants, et que dès lors le privilège de l'exemption est acquis aux enfants, bien que les parents ne puissent pas le réclamer de leur vivant pour eux-mêmes.

Nous allons trouver des dispositions plus libérales dans certaines provinces du Canada, placées sous le régime du *self government*. Dans la province de Manitoba, le Domaine des terres publiques appartient nominalement à la Couronne, mais effectivement au pouvoir local qui en dispose souverainement ; le régime de homestead qui s'est établi dans cette province diffère peu de celui que la loi du 20 mai 1862 a inauguré aux États-Unis. Un chef de famille peut acquérir, au titre de homestead, une concession de 160 acres, moyennant le paiement d'un droit fixe de deux livres (50 francs). Les autres conditions sont exactement celles de la loi fédérale de 1862. On pouvait aussi acquérir la terre dans cette province au titre de préemption ; mais les abus de la préemption ont été tels, qu'en janvier 1890 l'assemblée législative du Manitoba a dû rapporter la loi, comme on avait fait aux États-Unis.

Dans l'année 1888, il a été concédé par le Gouvernement du Manitoba 420,000 acres de terres publiques à 2,655 colons, au titre de homestead, soit une moyenne de 158 acres par personne. Aux

Etats-Unis, la concession moyenne n'est que de 123 acres, à raison du nombre des concessions de 40 ou 80 acres qui atténuent la moyenne (1).

C'est dans le Gouvernement de Québec que nous trouvons l'essai le plus intéressant du régime du homestead sur concessions publiques. Nous allons en faire connaître les dispositions principales (2).

Le homestead dans la province de Québec.

Au Canada, le homestead est désigné sous le nom de *patrimoine de famille*. Il est toujours constitué sur une terre publique dérivant d'une concession.

Dans les trois mois qui suivent la délivrance des lettres patentes de propriété au concessionnaire, ce dernier peut choisir sur sa concession un certain nombre d'acres de terre ne dépassant pas cent, pour se créer un *patrimoine de famille*. Pour cela, il est tenu de faire au bureau d'enregistrement du lieu où se trouve la propriété, une déclaration de constitution de patrimoine familial, avec la description détaillée des parties dont il se compose, maisons, prés, terres, bois, le tout d'une étendue maxima de cent acres.

Cette déclaration faite, il lui est délivré par le bureau d'enregistrement, un certificat de patrimoine de famille formant titre et valable devant tout tribunal ou toute juridiction de la province de Québec.

De ce jour, le patrimoine familial ne peut être saisi ni vendu, durant les quinze années qui suivent la date de l'enregistrement de la déclaration, pour le paiement de dettes contractées soit avant,

---

(1) *Emigrants' information office London 1890*, in-8°.
(2) *Statuts refondus de la province de Québec*, 3 vol. in-8°, Québec 1888 (eu français).

soit pendant cette période, à moins qu'il ne s'agisse du paiement du prix des terres, ou de celui des charges et hypothèques valides consenties sur la propriété, après l'émission des lettres patentes.

Mais là ne se borne pas le privilège d'exemption accordé au concessionnaire qui s'est constitué un patrimoine, la loi canadienne lui accorde en outre, comme aux Etats-Unis, un homestead mobilier. L'article 1745 du code de Québec accorde l'exemption de saisie aux objets suivants : le linge, les vêtements, la literie, le métier à tisser, les chaises et tables, deux chevaux ou deux bœufs de labour, quatre vaches, six moutons, huit cents bottes de foin, les charriots et instruments aratoires. Mais l'exemption de saisie n'existe pas pour ces objets mobiliers, s'il s'agit du prix d'acquisition.

Qu'il s'agisse de l'immeuble ou des meubles, il n'y a pas de privilège d'exemption pour le paiement des taxes municipales, scolaires ou de répartition d'églises.

Comme on le voit par ce simple exposé, le homestead dans la province de Québec a pour caractère d'être limité dans sa durée. Au bout de quinze ans le privilège s'éteint et le *patrimoine de famille* retombe dans le droit commun. Il n'est pas hors de propos de faire remarquer à ce sujet, que la magistrature canadienne, pour justifier ses arrêts d'exemption de saisie, n'a pas été, comme celle des Etats-Unis, dans la nécessité d'invoquer le droit commun féodal, qui prononçait l'insaisissabilité de la terre. Le législateur canadien n'a pas cru devoir recourir à cette fiction légale ; il a pris soin d'avouer que l'exemption de saisie était une dérogation au droit commun. L'article 1744 du *code refondu de Québec* porte en effet : « Les terres choisies comme *patrimoine de famille* avec les bâtisses et autres constructions y érigées, tant qu'elles sont aux mains du concessionnaire, ou entre les mains de sa veuve, ou de ses enfants, héritiers légataires ou donataires, sont, *nonobstant les articles 1980 et 1981 du code civil et les articles 553 et 554 du code de procédure civile,* exempts de la saisie et exécution. »

C'est en cela que consiste le *patrimoine de famille* au Canada ; il ne diffère en somme du homestead fédéral que par sa durée, qui est limitée à quinze années, dans la province de Québec. En légiférant sur cette matière, le Gouvernement de Québec, comme le Parlement anglais, comme le Gouvernement fédéral des Etats-Unis, s'est inspiré surtout des nécessités de la colonisation.

L'œuvre de la colonisation au Canada est appuyée par une propagande active faite au dehors par des agents chargés par le pouvoir local de recruter des émigrants en Angleterre et dans d'autres pays d'Europe. Mais ces émigrants doivent être de bonne qualité, et posséder, s'il est possible, une certaine mise de fonds : « Choisissez avant tout, portent les instructions, une population morale et amie de l'ordre, et envoyez-nous le plus possible de cette classe de gens, en leur assurant d'avance un fraternel accueil parmi nous ; souvenez-vous constamment que mieux vaut avoir peu d'émigrants et les avoir de bonne trempe, que de courir le risque d'introduire dans notre population un élément nuisible et perturbateur (1) », et avant de s'embarquer pour le Canada, chaque émigrant est tenu de faire la preuve de sa moralité, en produisant l'extrait négatif de son casier judiciaire.

Tels sont les faits que nous avons pu recueillir sur le régime du homestead au Canada. C'est également sur la base d'une concession de terres

---

(4) La *Province de Québec* et l'*Emigration européenne*, publié par ordre du Gouvernement de Québec.

publiques, que le homestead a été organisé dans quelques colonies anglaises de l'Australie. Dans la Nouvelle-Zélande, les homesteads ont une étendue de deux cents à trois cents acres, suivant la qualité des terres concédées. Mais nous manquons de détails précis sur cette organisation qui est toute récente.

Il nous reste à dire quelques mots des institutions analogues au homestead qui existent dans d'autres pays. Les intéressantes monographies publiées par la *Revue de l'Université Johns Hopkins* nous en fournissent de curieux spécimens, relevés dans les anciennes colonies anglaises (1). Mais ces travaux n'ont qu'un intérêt historique, nous nous bornerons à les signaler au lecteur.

Je ne parlerai que pour mémoire du *Hœfrolle*, pratiqué dans certaines parties de l'Allemagne du Nord, et du *Hœfrecht*, récemment établi en Autriche, et qu'on a sans raison rapprochés du *homestead*. A vraie dire, ils n'ont de commun que la formalité de la déclaration ou de l'inscription; ils diffèrent essentiellement par les détails de l'organisation et par la pensée qui les a inspirés. Le *Hœfrolle* et le *Hœfrecht* sont surtout destinés à maintenir l'intégrité du Domaine rural, à prévenir son morcellement en appelant un des enfants à la succession de l'immeuble, à l'exclusion des autres enfants, tandis que par le *homestead* le législateur a voulu surtout protéger la famille tout entière, en morcelant au besoin la terre.

Le mir russe (2).

Nous trouvons en Russie une institution qui se rapproche du homestead américain par le carac-

(1) *Johns' Hopkins Univers. Stud.*, etc., années 1883, 1886, 1889,
(2) Chapitre additionnel.

tère d'insaisissabilité du fonds exploité, nous voulons parler des associations agricoles connues sous le nom de *Mir*.

La propriété rurale en Russie se présente sous deux formes différentes : à l'état de propriété particulière, appartenant à seul individu, ou à l'état de propriété collective, relevant d'un certain nombre de cultivateurs, réunis sur un fonds commun inaliénable, chacun d'eux en exploitant une part pour son compte personnel et en recueillant les fruits. C'est à cette forme de propriété que s'applique le privilège d'insaisissabilité, qui couvre à la fois le fonds commun de l'association et l'habitation ou *izba* du travailleur avec l'enclos y attenant.

Le *mir* ou l'association agricole des *Moujiks*, est la forme de propriété la plus usitée en Russie : elle constitue les neuf dixièmes de la propriété terrienne, même après l'acte d'émancipation qui a si profondément modifié le mode de tenure de la terre dans ce pays. « A ce mode général de possession, dit M. Troïnitsky (1), directeur de la statistique de l'Empire Russe, il n'existe d'exception que dans les Gouvernements des régions occidentales de l'Empire, où chaque famille de paysans a droit sur un lot de terres, d'une étendue de terrain, indépendants du nombre des membres de la famille : ces lots ont été reçus en propriété et leur appartiennent en particulier, mais ils sont tout de même inaliénables. »

Dans le *mir*, le territoire est partagé en un certain nombre de lots répartis entre les chefs de famille du groupe qui constitue le mir ; la répartition est faite d'après le nombre des membres de la famille et la capacité de travail du ménage ; les lots sont composés de manière à contenir autant que

---

(1) *Bulletin de l'Institut international de Statistique.* — Congrès de statistique tenu à Paris en 1889, tome IV, p. 212.

possible des terres de diverses natures et de diverses qualités. Pour éviter les plaintes, le partage des terres est renouvelé à des époques périodiques, d'après un système de rotation qui varie d'un mir à l'autre, qui est ici annuel, ailleurs triennal, et quelquefois d'une durée plus longue, neuf ou vingt ans; c'est l'assemblée du mir qui en décide. En dehors de ce fonds interchangeable mais inaliénable, il y a l'habitation du paysan avec son enclos, qui est incommutable et à l'abri de la saisie.

Ce mode de tenure en commun est, comme on l'a remarqué, la forme la plus ancienne de la propriété foncière. On le retrouve à l'origine de toutes les sociétés : César en signale l'existence chez les Suèves, et, au rapport de Tacite, il existait chez les autres peuplades de la Germanie. M. D'Arbois de Jubainville nous apprend que cette forme de propriété était établie en Gaule avant l'arrivée des Romains (1).

Cette forme primitive de la possession en commun de la terre s'est transmise à travers les siècles en Russie; elle a subi toutefois l'influence du régime féodal, qui y a ajouté la redevance ou *obrock* et l'obligation du service militaire, qui pèse sur l'association; aujourd'hui encore, après l'affranchissement, c'est toujours le *mir* et non le paysan qui est responsable envers l'Etat du paiement de l'impôt et de l'exécution du devoir militaire. Mais le droit du cultivateur à l'occupation de la maison et de l'enclos est resté intact, et le moujik est inexpugnable dans son *izba* en bois, comme le citoyen des Etats-Unis dans son homestad.

Ce mode de tenure, qui s'étend sur plus de quarante Gouvernements de la Russie d'Europe,

---

(1) *Recherches sur l'origine de la propriété et des noms de lieux habités dans la Gaule.*

ne nous est connu que depuis l'acte d'émancipation
de 1861, par les travaux et les discussions aux-
quels il donna lieu vers cette époque (1). Un des
hommes qui secondèrent le mieux l'Empereur
Alexandre II dans sa généreuse entreprise, M. de
Miloutine, vint à Paris vers 1860 pour préparer
l'opinion et gagner l'Europe à la grande mesure
préparée par le Czar. M. de Miloutine fut accueilli
avec une grande sympathie et écouté avec beaucoup d'intérêt. L'acte d'émancipation conservait le
mir, qui restait comme avant la pierre angulaire
de la propriété rurale. Mais le mir, la propriété
collective, n'était pas sans soulever de vives objections de la part des économistes français. M. Wo-
lowski lui reprochait d'immobiliser le sol, de
perpétuer la routine et d'être un obstacle à une
exploitation rationnelle et à la libre culture; mais,
surtout, le mir avait, à ses yeux, le tort grave de
contribuer à la dégradation morale de l'homme et
donner une sorte de consécration officielle au
communisme.

Le mir ne mérite pas tous les reproches qu'on
lui a adressés, et dans ceux que formulait M. Wo-
lowski, il y a une exagération évidente. En ce qui
concerne l'assimilation communiste, M. de Miloutine avait fait la remarque fort juste que, dans
l'association agricole du mir, chaque groupe familial cultive le lot de terres qui lui est attribué par le
sort, et jouit du produit de son travail, tandis que
dans l'utopie communiste le travail et ses produits
sont mis en commun et répartis entre tous, conformément à la formule de J.-J. Rousseau : la terre
n'est à personne et les fruits sont à tous (2); qu'en
outre le communisme dissout, supprime même la

---

(1) Et plus récemment par les intéressantes *Etudes* de M. Anatole
Leroy-Beaulieu sur l'Empire de Russie.
(2) *Discours sur l'origine de l'inégalité parmi les hommes.*

famille, tandis que dans les communautés de paysans russes, elle est si fortement constituée, qu'on peut dire en toute vérité que si elle venait à disparaître de la terre, c'est dans le mir qu'on en trouverait les derniers vestiges.

Dans l'ouvrage auquel nous avons fait allusion plus haut, M. Anatole Leroy-Beaulieu a cité quelques faits qui laisseraient croire que la vie patriarcale du mir et la présence sous le même toit de plusieurs ménages d'ascendants ou de collatéraux a contribué à affaiblir la moralité dans la famille. Mais les ménages multiples ne sont que l'exception, et il y a loin des faits relevés par la critique au reproche d'immoralité et de dégradation morale entretenue par le mir russe.

Les vingt millions de travailleurs russes qui vivaient et vivent encore sous ce régime ne sont ni plus dégradés, ni moins moraux que les autres classes de la nation, et que les cultivateurs des pays de l'Europe qui ne connaissent pas le travail collectif. Il faut conclure, au contraire, des documents officiels recueillis par la statistique russe, que les classes rurales en Russie se distinguent par leur esprit d'ordre, de travail et d'économie, et que le *moujik* ne le cède pas en moralité au *bauer* allemand et au paysan français; les crimes contre la propriété et contre les personnes y sont plus rares que dans tout autre pays de l'Europe et vraisemblablement que dans toute autre classe de la société.

Ce qui résulte également des faits observés dans les communautés de paysans russes, c'est que les mendiants y sont moins nombreux que partout ailleurs, grâce aux habitudes patriarcales qui se sont conservées dans les familles. Chaque ménage garde religieusement ses grands-parents devenus invalides ou infirmes; le mir a pitié de tous, dit le proverbe russe. On n'y voit pas ces vieillards abandonnés ou errants qui, en d'autres pays, ont donné lieu à tant de mesures contre le vagabondage et la mendicité, mesures d'ailleurs partout impuissantes. Mais le moujik n'est pas parfait : on trouve parfois dans le mir des paresseux, des ivrognes, des débauchés, qui ne fournissent pas leur contingent de travail et ne paient pas l'impôt ; il sont chassés de la communauté par les anciens du mir, comme des frelons d'une ruche à miel. Un des articles du statut agraire permet à l'association de les placer en service dans un autre district, de leur retirer tout ou partie du lot qui leur est échu dans le partage des terres.

Mais il y a une distinction à faire entre le homestead américain et le régime de la communauté russe. A la mort du chef de famille, le homestead passe de droit à la veuve et aux enfants ; ceux-ci en gardent la jouissance : la veuve jusqu'à sa mort, les enfants jusqu'à la majorité du plus jeune ; après quoi, le homestead se trouve dissous, les biens qui le composent retombent dans la masse successorale et sont partagés également entre les enfants survivants. On voit que sous le régime de la loi américaine, le homestead n'a qu'une durée limitée et qu'il disparaît dès la seconde génération, quitte à se reconstituer sur la base primitive ou sur de nouveaux éléments.

En Russie, il n'en est pas de même : il n'y a ni hérédité ni partage en ce qui concerne l'*izba* ou maison d'habitation et l'enclos attenant, qui représentent le homestead ; il ne saurait être question des parcelles de terres concédées à chaque ménage, d'après un roulement que nous avons expliqué et qui sont la propriété de l'association. La maison et l'enclos, le bétail, les instruments aratoires, les meubles, les récoltes, demeurent, après la mort du chef de la famille, la propriété collective de cette famille, laquelle comprend quelquefois

plusieurs ménages, plusieurs *âmes censitaires* ;
nul ne songe à réclamer sa part dans ce tout indi-
visible. Le chef disparu, dans quelques districts
c'est le fils aîné, dans d'autres le frère aîné du défunt qui le remplace dans l'administration des
affaires. S'il ne reste que des mineurs, c'est un
parent désigné par l'association des paysans qui
vient s'établir parmi eux et qui devient le chef du
ménage. L'*izba* et l'enclos étant de fondation insaisissables, il s'ensuit que le homestead russe est
pour ainsi dire illimité dans sa durée et ne prend
fin qu'à l'extinction des membres de la famille, et
dans ce cas il fait retour au mir.

Tel est, tel était du moins le régime de la terre
en Russie, quand fut prise la grande mesure de
1861. Une question se pose ici : l'acte d'émancipation et l'accession des paysans à la propriété qui
en a été la conséquence, ont-ils modifié la situation du moujik et du mir ? Quelques éclaircissements sont ici nécessaires.

Sous le régime du servage, homme et terres,
tout appartenait aux seigneurs. Le serf payait une
redevance annuelle (*obrock*), variable suivant les
Gouvernements, mais qui oscillait entre sept et
dix roubles (28 à 40 fr.) par tète de chef de famille.
Sur les terres de la Couronne, la redevance était
un peu moins lourde, environ vingt-cinq francs
par âme censitaire. Sous le régime du servage, le
mir était responsable du paiement de cette capita-
tion ; il l'est encore aujourd'hui.

L'acte d'affranchissement restitua aux serfs
leurs droits civils et politiques ; ils sont ainsi devenus libres et citoyens ; par le rachat de la rente
foncière, ils sont devenus propriétaires à leur tour.

Le rachat s'est opéré à l'aide d'une indemnité
dont les parties intéressées ont réglé les conditions
à l'amiable. La loi n'y intervient pas ; elle ne fixait

primitivement aucun terme pour l'accomplissement de l'acte et laissait le rachat facultatif. Mais
une loi du 28 décembre 1881 a modifié cette situation en rendant le rachat obligatoire à partir du
1er janvier 1882, tous les paysans ont été astreints
au paiement du rachat et transférés dans la classe
des propriétaires.

Pour faciliter cette grande opération, le Gouvernement impérial avait créé dès le début la *Banque
foncière de l'Etat pour les paysans,* chargée de
faire des avances de capitaux pour permettre aux
paysans d'acquitter immédiatement l'indemnité.
Ces avances furent calculées d'après le chiffre des
redevances annuelles (*obrock*) qui représente le
loyer de la terre ; ainsi pour un paiement annuel
de sept roubles et demi, la banque avançait un
capital de cent roubles, soit 400 francs. A cet
effet, l'Etat a créé des titres de rentes spéciaux,
garantis par lui ; les titres de rentes sont délivrés
aux propriétaires qui touchent la rente à la Banque. Le paysan, par l'émission des titres, est substitué au propriétaire qui touche la rente à la
Banque ; il touche 6 pour 100 du capital avancé,
ce qui suffit pour assurer le service de l'annuité et
amortir en 49 ans tous les titres délivrés.

L'opération financière du rachat, qui présentait
au début des difficultés réputées insurmontables,
se poursuit depuis trente ans avec une régularité
que les événements extérieurs et les crises économiques de l'Europe n'ont pas sensiblement affectée. Elle n'a pas peu contribué à la bonne réputation des finances russes, et à ce point de vue l'acte
d'émancipation peut être rapproché du paiement
de notre indemnité de guerre et de la libération de
notre territoire en 1871. Le montant des prêts
consentis par la Banque des paysans, depuis sa
création jusque au 1er janvier 1889, s'élève à

874,583,548 roubles, environ trois milliards et demi de francs (1).

La superficie des terrains rachetés est de 32,491,460 dessiatines, soit à peu près trente-cinq millions d'hectares, environ les 7/10e de la superficie de la France. Mais il est bon de ne pas perdre de vue que bien que rachetée par les redevances individuelles des cultivateurs, la terre n'existe pas à l'état de disponibilité pour le paysan qui en paie l'annuité à l'Etat; elle est toujours la propriété collective du mir.

Le nombre des paysans constitués en propriétaires s'élève aujourd'hui à 9,163,924, ce qui fait ressortir à trois dessiatines et demi la contenance par chef de famille. D'après une statistique publiée par M. Troïnitsky, un peu avant l'acte d'émancipation de 1861, on comptait à cette époque 10,683,853 âmes censitaires, appartenant corps et biens à 103,194 propriétaires. On voit combien le régime de la propriété a changé depuis trente ans et quelle garantie sociale l'acte d'affranchissement a apportée à la situation de la Russie, par la transformation de dix millions de serfs en autant de propriétaires.

Les économistes français de 1860 faisaient un grief à M. de Miloutine ou plutôt au Gouvernement russe d'abolir l'esclavage, tout en conservant le mir, le communisme russe, comme ils l'appelaient. Nous pensons, au contraire, que le Gouvernement du Czar a sagement fait en ne prononçant pas la dissolution immédiate du mir. Mais il n'a pas dit que la terre resterait à perpétuité la propriété du mir; loin de là. La loi d'affranchissement reconnaît expressément aux chefs de famille réunis en assemblée générale le pouvoir d'introduire la propriété individuelle et de mettre fin au régime

---

(1) *Annuaire statistique de l'Empire de Russie pour 1890.*

de la communauté ; toutefois, pour décider cette transformation, la majorité des deux tiers des voix des chefs de famille est nécessaire.

L'expérience a montré que le paysan russe n'abandonne pas facilement une tradition plusieurs fois séculaire. « Peu de villages, dit M. Elysée Reclus (1), ont usé de cette faculté (de transformation) : depuis 1861 jusqu'en 1876, il n'y a eu que 98 communes qui ont substitué la propriété privée à la propriété collective. » On cite des communautés qui ayant subi l'épreuve, sont revenues après un essai infructueux à l'ancien état de choses.

Ce n'est pas tout : si le mir en tant que propriété collective est en fait inaliénable, la loi laisse une grande liberté au chef de famille dépendant de la communauté. L'article 165 de la loi statutaire du rachat permet au paysan de se libérer en une fois du capital de rachat de son lot et d'en demander la séparation. Ce lot lui est dès lors attribué en toute propriété et devient aliénable. « Cette disposition, dit M. Pobïedonotseff (2), a produit son effet fatal sur la possession territoriale des paysans. Elle a donné aux exploiteurs de toute espèce le moyen simple d'accaparer les terres aliénées par les paysans, les plus pauvres d'entre eux devenant victime de ces machinations. » Et l'éminent écrivain russe conclut par ces mots : « En présence de cette triste situation, le moment est actuellement venu de nous demander si notre législation ne devrait pas chercher le remède à cet état dans une institution pareille au homestead américain. Cette idée s'est déjà fait jour en partie dans les délibérations et requêtes de certaines cor-

---

(1) *Géographie.* — Tome V, p. 862.
(2) *La protection de la petite propriété rurale et le homestead en Russie.*

porations de la noblesse du Gouvernement de Pol-
tawa et de quelques autres Gouvernements. Nous
disons en partie, car les premiers projets avaient
quelques caractères du majorat. Mais il est certain que ces premiers essais seront rectifiés et
prendront avec le temps une forme répondant au
besoin réel de notre pays, c'est-à-dire à la préser-
vation de la petite propriété. »

FIN.

TEXTES LÉGISLATIFS SUR LE HOMESTEAD

I

Le Homestead constitué sur les Terres publiques.

Loi pour assurer un Homestead aux personnes établies sur le Domaine public (1).

(20 mai 1862.)

Il est statué ce qui suit par le Sénat et la Chambre des Représentants des Etats-Unis réunis en Congrès :

Section I. — Toute personne, qui est chef d'une famille, ou qui est âgée de vingt-et-un an et est citoyen des Etats-Unis, ou qui a fait, conformément à la loi de naturalisation de ce pays, une déclaration à l'effet d'acquérir le droit de citoyen; qui n'a jamais porté les armes contre le Gouvernement des Etats-Unis, ni prêté aide et assistance à ses ennemis, pourra, à partir du 1er janvier 1863, être mise en possession d'un quart de section (160 acres) ou d'une quantité moindre de terres disponibles sur le Domaine public, pour laquelle le requérant aurait formé une demande en préemption, ou qui, au moment où le requérant forme sa demande, pouvait être acquise à titre de préemption au prix de un dollar vingt-cinq cents l'acre ou moins; ou

---

(1) Bien que cette loi ait été refondue dans celle qui va suivre, nous en donnons ici le texte, parce qu'elle est rappelée dans tous les livres et documents officiels et qu'elle figure dans tous les actes de concessions de terres publiques à titre de homestead.

bien encore recevoir 80 acres ou moins de terres disponibles, parmi celles dont le prix est de deux dollars 50 cents l'acre, à fixer en bloc, conformément aux divisions légales adoptées pour le Domaine, et après que les dites terres auront été cadastrées :

Pourvu, que les personnes possédant déjà les terres et y résidant, puissent conformément aux dispositions du présent acte acquérir d'autres terres contiguës à leur propriété, sans que toutefois le domaine ainsi formé par l'adjonction de nouvelles terres publiques excède 160 acres.

Section II. — La personne réclamant le bénéfice de la présente loi, sera tenue de produire sa demande au bureau du Domaine public duquel il dépend et de faire devant le chef ou receveur du bureau un *affidavit* constatant qu'il est chef d'une famille, ou âgé de vingt-un ans au moins, ou qu'il a accompli un service dans l'armée ou la marine des Etats-Unis, et qu'il n'a jamais porté les armes contre le Gouvernement, ni prêté aide ou assistance à ses ennemis, que sa demande en concession est faite en vue de s'établir actuellement sur le terrain et de le mettre en exploitation pour son usage et son profit personnel et non au profit d'un tiers quel qu'il soit ; cette formalité accomplie et après le paiement d'une somme de dix dollars, le requérant sera mis en possession du lot de terre :

Pourvu, toutefois, que nul certificat de propriété ne soit délivré avant l'expiration des cinq années qui suivront la mise en possession; et si après ce délai, le concessionnaire, ou s'il vient à mourir sa veuve, ou en cas de décès de cette dernière, ses héritiers, ou bien au cas où la veuve aurait formé elle-même la demande, ses héritiers, après sa mort. — établissent par le témoignage de deux personnes dignes de foi, que il, ou elle, ou eux ont résidé sur le terrain et l'ont tenu en état de culture pendant la période des cinq ans qui a suivi le dépôt de l'*affidavit*, s'ils déclarent en outre que nulle parcelle du lot concédé n'a été aliénée, et s'ils ont prêté serment de fidélité au Gouvernement des Etats-Unis: si enfin à ce moment ils sont citoyens de cet Etat, ils auront droit à recevoir un titre définitif de propriété, ainsi qu'il est prévu par les lois dans les autres cas;

Pourvu encore, qu'au cas du décès du père et de la mère

laissant un enfant ou des enfants âgés de moins de 21 ans, la propriété avec tous ses droits accroisse à l'enfant ou aux enfants mineurs; que l'exécuteur testamentaire, administrateur ou tuteur, à un moment quelconque de la période des deux années qui suivront le décès du dernier parent survivant, vende la dite terre au profit des enfants mineurs, mais uniquement dans cette intention; et que les droits sur la propriété passent tout entiers à l'acquéreur, à qui le Gouvernement fédéral délivrera un titre en forme, sur le paiement des frais de bureau spécifiés dans une présente section.

Section III. — (Détails de procédure).

Section IV. — Il est également statué que les terres acquises en conformité de la présente loi ne pourront en aucun cas être saisies pour le paiement d'une dette ou de dettes contractées, avant la délivrance du titre de propriété.

Section V. — Il est également statué que si, à toute époque après le dépôt de *l'affidavit* requis par la seconde section de cette loi, et avant l'expiration des cinq années de résidence exigées, il est établi par le chef du bureau du Domaine public, que la personne qui a signé *l'affidavit* a changé de résidence et abandonné son lot pendant plus de six mois, la terre concédée en *homestead* fera retour au Gouvernement.

Section VI. — Il est également statué que nul ne pourra acquérir plus d'un quart de section d'après les dispositions de la présente loi. Le commissaire du Domaine public est requis de préparer et publier tels règlements et instructions qui lui paraîtront nécessaires pour assurer l'exécution de la loi; les receveurs et chefs des bureaux particuliers du Domaine sont autorisés à percevoir pour les terres concédées aux termes de la présente loi les mêmes indemnités qu'ils touchent pour la même étendue de terres vendues aux enchères, une moitié payable par le demandeur en concession au moment où il produit sa demande, l'autre moitié au moment où il reçoit son titre de propriété.

Toutefois, cette disposition ne pourra en aucun cas être interprétée de façon à augmenter le chiffre de l'indemnité assignée actuellement par la loi au chef du bureau ou au receveur du Domaine :

Pourvu aussi qu'aucune des dispositions de cette loi ne soit interprétée de manière à altérer ou restreindre en quoi que ce soit les droits existants de préemption ;

Pourvu également que les personnes qui auront fait une demande aux fins de préemption, antérieurement au vote de cette loi, puissent réclamer le bénéfice de la loi ;

Pourvu enfin que les citoyens qui ont servi ou serviront à l'avenir, pour une période d'au moins quatorze jours dans l'armée ou la marine des Etats-Unis, soit dans un corps régulier, soit comme volontaires, à l'intérieur ou à l'étranger, ne puissent être privés du bénéfice de la présente loi, sous prétexte qu'ils n'auraient pas atteint l'âge de 21 ans.

Section VII. — Il est également statué que l'article V de la loi portant le titre : *Loi supplémentaire à une loi pour réprimer plus efficacement certains crimes contre les Etats-Unis,* votée le 3 mars 1857, sera applicable aux serments, affirmations et *affidavit* requis par le présent acte.

Section VIII. — Il est enfin statué qu'aucun des termes de cette loi ne pourra être interprété de manière à empêcher une personne ayant réclamé le bénéfice de la première section de cette loi, de payer le prix *minimum* ou le prix gradué qui aura été fixé, pour la quantité de terre dont il aura pris possession, à toute époque avant l'expiration des cinq années de résidence, et d'obtenir un titre de propriété du Gouvernement, comme dans les autres cas prévus par la loi, en faisant la preuve qu'il a résidé sur le terrain, qu'il l'a cultivé, ainsi qu'il est prescrit par les lois garantissant le droit de préemption (1).

Le Homestead Fédéral.

(D'après les statuts révisés de 1873 à 1891).

Section 2289. — Toute personne qui est chef d'une famille, ou est âgée de vingt et un ans et qui est citoyen des Etats-Unis, ou qui, conformément aux lois de naturalisation de ce pays, a

---

(1) Cette section règle la question de commutation du homestead, et elle est connue sous le nom de section de commutation du homestead en préemption.

fait une déclaration pour obtenir les droits de citoyen, pourra
être mise en possession d'un quart de section (160 acres), ou
d'une quantité moindre de terres disponibles sur le Domaine
public, à fixer d'un seul tenant, conformément aux divisions
légales adoptées pour le Domaine public.

Mais nulle personne déjà propriétaire de plus de 160 acres
de terre dans un État ou un Territoire quelconque, ne pourra
acquérir de nouvelle propriété dans les conditions prévues par
la loi de homestead (3 mars 1891).

Section 2290. — Toute personne réclamant le bénéfice de la
présente loi, sera tenue de produire et de signer sa demande
devant le fonctionnaire compétent, et de déposer au bureau des
terres publiques de sa résidence un *affidavit* constatant qu'elle
est chef d'une famille, ou âgée de 21 ans, que cette demande
est faite en toute sincérité et bonne foi, à seule fin de s'établir
de sa personne sur le terrain et de le cultiver à son profit et
non pour le compte d'une autre ou d'autres personnes ou d'une
corporation quelle qu'elle soit, qu'elle remplira fidèlement et
honnêtement toutes les conditions prescrites par la loi, quant
à la résidence et à la mise en exploitation, afin d'obtenir le
titre de propriété; qu'elle n'est point l'agent d'un tiers, d'une
corporation ou d'un syndicat, en formant cette demande;
qu'elle n'a aucune intention, aucun engagement pris avec des
tiers pour se dessaisir à leur profit du bénéfice des terres concédées, en tout ou en partie, qu'il s'agisse du sol ou des plantations; qu'elle ne forme pas sa demande dans un but de
spéculation, mais de bonne foi pour se constituer un bien à
son usage personnel; qu'elle n'a consenti et ne consentira
ni directement ni indirectement aucun engagement ou contrat,
sous quelque forme que ce s   en vertu duquel le titre de propriété qu'il obtiendra du Gouvernement pourrait en tout ou
en partie servir à d'autres personnes qu'elle.

Et en signant une pareille déclaration devant le receveur ou
le chef du bureau du *land office*, après le paiement de cinq
dollars (25 francs), s'il s'agit d'une concession de 80 acres ou
dix dollars, si elle est de 160 acres, le requérant sera mis en
possession du lot de terre (3 mars 1891).

Section 2291. — La preuve de la résidence, de l'occupation
et de l'exploitation, l'*affidavit* de non aliénation, le serment

d'allégeance votés par la section 2291 du code révisé (de 1873), peuvent être faits devant le juge, en son absence, devant le greffier de toute Cour de *record* du Comté ou de l'Etat, du District ou du Territoire.

Et si les terres sont situées dans un Comté non encore organisé, la preuve peut être faite de la même façon dans un Comté voisin de l'Etat ou du Territoire ; et la preuve, l'*affidacit* et le serment, dans ce cas, auront la même autorité et produiront le même effet que si le requérant s'était adressé au directeur ou au trésorier du *land office* du district légal.

Et les pièces sus visées seront transmises par le juge ou le greffier de la Cour au directeur ou trésorier du bureau du Domaine, avec le montant de l'allocation que la loi lui attribue; et le directeur ou le trésorier a droit pour le contrôle et l'approbation de ces pièces à la même allocation que celle qu'il percevrait s'il avait instrumenté lui-même.

Et si un témoin appelé pour la preuve, ou si le requérant lui-même dans l'*affidavit* ou le serment, allègue quelque fait matériellement faux dans la preuve, l'*affidavit* ou le serment, il sera assimilé au parjure et passible des peines édictées contre le faux serment (3 mars 1877).

Section 2292. — Est la reproduction intégrale du dernier paragraphe de la section II de la loi du 20 mai 1862.

Section 2293. — Détails de procédure sans importance.

Section 2294. — Si le demandeur en concession pour homestead, préemption, culture forestière ou terres désertes (1), est empêché par la distance, les infirmités ou toute autre raison valable, de se présenter au *land office* du district, il pourra faire l'*affidavit* requis par la loi devant tout commissaire d'une Cour de district des Etats-Unis, ou greffier d'une Cour de *record* du Comté dont le terrain dépend, et transmettre la pièce avec le montant des droits au receveur ou au chef du bureau du Domaine public.

La preuve de l'établissement sur les lieux, de la résidence, culture, irrigation, l'*affidavit* de non aliénation, le serment

---

(1) Les lois de préemption, de culture forestière (*Timber culture*) et de terres désertes (*Desert land act*) ont été récemment rapportées.

d'allégeance et tous autres *affidavit*, requis par les lois de homestead, de préemption, de culture forestière et de terres désertes, peut être présentée devant le juge ou le greffier d'une Cour de *record* du Comté ou de la paroisse, dans lequel le terrain est situé; la preuve, l'*affidavit*, le serment faits dans ces conditions auront la même force et produiront les mêmes effets que s'ils étaient reçus par le chef du bureau ou le receveur du Domaine, s'ils leur sont transmis avec le montant des droits fixés par la loi.

Si un témoin en déposant sur les faits de la concession, ou si le demandeur dans l'*affidavit* ou le serment, avance sciemment quelque fait contraire à la vérité, il sera considéré comme s'étant rendu coupable de parjure et passible des mêmes peines et condamnations que s'il avait commis un faux serment devant le chef du bureau des terres publiques.

Les droits pour entrée en possession de la concession et pour la preuve finale, lorsqu'on a recours à tout autre fonctionnaire que le receveur ou le chef du bureau du Domaine, sont fixés comme il suit :

Pour chaque *affidavit*, vingt-cinq cents (1 fr. 25);

Pour chaque déposition d'un témoin ou du demandeur vingt-cinq cents;

Quand la déposition n'est pas reçue par le fonctionnaire; pour tout autre cas, un dollar (5 fr.);

Tout fonctionnaire qui demandera ou recevra un tarif plus élevé, sera poursuivi comme concussionnaire et condamné pour chaque perception irrégulière à une amende n'excédant pas cent dollars (26 mai 1890).

Section 2296. — Reproduction sans changement de la section IV de la loi du 20 mai 1862 établissant l'insaisissabilité pour toutes les dettes.

Section 2297. — Reproduction de la section V de la loi de 1862 sur la résidence.

Section 2298. — Nul ne pourra acquérir plus d'un quart de section, d'après les dispositions du présent acte (§ 1 de la section VI de la loi de 1862).

Section 2299. — Reproduction de l'avant-dernier paragraphe de la section VI *ibid*.

Section 2300. — Reproduction du dernier paragraphe de la section VI *ibid.*

Section 2301. — Aucune des dispositions du présent acte ne pourra être interprétée de manière à empêcher une personne ayant réclamé le bénéfice de l'article 2280, de payer le prix *minimum* pour le nombre d'acres de terres publiques concédées, à toute époque après l'expiration du quatorzième mois (1) à dater de la prise de possession, et d'obtenir un titre de propriété, en faisant la preuve qu'elle s'est établie sur le terrain, qu'elle y a résidé, et l'a cultivé au moins pendant quatorze mois.

Quand il apparaîtra au commissaire général des terres publiques, qu'une erreur a été commise dans un bureau au sujet d'une concession de terrain, la concession pourra être suspendue, sur avis donné à l'occupant par le bureau local du *land office*, jusqu'à ce que l'erreur ait été rectifiée (3 mars 1891).

Section 2302. — Pour l'interprétation et l'exécution de la présente loi, nulle distinction ne sera faite désormais, au point de vue de la race et de la couleur, entre les occupants (21 juin 1866).

Les terres publiques minérales ne pourront pas faire partie des concessions visées par la présente loi.

Section 2303. — Toutes les terres publiques situées dans les Etats d'Alabama, de Mississipi, de Louisiane, de l'Arkansas et de la Floride ne pourront être mises à la disposition du public que dans les conditions énoncées par la présente loi (1866).

LE HOMESTEAD DES MARINS ET DES SOLDATS.

Section 2304. — Tout soldat ou officier qui a servi au moins 90 jours dans l'armée des Etats-Unis pendant la Rébellion, qui a été honorablement congédié et est resté fidèle au Gouvernement; les militaires enrôlés pour le service des Etats-Unis en vertu de l'article 3 de l'acte approuvé le 13 février 1862; les matelots, marins et officiers qui ont servi 90 jours dans la

---

(1) Cette disposition reproduit la clause de commutation stipulée dans la section VIII de la loi du 20 mai 1862, mais le législateur y a ajouté une condition de résidence de quatorze mois.

marine des Etats-Unis, pendant la Rébellion, qui ont été hono
rablement congédiés et sont restés fidèles au Gouvernement,
sont admis, conformément aux dispositions de la présente loi,
modifiée ainsi qu'il est indiqué plus bas, à réclamer la concession avec titre de propriété d'une étendue de terres n'excédant
pas un quart de section, à prendre d'un tenant conformément
aux divisions légales du sol, sur le Domaine public, y compris
les sections alternées que le Gouvernement possède le long
des voies ferrées ou canaux, non réservées ni affectées à
d'autres destinations, y compris également toutes les autres
terres publiques dont le Gouvernement peut disposer conformément aux lois du homestead.

Section 2305. — Le temps pendant lequel le concessionnaire
aura servi dans l'armée, la flotte ou le corps de marine sera
déduit de celui qui est exigé pour obtenir le titre de propriété,
et s'il a été congédié pour blessures reçues ou infirmités contractées au service de l'Etat, la durée entière de son engagements sera déduite des cinq années de résidence exigées par la
loi, quelle que soit la durée effective du service ; mais en aucun cas, le titre de propriété ne pourra être délivré aux anciens
marins ou soldats, que s'ils ont habité, cultivé et amélioré le
fonds au moins pendant une année, à dater du jour où la mise
en exploitation a commencé.

Section 2306. — Toute personne remplissant les conditions
requises par l'article 2304 pour former une demande de concession, et qui aurait ultérieurement obtenu, en vertu de la loi
de homestead, un terrain de moins de 160 acres, est autorisée
à demander un lot complémentaire, dont l'étendue ajoutée à
celle du lot qu'il possède, ne dépasse pas la superficie d'un
quart de section (160 acres).

Section 2307. — Si une personne ayant obtenu un homestead dans les conditions prévues par l'article 2304 vient à mourir, sa veuve non remariée, ou si elle meurt ou vient à convoler, les enfants mineurs, représentés par un tuteur nommé
conformément à la loi, bénéficieront des dispositions précédemment énoncées, tout en satisfaisant aux conditions de résidence et d'exploitation ; et si le concessionnaire originaire
vient à mourir au cours de son engagement, la durée entière

de cet engagement sera déduite de la période des cinq ans
exigés pour l'obtention du titre.

Sections 2308-2309. — (Le service actuel dans l'armée ou la
flotte Fédérale est assimilé à la résidence). (3 mai 1873).

LE HOMESTEAD DES INDIENS.

(Loi du 3 mars 1875).

§ 1. — Tout Indien, né aux Etats-Unis, qui est chef d'une
famille, ou qui est âgé de 21 ans, s'il a abandonné ou s'engage
à abandonner ses relations de tribu, en fournissant preuve
valable de ce renoncement, conformément aux règlements
édictés par le secrétaire de l'intérieur, sera admis à bénéficier
de la loi intitulée : *Acte pour assurer le homestead*, etc.,
approuvé le 20 mai 1862, ainsi que des dispositions législatives amendant cet acte, à l'exception de la section VIII de ladite
loi, qui ne pourra être appliqué aux concessions faites aux
Indiens, aux termes de cette loi.

Pourvu toutefois que le titre de propriété acquis par un Indien ne puisse être aliéné ou grévé de charges, soit par transmission volontaire, soit en vertu d'un jugement, arrêt ou
décision d'une Cour, et qu'il reste inaliénable, pendant une
période de cinq ans, à partir de la remise du titre au concessionnaire Indien ;

Pourvu également que ce concessionnaire continue de par-
ticiper à la distribution de toutes indemnités, fonds de tribu,
terres et autres propriétés, comme s'il était resté dans sa tribu,
et que tout transfert ou aliénation soient nuls et non avenus.

§ 2. — Dans tous les cas où les Indiens ont jusqu'ici obtenu
des homesteads, conformément au règlement établi par le
commissaire des Terres publiques, et dans ceux où ils en ob-
tiendraient encore avant la promulgation du règlement à établir par le secrétaire de l'intérieur, conformément au § 1 du
présent acte, et dans lesquels les conditions requises par la
loi seraient remplies, les concessions ainsi obtenues sont con-
firmées, les titres de propriété seront délivrés aux concessionnaires Indiens, sauf les réserves et restrictions faites dans le
§ précédent, en ce qui concerne les aliénations ou les charges
de l'immeuble (3 mars 1875).

II

Le Homestead constitué sur propriétés privées.

Le homestead proprement dit reposant sur une propriété privée existe également dans 38 Etats ou Territoires des Etats-Unis. Il est inscrit dans les Constitutions de 21 Etats et dans le code des autres. J'ai donné le texte d'un grand nombre de ces lois et Constitutions dans le mémoire original qui est déposé aux archives de l'Académie des Sciences morales et politiques ; j'en reproduis ici quelques-unes des plus remarquables.

CONSTITUTION DE L'ALABAMA (1).

Article XIV.

Propriétés garanties contre la vente forcée.

Section :. — La propriété mobilière de toute personne résidant dans cet Etat, jusqu'à concurrence de mille dollars, au choix de cette personne, est garantie contre toute saisie, vente ou exécution en vertu d'un jugement rendu par un tribunal, pour toutes dettes contractées postérieurement au 13 juillet 1868 et après la ratification de la présente Constitution.

Section 2. — Tout homestead n'excédant pas 80 acres en superficie avec ses dépendances, à la désignation de l'intéressé, non situé toutefois dans une ville, cité ou village, ou, dans le cas contraire, et toujours au choix de l'intéressé, tout lot urbain, y compris les constructions et dépendances, occupé et habité par une personne établie dans cet Etat, d'une valeur maximum de 2,000 dollars, ne pourra être saisi ni vendu pour dettes contractées, après l'acceptation de cette Constitution. L'exemption toutefois ne peut être invoquée si le bien supporte

_____

(1) Cette Constitution a été ratifiée par le peuple le 16 novembre 1875 par 95,072 suffrages contre 3,004.

une hypothèque régulièrement établie. Mais l'hypothèque consentie ou l'aliénation faite par le propriétaire du bien n'a de valeur que si elle est revêtue de la signature et du consentement de l'épouse.

Section 3. — Le homestead de la famille après la mort de son chef, ne peut être saisi à raison des dettes contractées postérieurement à l'adoption de la Constitution, et l'exemption de saisie dure jusqu'à la majorité des enfants.

Section 4. — L'exemption prévue aux sections 1 et 2 ne saurait être invoquée, si la dette résulte de travaux faits par des ouvriers et exécutés pour l'appropriation du homestead.

Section 5. — Si le propriétaire d'un homestead meurt, laissant une veuve sans enfants, celle-ci jouira des revenus et profits de la propriété à laquelle le privilège de l'exemption restera attaché de son vivant.

Constitution de l'Illinois (1).

Article IV.

Section 32. — L'assemblée générale (Sénat et Chambre de l'Etat) aura pour mandat de préparer un homestead libéral et des lois d'exemption.

Constitution du Texas.

Le Texas, après son admission parmi les Etats de l'Union, vota une Constitution, dite de 1845, qui fut ratifiée par 4,174 voix contre 312. Cette Constitution a été révisée trois fois en 1866, en 1868 et en 1876. Je donne ici le texte du dernier pacte constitutionnel soumis à la sanction du peuple, celui de 1876. N'oublions pas que le Texas est le premier Etat qui ait établi le homestead.

Article XVI.

Section 49. — La législature aura le pouvoir, et elle aura

---

(1) Constitution ratifiée en 1870 par 154,227 voix contre 35,443. La Constitution de l'Illinois ne fait que poser le principe du homestead dont les détails sont réglés par une loi spéciale votée par la Législature de cet Etat.

le devoir de protéger par une loi contre la vente forcée une certaine portion de la propriété mobilière de tous ceux qui ont une famille, et également des célibataires adultes de l'un et de l'autre sexe.

Section 50. — Le homestead de famille est et sera protégé contre la vente forcée, pour le paiement de toutes dettes, excepté celles qui ont pour origine le solde du prix ou de partie du prix de l'immeuble, les travaux faits ou les matériaux acquis en vue d'améliorer le fonds, et dans ce dernier cas lorsque travaux et achat de matériaux ont fait l'objet d'un engagement écrit, approuvé par la femme du *homesteader*, comme s'il s'agissait de la vente ou de la transmission de l'immeuble; exception est également faite pour le paiement des taxes publiques régulièrement établies sur le homestead.

Le propriétaire, s'il est marié, ne pourra pas aliéner le homestead, sans le consentement de la femme, dans les formes prescrites par la loi. Il ne pourra pas davantage le grever d'hypothèque ou autre charge, excepté pour en acquitter le prix d'achat ou pour le mettre en valeur, que l'hypothèque ou obligation soit consentie par le mari seul ou par les deux époux. Toutes prétendues ventes de homestead, impliquant l'existence de contre-lettres sont déclarées nulles.

Section 51. — Le homestead non situé dans une villa consistera dans une étendue de terres de deux cents acres au maximum, lesquelles peuvent être d'un tenant ou en plusieurs parcelles isolées; s'il est situé dans une ville, cité ou village, il comprendra un ou plusieurs lots, d'une valeur totale n'excédant pas cinq mille dollars (25,000 fr.), au moment où le homestead est constitué, sans qu'il y ait à tenir compte de la plus-value acquise par la propriété; pourvu que l'immeuble dont il s'agit soit utilisé comme habitation, ou qu'il serve à l'exercice de la profession du chef de famille; pourvu également que la mise en location des bâtiments n'en change pas le caractère familial, et qu'un autre homestead n'ait pas été acquis.

Section 52. — A la mort du mari ou de la femme, le homestead passera aux héritiers, et sera soumis aux lois de dévolution naturelle, comme toute autre propriété immobilière après

18

décès, mais il ne pourra être partagé entre les héritiers, jusqu'à la mort de l'époux survivant, aussi longtemps du moins que ce dernier continuera à occuper les lieux à titre de homestead, ou encore aussi longtemps que le tuteur des enfants en minorité sera autorisé par la Cour compétente à résider dans le homestead.

Constitution de l'État de Californie.

(Ratifiée le 7 mai 1879).

Article XVII.

Section 1. — La législation protégera par une loi contre toute vente forcée une certaine portion du homestead et des autres propriétés de tous les citoyens qui ont une famille.

Section 2. — La possession de vastes étendues de terres incultes, étant contraire à l'intérêt public, doit être découragée et réprimée par tous les moyens qui ne sont pas en opposition avec les droits de la propriété privée.

La loi du Homestead en Californie (1).

Article 1237. — Le homestead comprend une maison d'habitation occupée par le requérant, le terrain sur lequel la maison est bâtie, ledit terrain choisi est déterminé comme il est dit plus loin.

Article 1238. — Si le requérant est marié, le homestead peut être constitué sur les biens de la communauté, ou sur la propriété personnelle du mari, ou, avec le consentement de la femme, sur les propres de cette dernière.

Quand le requérant n'est pas marié, mais qu'il est chef d'une famille au sens de l'article 1261, le homestead peut être établi sur l'un quelconque de ses biens.

Article 1239. — Le homestead ne peut être constitué sur la propriété personnelle de la femme, sans son consentement établi par le fait que la femme aura pris l'initiative de la déclara-

(1) The Code and Statutes of the State of California; as amended by the legislature of 1885.

tion requise, ou qu'elle se sera jointe à son mari pour la déclaration.

Article 1240. — Le homestead est exempt de saisie ou de vente forcée, excepté dans les cas qui suivent.

Article 1241. — Le homestead peut être saisi ou mis en vente en vertu d'un jugement rendu : 1° avant que la déclaration de homestead fût déposée ou enregistrée, ledit jugement constituant un droit réel sur l'immeuble ;

2° Pour dettes formant le salaire d'ouvriers employés aux travaux du homestead, ou pour obligation consentie par le propriétaire sur l'immeuble ;

3° Pour dettes garanties par hypothèque sur la propriété et reconnues par le mari et la femme, ou par le requérant seul, s'il est célibataire ;

4° Pour dettes garanties par une hypothèque prise sur la propriété et enregistrée avant qu'elle fût soumise au régime du homestead.

Article 1242. — Le homestead d'une personne mariée ne peut être aliéné ni grevé de charges, si ce n'est du consentement des deux époux.

Article 1243. — Nul ne peut renoncer au privilège du homestead, qu'en faisant une déclaration de renonciation ou de cession, consentie par le homesteader s'il est célibataire, ou simultanément par les deux époux s'il est marié.

Article 1244. — La déclaration de renonciation ne compte que du jour où elle est déposée au bureau dans lequel le homestead a été enregistré.

Article 1245. — Quand une saisie, faite en conséquence d'un jugement obtenu dans un cas qui ne rentre pas parmi ceux énumérés plus haut, est opérée sur le homestead, le débiteur doit s'adresser à une Cour supérieure du Comté dans lequel se trouve la propriété saisie, pour faire désigner des experts chargés d'en estimer la valeur.

Article 1246-1253. — (Détails de procédure).

Article 1254. — S'il résulte du rapport des experts que le bien excède en valeur le montant de l'exemption, et s'il ne peut être partagé, le juge doit faire procéder à une vente publique.

Article 1255. — Nulle enchère ne sera admise à l'adjudication, à moins qu'elle n'excède la valeur de l'exemption statutaire.

Article 1256. — La vente effectuée, le produit jusqu'à concurrence de la valeur de l'exemption sera remis au débiteur, le surplus étant employé à désintéresser les créanciers.

Article 1257. — L'argent versé au débiteur est garanti contre toute saisie pendant six mois à compter du jour de la vente, et jouit de la même protection que le homestead.

Articles 1258-1259. — (Détails de procédure).

Article 1260. — On peut choisir et réclamer le homestead. 1º s'il ne dépasse pas 5,000 dollars pour un chef de famille : 2º s'il ne dépasse pas 1,000 dollars pour toute autre personne.

DÉFINITION DU CHEF DE FAMILLE.

Article 1261. — L'expression *chef d'une famille* employée dans ce chapitre s'applique :

1º A l'époux, quand le requérant est une personne mariée ;

2º A toute personne qui garde à son foyer, à sa charge et sous sa protection, un enfant mineur ou l'enfant mineur du conjoint décédé ; un frère ou une sœur en minorité, ou l'enfant mineur d'un frère ou d'une sœur décédés ; un père, une mère, un grand-père ou une grand'mère ; le père, la mère, le grand-père ou la grand'mère du conjoint décédé ; une sœur non mariée, ou un des enfants mentionnés dans cet article, qui aurait atteint l'âge de majorité et serait incapable de subvenir à ses besoins (1).

Article 1262. — Pour constituer un homestead, le mari ou tout chef d'une famille, à défaut du mari, la femme rédige et signe une déclaration dans les formes prescrites pour un transfert de propriété foncière et fait enregistrer ladite déclaration.

Article 1263. — La déclaration de homestead doit énoncer et établir que le requérant est chef d'une famille, et si la décla-

(1) A cette liste établie par le législateur, les magistrats, usant de leur droit d'interprétation libérale, ont ajouté une femme non mariée vivant avec un enfant naturel (Ellis c. White 47. Cal. 73).

ration est faite par la femme, que le mari n'a pas fait de déclaration semblable, et qu'en conséquence elle remplit cette formalité pour le profit de la communauté, qu'il ou qu'elle habite
la propriété, qu'il ou qu'elle veut en faire son homestead.
Enfin, la déclaration doit contenir une description détaillée
des lieux, et une estimation précise de la valeur du bien qu'on
place sous le régime du homestead.

Article 1264. — La déclaration sera reçue au bureau d'enregistrement des actes du Comté duquel la terre dépend.

Article 1265. — Du jour où la déclaration est faite et enregistrée, la propriété est constituée en homestead. S'il est créé
par une personne mariée des biens de la communauté, la propriété, à la mort de l'un des époux, passe au survivant, n'étant
soumise à d'autres responsabilités qu'à celles qui existeraient
avant le décès ; dans d'autres cas, à la mort de la personne
dont la propriété a servi à constituer le homestead, elle va à
ses héritiers ou ayants-droit, réserve faite du pouvoir qu'a la
Cour supérieure d'assigner pour un temps le homestead à la
famille du défunt ; mais en aucun cas, le bien ne devra répondre des dettes du propriétaire, sauf les réserves faites plus haut.

HOMESTEAD DES AUTRES PERSONNES.

Article 1266. — Toute personne autre qu'un chef de famille,
qui désire se constituer un homestead, devra remplir au moment de la déclaration les formalités exigées pour la vente
d'un bien immobilier.

Article 1267. — La déclaration, sauf la situation de famille
du proposant, reproduira les détails énumérés à l'article 1263.

Article 1268. — La déclaration sera enregistrée au bureau
du receveur du Comté dans lequel le bien est situé.

Article 1269. — A dater du jour où la déclaration est inscrite et enregistrée, la propriété devient un homestead.

Les lois de homestead et d'exemption de saisie mobilière dans l'Etat de New-York.

STATUTS RÉVISÉS DE NEW-YORK 1882.

Propriété mobilière.

Section 1390. — Les objets mobiliers dont le détail suit, s'ils sont la propriété d'un chef de famille, sont exempts de saisie et de vente sur jugement; et ce privilège se continue pour chacun de ces objets, quand la famille ou quelques-uns de ces membres change de résidence :

1. Les rouets, métiers à tisser avec accessoires, agencés et prêts à fonctionner, qui se trouvent dans la maison d'habitation, ainsi qu'une machine à coudre toute montée.

2. La Bible et les portraits de famille, les livres d'école qu'ils soient ou non actuellement en usage, les autres livres composant la biblio thèque de ménage, à la condition que la valeur n'excède pas 50 dollars

3. Le siège ou banc occupé par le chef de famille dans une église ou chapelle ouverte à un culte public.

4. Dix moutons avec leur toison, l'étoffe ou les habillements que la laine des moutons a servi à confectionner; une vache, deux porcs avec la nourriture qui leur est nécessaire; toutes les provisions de viande, poisson, farine ou végétaux actuellement en réserve pour la consommation de la famille; le combustible, l'huile ou la chandelle pour les besoins du ménage pendant soixante jours.

5. Les vêtements, lits et objets de literie nécessaires à la famille du débiteur; les ustensiles de cuisine, une table, six chaises, six couteaux, six fourchettes, six cuillers, six tasses à thé, six soucoupes, un sucrier, un pot à lait, une théière, une crémaillère et ses appendices, une paire de chenets, un seau à charbon, une pelle à feu, une pincette, une lampe et un chandelier.

i

6. Les outils et instruments de l'ouvrier qui lui sont nécessaires pour l'exercice de son métier, jusqu'à concurrence
d'une valeur de vingt-cinq dollars.

La paie ou traitement d'un officier non commissionné,
musicien ou simple soldat, appartenant au service militaire
ou naval des Etats-Unis : les bons territoriaux (*Land Warrants*),
les pensions, gratifications, concédées ou à concéder par le
Gouvernement fédéral ou par un Etat pour service dans les
armées de terre ou de mer (1) ; une épée, un cheval, une
médaille ou insigne, portant le témoignage de services rendus
dans l'armée ou dans la marine des Etats-Unis ; l'uniforme,
les armes, les effets d'équipement ayant servi à la personne
du débiteur, sont déclarés exempts de saisie et vente sur
jugement, et de saisie pour non paiement de taxes, et garantis
contre toute procédure légale.

Le Homestead.

Section 1397. — Un lot de terre avec un ou plusieurs bâtiments, le tout d'une valeur *maximum* de mille dollars (5,000 fr.),
possédé et occupé comme résidence par un citoyen ayant une
famille, ladite propriété placée préalablement sous le régime
du homestead conformément à la loi, est déclaré exempt de
vente forcée sur jugement, pour toute dette contractée postérieurement au 30 avril 1850 (2), à moins que le jugement n'ait
été rendu pour une dette contractée avant la déclaration du
homestead, ou en vue d'en payer le prix.

Section 1398. — Pour constituer valablement le homestead
visé par la précédente section, l'acte de transmission devra
constater en substance que la propriété sera tenue à titre de
homestead, exempt de toute saisie forcée, et enregistré conformément à la loi, ou bien encore une déclaration contenant
une description détaillée de la propriété et constatant qu'elle
sera tenue à titre de homestead, sera rédigée par le proprié-

(1) Les traitements et pensions de retraites des fonctionnaires
civils aux Etats-Unis ne jouissent pas de l'exemption de saisie.
(2) C'est la date de la ratification de la Constitution de l'Etat de
New-York qui proclamait le principe de l'insaisissabilité.

taire, certifiée et légalisée dans les formes prescrites pour les
actes ordinaires, et enregistrée dans le Comté où la propriété
est située, au bureau des actes, sur un registre spécial, intitulé
« Le livre des exemptions du homestead. »

Section 1399. — Un lot de terrain comportant un ou plusieurs bâtiments possédé par une femme mariée, et occupé par
elle comme résidence, peut être constitué en homestead insaisissable, ainsi qu'il est prescrit dans la section précédente ;
la propriété est dès lors garantie contre toute vente par jugement, dans les conditions et sous les réserves stipulées pour le
homestead d'un propriétaire ayant une famille.

Section 1400. — L'exemption prévue par les trois dernières
sections, se continuera après la mort de la personne en faveur
de qui l'exemption a été prononcée, dans les conditions ci-
dessous énoncées :

1. Si le défunt est une femme, l'exemption se continuera au
profit de ses enfants survivants, jusqu'à la majorité du plus
jeune.

2. Si le décédé est un homme, l'exemption se continue au
profit de la veuve et des enfants survivants, jusqu'à la majorité
du plus jeune des enfants et jusqu'à la mort de la veuve.

Mais l'exemption cesse de produire son effet, si à un moment
quelconque, la propriété n'est plus occupée comme résidence
par une des personnes au bénéfice desquelles elle se continue,
sauf l'exception indiquée dans la section qui suit.

Section 1401. — Le droit d'exemption visé dans les quatre
dernières sections n'est point affecté par le fait d'une suspen-
sion de résidence dans la propriété déclarée exempte, si la
vacance des lieux n'excède pas une année et se justifie par la
destruction ou le mauvais état des lieux.

Section 1402. — Le homestead satisfaisant à toutes les conditions énumérées comme nécessaires pour assurer l'insaisissabilité, ne perd pas son privilège parce que la valeur de la
propriété excéderait mille dollars, dans ce cas le jugement de
saisie et de vente ne peut être mis à exécution que sur l'excédent.

MODIFICATIONS APPORTÉES AU TEXTE DU MANUSCRIT

Conformément au règlement de l'Académie sur les concours, nous indiquons ici les modifications, du reste peu nombreuses et peu importantes, apportées au texte original du manuscrit.

La dédicace et la préface sont nouvelles. A la fin du chapitre V, on a supprimé, comme n'ayant qu'un rapport éloigné avec le homestead, un passage relatif aux concessions de terres publiques faites aux universités et aux chemins de fer.

Chapitre IX, page 195, alinéa additionnel indiqué au bas de la page.

Chapitre X, page 230, note additionnelle sur les ventes forcées d'immeubles en Italie.

Enfin, dans la partie annexe du manuscrit, nous avions donné la traduction d'un grand nombre de lois fédérales ou de lois d'Etats se rapportant au homestead ; nous en avons réduit le nombre dans le présent volume.

TABLE DES MATIÈRES

PARTIE ANNEXE.

Tulle, Imprimerie Création, 1994.

www.ingramcontent.com/pod-product-compliance
Lightning Source LLC
Chambersburg PA
CBHW070238200326
41518CB00010B/1609